critical thinking

비판적 사고

|개 정 판|

김성범 남궁협 양진호 조우진

초판 서문

'비판'이란 말은 인간의 판단과 행위의 준거를 신화로부터 인간 이성에서 찾는 인식적 전환과 함께 성립되었다. 그래서 비판은 본질적으로 인간의 평등한 자유와 자율을 확장하려는 정치적 행위와 연결될 수밖에는 없다. 하지만 현실에서 이성은 때로 특정 집단이나 개인의 자유를 억압하는 폭력적 도구로 변질되기도 하는 모순을 지니고 있다. 히틀러 치하의 나치즘이 대표적인 사례이지만, 우리 현대사에서도 독재자들이 '애국'을 독점하며 이에 다른 의견을 내세우면 이른바 '빨갱이'라는 이념을 덧칠하여 탄압하였다. 이러한 역사적 굴곡을 거치면서 이성에 대한 신뢰가 무너졌다. 이성의 폭력성에 놀란 현대 사회는 의도적으로 이성을 유폐시키고 대신에 무정형의 가치로 분열되는 포스트모던의 극단적 경향성으로 치달았다.

모든 것을 상대화하여 무분별하게 '차이'라는 이름으로 정당화하고 있는 것이다. 이렇게 되면 사람들은 서로 소통할 수 없으며, 그 공백을 틈타 힘 있는 자의 논리가 무비판적으로 사회를 지배하고 말 것이다. 실제로 사람들은 모래알처럼 흩어져서 자신의 삶에 대해서 불안해하고 있는 가운데 가치관의 혼란마저 가중되어 무척 힘든 나날을 보내고 있다. 요즘 "부자 되세요!"라는 말이 아무렇지 않게 덕담으로 건네지고 있듯이, 사람들은 사회엔 무관심하면서도 '돈'으로 상징되는 교환가치에서 자신의 의미를 찾으려 하고 있다.

오늘날 대학에서도 그러한 무정형의 분화현상이 두드러지고 있다. 분과학문들이 핵분열 하듯 분화되고 있는 것이 바로 그것인데, 이것은 어떤 현상이나 대상에 대해서 총체적 인식능력을 저하시키는 약점을 드러내고 있다. 그것은 대학의 학문이 사회에 대해 제대로 된 문제 의식과 해결능력을 결여하고 있다는 얘기이기도 하다. 모름지기 대학은 사회모순에 칼을 벼르는 급진성이 존재 이유다. 하지만 오늘날 대학의 분과학문들은 '전문성'을 빙자하여 끊임없이 분열하는 대신 '사회'와는 점점 멀어지고, 개인의 행복에 철저히 부응하는 '욕망의 기계'로 변질돼가고 있다. 이렇게 된 중요한 이유 중의 하나는 학문간 소통이 닫혀있다는 데 있다. 공통의 준거점이라곤 찾아볼 수 없는 완전한 상대성은 '공약 불가능성'을 의미하며, 이것은 곧 죽음을 의미하기도 한다. 마찬가지로 대학이라는 공동체에 소통은 없고 차이의 다양성만 존재한다면 그것은 공멸을 가져올 것이다. 지금 대학 위기는 바로 소통부재에 있다고 해도 과언이 아니다.

최근 대학에 〈비판적 사고〉라는 교과목을 도입하는 배경에는 이러한 대학의 고민이 담겨 있다. 〈비판적 사고〉는 모든 학문의 기초이며 스스로 종합학문이기도 한 '철학'의 사유와 탐구방식을 가져와 보편적인 소통이성을 새롭게 구현하고자 하는 노력의 일환으로 간주된다. 다시 말해 분절된 개별 학문이라는 동굴 속에 갇혀 있는 학생들에게 타자와 말을 주고받을 수 있는 보편적 지반에 주목하도록 하고자 하는 게 〈비판적 사고〉 교과목의 도입 취지이다. 물론 대학에는 이와 유사한 교과목들이 이미 편성되어 있다.

글쓰기 혹은 토론관련 교과목들이 그것이다. 이들 교과목과 〈비판적 사고〉가 소통을 지향한다는 점에서는 서로 유사점이 매우 높다. 하지만 〈비판적 사고〉는 표현의 스킬보다는 본질적으로 문제의식 혹은 문제에 대한 태도를 더 강조한다.

사유가 동일성을 강요하는 현실의 지배 질서에 저항하는 과정이라고 한다면, 〈비판적 사고〉는 그러한 사유의 힘을 최대한 끌어올려 우리가 당연하게 받아들이며 맹목적으로 따랐던 사회의 기준들을 다시 생각해보게 하자는 것이다. 그럼으로써 그동안 미처 몰랐던 새로운 의미와 가치들을 발견하고, 기존의 질서나 기준 속에서 억압받고 신음하던 사람들의 고통에 응답하며, 결국 더 좋은 세상을 만들기 위한 담론을 형성해가자는 것이다. 말할 수 없는 것을 표현하고자 하는 학문이 철학이다. 철학은 깊은 사유의 힘으로 눈으로는 포착되지 않는 의미를 길어 올린다. 철학적 사유방식에 바탕을 둔 〈비판적 사고〉는 우리에게 익숙한 것들을 낯설게 보기를 권한다.

철학자 프리드리히 니체가 "네 이웃을 사랑하지 말라"고 역설적으로 말했듯이, 〈비판적 사고〉는 학생들에게 상식처럼 당연하게 받아들이고 있는 익숙한 삶의 주제들에 문제를 제기함으로써 새로운 관점과 의미를 발견하도록 하는 데 비중을 두고 있다. 이 책에서 다루고 있는 주제들을 보면, 사랑과 섹스, 결혼과 가족, 돈과 성공, 노동과 가치, 과학과 기술, 국가와 민주주의, 사이보그와 생명복제, 차별과 폭력, 동물의 권리 등 하나같이 우리가 살아가면서 피할 수 없는 중요한 주제들이다. 하지만 우리는 그동안 이러한 주제들에 관한 담론들을 무비판적으로 받아들이다 보니 어느덧 그것들을 정답처럼 당연하게 받아들이게 된다. 인생에서 정답이란 존재하지 않기에 우리는 다만 끝없이 새로운 의미들을 발견하고, 만들고, 고쳐가야 할 뿐이다. 그러기에 〈비판적 사고〉는 학생들에게 인간으로서 우리는 왜 생각하는 삶을 살아야 하는지를 되묻는다.

이 책은 논리적 사고능력의 배양보다는 비판적 사고를 위한 태도 형성에 더 초점을 맞추고 있다. 논리적 사고에 앞서 더 중요한 것은 사물과 현상을 비판적으로 사고하려는 태도이다. 그러기 위해서는 우선 학생들에게 딱딱한 논리의 형식을 일깨워주기보다는 실제 삶에서 익숙한 주제들을 꺼내어 그것들을 뒤집어보는 연습이 필요하다. 학생들이 스스로 세상에 관심을 갖고 자신의 생각으로 세상의 모습을 그려볼 줄 알아야 한다. 그동안 남들이 그려놓은 그림만 보면서 남들이 펼쳐놓은 생각의 그물 안에서 생각해왔던 자신의 모습을 발견하게 된다. 생각의 폭과 깊이만큼 삶의 의미는 정비례하는 법이다. 깊은 사유 끝에는 사유에만 머물지 않고 행동으로 옮기도록 하는 실천적 결단이 뒤따른다. 고통스런 사유의 과정을 거친 사람만이 마침내 자신만의 삶의 의미를 찾으려는 실천을 감행한다. 그러한 실천 과정에서 반드시 타자와의 만남이 이루어진다. 이렇듯 사유는 나의 자유를 확장하는 동시에 나와 타자의 만남을 가져온다. 그래서 현실에 대한 끝없는 비판적 사유만이 나에게로 유폐되지 않고 타인 속으로 나를 개방해가는 출발점인 것이다. 이것은 학생들이 사유의 중요성을 인식하고 타인과의 토론을 통해 자신의 사유를 확장해가는 과정이 중요한 이유이다.

대체로 학생들에게는 〈비판적 사고〉라고 하면 딱딱하고 고리타분한 교과목이라는 인상이 짙다. 그래서 학생들은 지레 겁을 먹고 여간해선 수업에 능동적으로 참여하지 않으려 한다. 이런 점을 감안하여 이 책은 딱딱한 논리적 형식을 배제하고 대신에 익숙한 사회적 이슈들을 제기하여 학생들이 친숙하게 다가서도록 하였다. 주제와 관련된 실제 사례와 고전을 함께 소개함으로써 학생들이 이슈를 바라보는 관점을 넓히는 동시에 이슈에 담긴 의미를 깊이 있게 들여다보도록 하였다. 이렇게 주제에 관한 안목을 어느 정도 갖춘 다음 주제와 관련해서 생각해볼 수 있는 토론거리들을 끄집어내어 다양한 생각들을 표현하도록 하였다. 이러한 수업과정에서 학생들은 수업의 주체로 거듭난다. 교실이라는 공론장에서 학생들이 스스로 질문을 던지고 답하는 과정에서 수업을 이끌어가도록 하는 것이다.

　다섯 명의 집필자들이 1년 가까이 부대끼며 나름 최선이라고 생각해서 세상에 내놨는데, 막상 책이 나오고 보니 여러모로 부족한 점이 먼저 눈에 들어온다. '비판적 사고'가 부단히 현실을 부정해가는 과정이듯이, 필자들도 학생들과 수업을 해가면서 이 책의 아쉬운 점들을 차차 보완해나갈 생각이다. 끝으로 이 책이 나오는데 도움을 준 동신대학교 기초교양대학(학장 정호영)에 감사한다.

2017년 1월
저자 일동

개정판 서문 |

2017년에 처음 출간되었던 『비판적 사고』 책을 다듬어서 이번에 개정판을 내게 되었다. 이렇게 된 데는 돌발적인 사태 때문이었다. 코로나 전염병의 여파인지는 모르겠으나 책 인쇄와 공급을 담당했던 출판사가 갑자기 문을 닫는 바람에 지난 학기에 학생들은 책 없이 강의를 들어야만 했다. 가뜩이나 비대면 수업인 데다 교재도 없었으니 교수와 학생 모두 큰 불편을 겪었다. 그래서 강의를 담당하던 교수들 몇 사람이 부랴부랴 대책을 논한 끝에 책을 복간하기로 했다. 그런데 기왕 다시 낼 거면 조금 더 다듬고 보완해서 내기로 해서 나온 것이 이 책이다.

하지만 예기치 않은 돌발 사태로 벌어진 일이라 준비와 시간의 절대적 부족 때문에 완전한 새 얼굴로 재탄생하지는 못했다. 건축물에 비유하자면 이 개정판은 건물을 새로 짓거나 리모델링하는 수준이 아니고 벽지와 페인트를 바꾸는 정도의 부분적인 손보기 정도라고 하는 게 맞겠다. 그러다 보니 초판의 한계와 문제점을 알면서도 극복하지 못한 점이 못내 아쉽다. 초판 서문에서도 밝혔듯이, 처음부터 이 책은 여러 저자들이 공동으로 집필해서 만들어졌다. 공동 집필이긴 하지만 실제로는 저자마다 몇 개의 장을 맡아서 책임 집필하는 방식이었다. 그 결과, 각 장마다 글의 흐름과 스타일이 저자의 성향에 따라서 움푹움푹하여 고르지 못하였다. 게다가 이번 개정판 작업에 참여한 집필자들은 한 사람을 제외하곤 과거 저자들이 아닌 새로운 사람들이어서 초판 저자들의 글을 함부로 손대는 게 부담스러운 점도 있었다. 이러저러한 점들을 고려하다 보니 개정판은 매우 제한적으로 보완될 수밖에 없었다.

　개정판에서 다듬고 보완했던 부분은 두 가지다. 먼저 다듬었던 부분은, 각 장마다 오탈자와 문장의 어색한 부분을 다듬었으며 주제의 이해를 돕기 위해 현실적인 이야기를 소개한 부분(비판적으로 현실 톺아보기)을 요즘의 상황에 맞게 대체하였다. 또한 주요 사상가와 저서에 관한 이미지와 해당 주제에 관한 책을 안내하는 '더 읽어볼 참고문헌'도 최근의 책들로 보완했다. 둘째로, 챕터도 하나 더 추가했다. 당초엔 요즘 상황을 반영하여 '코로나 팬데믹'과 '행복'에 관한 장 두 개를 추가하기로 했었다. 하지만 팬데믹이 아직은 유동적이어서 좀 더 상황을 지켜보고 집필하는 게 낫겠다는 의견이 모아져서 이번에는 행복에 관한 장만 새로 추가하였음을 밝힌다. 제 13장 '점과 『주역』 : 우리는 행복한가?'가 그것이다. 갈수록 불확실성과 불안이 사회에 고조되고 있는 만큼이나 현대인들은 저마다 '행복'에 한층 더 집착하고 있는 모습이다. 특히 오늘날 젊은 대학생들은 불안에 휩싸여 무척 방황하고 있지 않은가. 이에 참된 행복이란 무엇인지에 대해서 동양의 고전인 『주역』을 통해 생각할 수 있도록 이 장을 추가하였다.

　〈비판적 사고〉 개정판을 내면서도 여전히 마음이 편치 않은 구석이 있다.

교육부가 대학을 경쟁적 성과주의로 내몬 결과는 참담하기 때문이다. 언제부턴가 대학은 기업의 논리로 움직이는 걸 당연하게 받아들이고 있고, 학생들도 대학을 취업공장쯤으로 여긴 지 오래다. 이제 대학은 더 이상 창조적 지식과 실천이성을 잉태하지 못하는 불임의 땅이 되어갔다. 그 부작용의 심각성을 뒤늦게 깨달은 교육부는 그것을 치유한답시고 대학에 글쓰기, 말하기, 생각하기 등에 관한 교육을 의무화했다.

말하자면 교육부는 병 주고 약 주고 한 셈이다. 그런데 이런 교육은 자유로운 지성과 감성이 충만한 환경에서나 가능한 일이다. 꽂꽂이하듯이 교과목만 개설한다고 해서 금방 교육 효과가 나는 것이 아니기 때문이다. 그래서 대학도 교수도 학생도 모두 이런 교육에 힘들어한다. 이렇게 대학에서 〈비판적 사고〉라는 교육이 이루어지게 된 맥락을 '비판적'으로 이해했다면, 기왕 우리가 이 교육에 임하는 자세를 주체적으로 다잡을 필요가 있지 않을까. 마지못해 하는 게 아니라 우리 인간이 살아가는 데 있어서 가장 중요한 것을 생각해보고 공부할 수 있다는 자긍심의 정신승리가 필요한지도 모르겠다. "정말 '인간다움'이 무엇인지, 그 속에서 '나다움'이 무엇인지, 그리고 타자와 세상과는 어떻게 공존하면서 살아가야 하는지를 고민하는 게 대학의 지성인들이 해야 할 진짜 공부가 아니겠는가"라고 말이다. 마땅히 〈비판적 사고〉 교육의 정체성은 거기에 있어야 하는 것이고. 아무쪼록 이 개정판과 함께 〈비판적 사고〉 교육이 새로운 전기를 가졌으면 하고 소망해본다.

이번 개정 작업에는 김성범, 남궁협, 양진호, 조우진 네 명의 철학 전공자들이 참여했다. 개정 작업을 함께 하면서 다음 기회엔 기필코 더 좋은 책으로 탈바꿈시켜야겠다는 의지를 키운 점은 큰 소득이다. 돈 안 되는 대학교재인데도 선뜻 나서준 상상창작소 봄 출판사와 편집진에게 감사드린다. 끝으로 개정판을 내는 데 도움을 준 동신대 기초교양대학(학장 김성수)의 김태균 선생에게도 특별한 감사를 드린다.

2021년 2월
개정판 저자들을 대신하여 남궁협 씀

목 차

René Descartes

(1596-1650)

1장

비판적 사고란
무엇인가?

01

비판적 사고란
무엇인가?

01 | 생각이란 무엇인가

인간을 가리켜 '호모 사피엔스'(homo sapiens), 즉 '생각하는 존재'라고 말한다. 인간이 다른 동물과 다른 점을 말할 때 이 점을 가장 먼저 내세운다.

실제로 동물은 본능에 따라서 마치 약속이라도 한 것처럼 동일한 반응을 보이는 데 비해서 인간은 같은 자극이나 조건에서도 사람마다 다른 반응을 나타낼 수 있다. 인간은 각자 다른 생각을 갖고 살아가기 때문이다. 생각하는 인간의 위대함은 감동을 주는 문학이나 훌륭한 예술작품 등을 통해서 쉽게 확인할 수 있다. 인간의 물리적 존재는 우주라는 시간과 공간의 측면에서 보면 한 점에도 미치지 못하는, 보잘 것 없어 보이지만 그러한 인간의 생각은 우주를 품고도 남음이 있다.

(르네 데카르트)

르네 데카르트(1596~1650)가 "나는 생각한다. 그러므로 나는 존재한다"라고 말했을 때, 데카르트는 분명 '나'라는 인간은 생각하기 때문에 존재하는 것이지 존재하기 때문에 비로소 생각하는 것은 아니라는 얘기를 강조

▶ 르네 데카르트(René Descartes)는 프랑스의 물리학자, 근대 철학의 아버지, 해석기하학의 창시자로 불린다. 그는 합리론의 대표주자이며 본인의 대표 저서 《방법서설》에서 '나는 생각한다, 고로 존재한다.(Cogito ergo sum)'는 계몽사상의 '자율적이고 합리적인 주체'의 근본 원리를 처음으로 확립한 것으로 유명하다.

하고 있다. 언뜻 보면 이러한 데카르트의 생각은 인간 혹은 나를 지나치게 강조하고 있는 듯하다. 이 세상의 중심은 인간이며 나는 그러한 인간이기에 중심이라는 듯 말이다. 그래서 대단히 독단적인 것처럼 보이기도 한다. 하지만 데카르트의 명제가 강조하고자 했던 것은 이 세상의 본질은 나로부터 시작된다는 것이다. 나 밖에 세상이 따로 존재하는 것이 아니라 나로부터 세상은 존재하는 것이다. 내가 보고 느끼고 판단하는 한에서 세상은 있는 것이지 내가 전혀 의식하지 못하는 세상은 없는 것이나 다름없다. 김춘수 시인이 〈꽃〉이라는 시에서 "그가 나에게로 와서 꽃이 되었다"라고 말했듯이, 나에게 의미로 다가오지 않는 것은 세상에 존재하지 않는 '없음'인 것이다.

이렇듯 생각은 인간의 주체성을 가리키며 세상의 의미와 밀접한 관련을 맺고 있다. 생각은 일시적인 충동이나 감각하고는 다르다. 충동이나 감각은 외부의 어떤 대상에 의해서 수동적으로 반응하고 그것은 일시적인 것이다. 배고플 때 먹음직스런 빵을 보면 먹고 싶은 충동이 생기기 마련인데 이것은 모두 일시적인 욕망 충족에 대한 열망으로 그치고 만다. 이처럼 충동이나 감각은 대상의존적인 동시에 감각하는 주체의 특수한 성질과 다양한 상태에 따라서 변화무쌍할 수밖에 없다. 이런 까닭에 감성은 어떤 경우에도 대상을 있는 그대로 나타내지 못하며 감각기관을 통해 느껴지는 대로만 나타낼 수 있을 뿐이다. 이에 비해 생각은 대상에 대해서 이모저모를 골똘히 따져보는 것을 말한다. 아름다운 꽃을 보고 일시적으로 "참 예쁘다"라고 느끼기만 한다면 그것은 감각에 불과하다. 하지만 김춘수 시인처럼 꽃을 보고 사물의 본질과 나의 인식의 관계를 탐구하고자 하는 열망을 시로 표현했을 때 우리는 이것을 '사유' 내지는 '생각'이라고 말한다. 생각은 감성적

의식의 피상성에 대한 자각이며, 어쩌면 감성적 인식의 한계를 뛰어넘으려는 충동에서 비롯된다. 감성적 인식이 세계에 대한 외면적이고 피상적인 인식에 지나지 않는다면, 이에 반해 생각은 세계의 내적 본질을 꿰뚫어보려 한다. 그러므로 생각은 단순히 일시적 소비로 그치는 충동이나 감각 혹은 부질없는 공상과는 다르다.

생각은 무언가 대상에게서 새로운 의미를 도출하고 규정하면서 동시에 그러한 의미와 규정으로부터 자신도 함께 영향을 받게 한다. 인간이라면 생각하는 존재여야 한다함은 생각을 통해 이 세상에 대해서 무한한 의미들을 창출함으로써 궁극적으로 인간의 삶이 다양한 의미들로 풍요로워지기를 바라는 소망이 담겨있다. 따라서 생각은 나와 세상의 변화를 예고하는 출발점인 것이다.

자유를 가리켜 외부의 어떤 것에도 얽매이지 않고 자신의 의지만으로 판단하고, 행동하는 것이라고 말한다. 즉 행위의 원인이 자기 자신인 것이 자유이다. 자유란 소극적으로 외부의 구속으로부터 벗어나려 하는 것만이 아니라, 적극적으로 무언가 자신의 꿈을 향해서 의지를 실천하는 행위까지를 포함한다. 참된 자유라면 후자에 더 가깝다. 따라서 자유인이란 자신의 의지를 구체적인 실천을 통해 형성해가는 사람을 말한다. 예컨대, 내가 새로운 공부를 시작하려고 마음먹었다고 생각해보자. 이 공부의지를 실제로 실천하고자 하면 당장 의지를 약화시키고 꺾으려는 온갖 장애물들이 나를 가로막는다. 시간, 유혹, 지루함, 기초실력, 돈 등 공부에 필요한 조건들과 방해요인들이 끊임없이 공부의지를 훼방 놓는다. 자유인이란 이러한 온갖 장애들을 피하지 않고 정면으로 맞서서 극복해가는 사람이다. 이런 점에서 생각은 곧 자유의 시작이다. 뭔가를 골똘히 생각한다는 것은 자신의 의지를 실현하기 위한 고뇌의 과정이기 때문이다. 사물의 본질적 의미를 알고자 하는 사유는 무지의 구속으로부터 해방되고자 하는 자유의지인 셈이다.

그렇다고 우리는 매일 매 순간마다 진지하게 생각하면서 살 수는 없다. 잠자고 일어나고 씻고 학교에 가는 등 매일 반복되는 행동들은 생각 없이 무의식적으로 이루어진다. 모든 행동을 할 때마다 생각해야 한다면 아마 힘들어서 하루도 버티기 힘들지도 모른다. 다행히 인간은 일상에서 이루어지는 많은 행동들을 무의식적으로 행함으로써 생각의 과잉으로부터 벗어나 좀 더 중요한 일에 집중해서 생각할 수 있다. 이처럼 생각 없이 행동하는 것이 살아가는 데 무척 편리하고 긍정적인 효과를 주는 것도 사실이다. 그렇다고 마냥 생각 없이 살아간다면 그것은 곤란하다. 생각 없이 살아간다는 것은 스스로 인간임을 부정하는 것이나 다름없기 때문이다. '생각 없음'이 때론 무서운 결과를 초래할 수 있기 때문이다.

한나 아렌트(1906~1975)라는 철학자는 '평범한 악'의 원인이 '생각 없음'이라고 말한 바 있다. 아렌트는 히틀러 치하 때 유대인의 대량 학살에 가담했던 아돌프 아이히만이라는 독일군 장교출신이 훗날 체포되어 법정에서 보여준 증언들을 토대로 악의 원인을 분석하였다. 그녀의

(한나 아렌트)

놀라운 분석 결과에 따르면, 악은 특별한 데 있는 것이 아니라 평범한 우리 모두도 맹목적이게 되면 아이히만처럼 아무런 죄의식 없이 끔찍한 악행을

▶ 한나 아렌트(Hannah Arendt)는 독일 태생의 유대인 철학사상가이며 나치를 피해 미국으로 이주하였다. 1,2차 세계대전 등 세계사적 사건을 두루 겪으며 전체주의에 대해 통렬히 비판했다. 사회적 악과 폭력의 본질에 대해 깊이 연구하여《폭력의 세기》를 집필하였다. 파시즘과 스탈린주의 등 '전체주의'에 대한 그녀의 분석은 탁월했다.

저지르게 된다는 사실이다. 이른바 '생각줄'을 놓게 되면 인간은 더 이상 인간이기를 포기하는 것과 다름없는 야만의 상태에 빠지게 된다.

현대인들은 겉으로 보기엔 자기주장이 강하고 개성이 뚜렷한 것처럼 보인다. 그런 만큼 현대인들은 생각이 깊지 않을까 하는 생각을 떠올릴 수도 있겠다. 더구나 현대사회에서는 전통사회 때와는 달리 집단주의보다는 개인주의가 훨씬 더 강하지 않은가. 대학생들만 보더라도 과거 20, 30년 전의 대학생들에 비해서 선후배 간의 집단적 서열주의가 강하지 않으며, 심지어 같은 학과의 동급생끼리도 절친한 몇몇 친구들을 빼고는 소통이 긴밀하지 않다. 이렇듯 언뜻 보면 각자 자기 생각을 갖고 살아가는 것처럼 보이지만, 사실은 그것과 정반대인 경우가 더 많다. 언제부터인가 우리는 자유, 정의, 진리, 역사 등 형이상학적이지만 인간다운 삶과 뗄 수 없는 중요한 개념들에 대해서는 소홀히 하는 대신에 행복, 복지, 부, 건강 등 물질적 욕망과 관련된 세속적인 용어들에는 익숙해 있다. 현대사회가 당장 눈으로 확인하고 경험할 수 있는 가치를 우선시한다는 것은 그만큼 사유를 통해서 더 깊은 의미를 길어 올리려는 노력을 경시한다는 얘기이기도 하다. 그래서 그럴까. 현대사회가 물질적으로는 더없이 풍요롭지만 사람들이 삶의 의미를 찾기란 여간 쉽지 않은 게 역설적인 현실이다. 사람들은 갈수록 더 분주하게 살아가지만 무엇을 위해서 그렇게 살아가고 있는지 생각조차 할 겨를이 없다. 생각 없는 삶은 필경 삶의 노예로 전락하고 말 것이다. 새삼 타인과 더불어 공존할 수 있는 삶의 지혜가 절실한 때이다. 오직 나에게만 매몰된 이기적 욕망 대신에 인간의 사회적 관계들이 빚어내는 다양한 소통방식들을 반성하고 그 의미를 재구성하려는 '생각의 힘'이 필요한 때이다. '비판적 사고'는 그러한 생각의 힘을 기르기 위한 도구이자 교육의 한 방법이다.

02 | 비판적 사고란 무엇인가

우리는 흔히 '비판'이라고 하면 어떤 사람의 주장이나 현상의 문제점을 날카롭게 짚어내는 것을 떠올린다. 그래서 때론 비판과 비난을 혼동하는 경우도 없지 않다. 원래 비판을 가리키는 'critic'은 라틴어 'criticus'에서 유래하며, 그 의미는 '판단할 수 있다'(able to make judgements)는 뜻을 지니고 있다. 비판의 한자어 '批判'도 '옳고 그름을 가려 판단한다'는 뜻을 말한다. 이처럼 비판이라는 말뜻을 따라서 정의해보면 '비판적 사고'란 '옳고 그름을 가리기 위한 생각의 방법'이라고 말할 수 있다. 이에 관한 가장 저명한 학자인 에니스(R. Ennis)는 비판적 사고를 "무엇을 믿고 무엇을 할 것인지에 관한 의사결정에 초점을 맞춘 합당하고 반성적인 사고"라고 정의하였다. 이렇게 비판적 사고에 대한 현대적 정의를 놓고 보면 플라톤의 『소크라테스의 대화록』중 「크리톤」에서 소크라테스가 "옳다는 판단을 내려야만 이에 따른다"라는 행위의 대원칙을 피력하는 대목이 떠오른다. 말하자면 비판적 사고는 철학이 추구해온 근본적인 사유방식인 셈이다.

(크리톤)

그런데 어떤 것에 대해서 옳고 그름을 따지려면 그 기준과 근거가 있어야 한다. 예컨대 네모로 보이는 현상의 올바른 기준과 근거를 따져가다 보면

▶   《크리톤》은 고대 그리스의 철학자 플라톤이 쓴 짧지만 중요한 대화편이다. 이 책에서 소크라테스의 부유한 친구인 크리톤은 소크라테스에게 탈옥을 권유하고 소크라테스는 그러한 권유에 대해 정의와 법의 관점에서 반박논변을 펼친다. 이 책에서는 정의에 대한 논의, 법의 지위와 사회계약에 대한 논의 등이 나오며, 이러한 것들은 이후 일반철학 이외에도 정치철학이나 법철학에도 큰 영향을 미친다.

뜻하지 않게 둥그라미라는 통찰을 얻게 된다. 그런 점에서 참된 비판은 주어진 전제나 기준 자체를 문제 삼는 데서부터 시작된다고 말할 수 있다. 말하자면 축구선수는 정해진 경기 룰을 어떻게 하면 가장 효율적으로 이용할 것인가에만 관심이 있다고 한다면, 비판적 사고를 하는 비평가는 게임의 룰 자체를 의심해보는 사람이다. 그래서 축구경기의 공정성을 한 차원 높게 승화시킬 수 있는 새로운 룰을 모색하게 한다. 그런 점에서 비판적 사고는 곧 문제해결과 대안을 모색하는 창조적 과정인 것이다.

따라서 비판적 사고를 하기 위해서는 무엇보다도 반성적 자세가 중요하다. 비판적 사고는 주어진 문제를 푸는 것이 아니라, 스스로 물음을 제기하는 것을 말한다. 즉 당연하게 여겼던 현상이나 문제를 지나치지 않고 왜 그것이 당연한 것인지 스스로에게 물어보는 태도가 중요하다. "왜?"라는 질문을 던지는 것이 비판적 사고의 핵심이다. 비판적 사고는 내가 무엇을 받아들여야 하고 거부해야 하는지, 나는 무엇을 제안하고 주장해야 하는지, 스스로 납득할 이유를 찾는 과정이다. 그래서 비판적 사고는 무비판적 사고와 구분된다. 무비판적 사고는 상식이나 관행을 따르는 것, 사회의 통념이나 유행을 맹목적으로 따르는 것이라 할 수 있다.

흔히 비판적 사고를 '비판하는 사고'로 여기는 경향이 있다. 우리는 누구나 자신의 허물은 생각하지 않고 남의 잘못만 사사건건 비판하는 태도에 대한 반감을 가지고 있다. 대안 없는 비판을 하거나 비판을 위한 비판을 일삼는 사람은 똑똑하지만 경계해야 할 사람으로 여겨진다. 꼬치꼬치 따지고, 비난하고, 트집 잡고, 문제를 일으키고, 대들고…… 이러한 이미지는 한국적 정서와 맞지 않는다. 우리에게는 오래 전부터 "모난 돌이 정 맞는다", '둥글게

둥글게', '누이 좋고 매부 좋고', '오십보백보' 등의 덕목 또는 삶의 지혜가 몸에 배어 있다. 그래서 '비판적 사고'라고 하면 뭔가 매사에 불평불만만 늘어놓는 무책임한 사람을 연상케 하는 부정적 이미지를 떠올리기 십상이다. 그러나 이는 잘못이다. '비판(批判)'이라는 말의 사전적 정의를 살펴보자.

① 사물의 옳고 그름이나 잘되고 못됨에 대하여 검토하여 평가, 판정하는 일
② 잘못된 점이나 부정적인 면을 드러내어 좋지 않다고 평하거나 판단하는 것

 비판적 사고를 부정적으로 보는 견해는 '비판'을 ②의 의미로만 여기는 경우다. 반대말을 생각해 보면 이 점이 분명해진다. '비판하는 사고'의 반대말은 '칭찬하는 사고' 또는 '옹호하는 사고'이지만, '비판적 사고'의 반대말은 '무비판적 사고'이다. 우리는 비판적 사고의 결과 타인의 잘못을 비판할 수는 있다. 그러나 비판적 사고는 타인의 잘못을 비판하는 데에만 급급한 것이 아니라, 타인의 장점도 칭찬할 수 있으며, 나아가 타인이 아니라 자기 자신의 장단점을 냉철하게 판단할 수 있게 하는 사고이다. 이러한 비판적 사고를 '비판하는·사고'라고 비판하는 것은 무비판적이다. 비판받을 일은 무비판적 사고를 통한 비판이나 칭찬일 것이다.
 구체적으로 비판적 사고란 무엇인가? 비판적 사고의 의미에 대해서 여러 학자들이 다양하게 언급했다. 몇 가지 정의들을 소개하면 다음과 같다.

 "어떤 신념이나 가정된 지식의 형식을 그것의 근거와 그것이 도달하려는 결론을 조명하여 적극적이고 지속적으로 조심스럽게 고려해 보는 것"

"어떠한 믿음이나 증거로 미루어 추정된 지식의 형태, 그리고 결론으로 취해지는 것을 조사하고자 하는 노력을 지속적으로 요구하는 것"

"무엇을 믿고 행할지에 대해 현명한 결정을 목적으로 하는 여러 가지 의도적인 정신 과정 또는 어떤 주장을 수용할 것인지 기각할 것인지 아니면 그에 대한 판단을 보류할 것인지를 주의 깊게 의도적으로 결정하는 과정"

"무엇을 믿고 무엇을 할 것인지를 결정하는 데 초점을 둔 합리적이고 반성적인 사고"

위의 정의들은, 표현방식은 조금씩 다르지만, 모두 비판적 사고가 "주장들이 어떤 이유 때문에 정당화되는가를 판단하는 사고"임을 말하고 있다. 이를 다시 풀어서 이야기 해보면, 비판적 사고는 '주장, 논증 등의 텍스트를 그 논리적 구조, 의미, 논거, 맥락 등을 고려함으로써, 받아들일 수 있는지 여부를 판단하기 위한 추론적 사고'이다. 따라서 비판적 사고는 가능하면 폭넓은 동의를 얻을 수 있는 방향으로 주어진 상황 속에서 최선의 주관적 판단을 내리고자 하는 분석적이고 종합적인 추론적 사고이다. 비판적 사고가 기껏해야 주관적 판단을 산출한다는 사실은 아쉽지만 받아들일 수밖에 없다. 니체가 "모든 주장은 편견이다"라고 주장했듯이, 인간의 판단은 아무리 객관적인 절차를 따른다 하더라도 완벽히 객관적일 수는 없기 때문이다. 판단 대상에 대한 선택에서부터 이미 개인의 욕망, 기대, 관심 등 감정적 요소들이 개입될 수밖에 없기 때문이다. 그렇다면 비판적 사고는 한갓 개인의 주관적 판단에 불과한 것인가? 인간의 마음은 법정에 비유될 수 있다. 마음, 즉 '자아의 법정'에서는 끊임없이 입력과 출력을 매개하기 위한 재판이 열린다.

오관을 통해서 입력되는 자료를 받아들일 만한 이유가 있는지 판단하여 세계관과 가치관을 형성하고, 또한 어떤 생각, 말, 행위 등을 출력시킬 것인지를 판결한다. 이 자아의 법정은 매우 유아론적(唯我論的)이다. 자아의 법정에서 자아는 오직 자기 자신을 상대로 대화하고, 타협하고, 설득하고, 채찍질하고, 고발하고, 다투고, 모욕하고, 칭찬한다. 사유하는 자아는 자아의 법정에서 원고요 피고이며, 검사요 변호사요 판사로서, 끊임없이 참, 거짓, 선, 악, 정의, 불의, 당위, 의무, 미, 추 등에 대해 홀로 평가를 내린다. 이처럼 인간의 마음은 끊임없이 주관적 판단을 출력시키는, 유아론적으로 폐쇄된 법정이다.

따라서 만일 우리가 이 주관성을 넘어설 수 있는 방법을 가지고 있지 않다면, 인류는 존속할 수 없을 것이다. 어떻게 유아론적 자아들이 주관성을 넘어서서 타인과 더불어 생존과 번영을 누리며 살 수 있을까? 그것은 유아론적 자아들의 담론을 통한 만남에서 실마리를 찾을 수밖에 없다. 유아론적 타자들끼리의 만남에서 어떻게 서로 동의하고 설득시킬 수 있을까? 설득이나 동의가 가능하기 위해서는, 공동체의 구성원들이 적어도 판단의 규칙을 공유하고 있어야 한다. 이 판단의 규칙에 따라 사람들은 다양하고 이질적인 견해들을 뒷받침하는 논증들을 검토하여 받아들일지 여부를 판단하게 된다. 우리의 판단은 어떤 경우에나 자아의 법정 안에서 이루어진다. 따라서 자아의 법정을 주관하는 판사가 비판적 사고를 할 줄 모르면, 신뢰할 수 없는 사적이고 자의적인 판단을 양산할 것이다.

주관적 판단이라고 해서 모두 사적이거나 자의적인 것은 아니다. 자아의 법정에 고립된 자아들일지라도 공유된 판단의 방법에 따라 동의의 영역을 확대해 나갈 수 있기 때문이다. '비판적 사고'라는 판단의 방법을 공유한 유아론적 자아들은 '비판적 사고 공동체'를 이루어 객관적 판단을 대체할 수 있는 공동체적 판단을 도출해 낼 수 있다. 다양하고 이질적인 견해들을 두려워할 필요 없다. 오히려 다양하고 상충하는 견해들은 공동체의 발전을 위한 소중한 자산이 될 수 있다. 비판적 사고 공동체의 구성원들은 다양하고 이질적인 견해들 중에서 최선의 것을 선택하는 방법을 알기 때문이다. 구성원의 세계관, 가치관, 지적 능력, 처지, 상황, 맥락 등이 다르기 때문에, 동일한 텍스트일지라도 다르게 판단될 수 있다. 그러나 그들은 공유된 판단의 방법을 적용하여, 어떤 점이 문제 되는지를 진단할 수 있고, 이 문제 해결 또는 해소시키는 방향으로, 그래서 이견을 최소화하는 방향으로 나아갈 수 있다. 이처럼 비판적 사고는 주관적 판단을 '객관적 판단'에 수렴하게 하는 사고인 것이다.

비판적 사고는 과학적 사고와 구분될 필요가 있다. 과학적 사고는 무엇보다도 지난 세기 초 논리실증주의자들이 정립한 **검증 가능성의 원리**[1]에 기초해 있다. 그래서 과학적 사고는 경험적으로 검증 가능한 명제들을 대상으로 한다. 반면에 비판적 사고는 과학적 사고를 포함하면서도 과학적 사고를 넘어선다. 비판적 사고는 경험적으로 검증 가능하지 않은 텍스트도 대상으로 하여 전개된다. 이를테면, 비판적 사고는 과학적 사고와는 달리 형이상학적 명제들, 종교적 명제들, 윤리적 명제들, 미학적 명제들을 다룰 수 있다. 비판적 사고가 이처럼 경험적으로 검증 가능하지 않은 텍스트도 다룬다는 것은 이 사고가 어떤 특별하고 초월적인 방법의 사고라는 것은 아니다. 비판적 사고는 '죽음의 의미'처럼 경험적으로 검증 가능한 텍스트는 아니더라도 우리가 다루지 않을 수 없는 실존적 상황에서 출발한다. 그러나 비판적 사고가 경험적으로 검증

☑ 1. 검증 가능성의 원리란 '참 또는 거짓이 될 수 있는 유의미한 주장은 논리적으로 검증 가능하든지 경험적으로 검증 가능하다'라는 원리이다.

가능하지 않은 텍스트에 관해서 어떤 형식으로든 명쾌한 결론을 내릴 수 있게 한다는 것은 아니다. 오히려 비판적 사고는 검증 가능하지 않은 텍스트에 관한 판단의 한계를 드러내고, 우리가 자신 있는 것과 그렇지 않은 것을 분별하여 말할 수 있게 한다. 나아가 비판적 사고는 우리가 말할 수 없는 것에 대하여 말하게 될 경우에도 그럴 만한 이유가 있어야 한다는 것을 요구한다.

03 | 비판적 사고는 왜 필요한가

비판적 사고는 문제 해결방안 모색, 자기함양, 그리고 공공선 실현을 위해 필요하다. 구체적으로 그 내용을 살펴보자.

첫째, 비판적 사고는 실질적인 문제의 해답 또는 특정한 문제 상황의 해결방안을 모색하는 데 도움을 준다. 실제로 우리가 살아가면서 맞닥뜨리게 되는 여러 가지 개인적이거나 사회적인 문제 혹은 문제 상황을 해결할 수 있는 방안을 찾는다는 것이 생각보다 어렵다. 그러나 비판적 사고를 통하여 그것이 안고 있는 핵심 문제는 무엇이며, 거기에 관련되어 있는 구체적인 요소들이 무엇인지를 분석하고 또 종합해 봄으로써 훨씬 명료하게 그 상황을 들여다 볼 수가 있고 그 해결방안도 모색할 수가 있다. 그리고 그것을 바라보는 시각도 하나의 고정된 관점에 얽매이지 않고 다양한 관점을 취해 봄으로써 보다 객관적인 해결 방안을 탐색할 수가 있다. 동시에 해결방안을 도출하는 과정에서 과연 근거가 충분하고 논리적으로 타당한가, 또 그 내용은 보편적 가치에 부합하는가를 되묻는 반성을 거침으로써 명실상부한 자기정합성과 보편타당성을 확보할 수가 있다. 이러한 여러 사고의 유형은 바로 비판적 사고의 다양한 면면들이다. 이 점에서 우리는 비판적 사고가 특정 문제의 해답 또는 문제 상황의 해결책을 찾는 데 큰 도움을 준다고 하겠다.

둘째, 비판적 사고는 개인의 삶을 고양시키는 데 도움을 준다. 비판적 사고를 꾸준히 해나가면 개인의 사고능력이 증진될 뿐만 아니라 그 삶의 방향성을 올바로 설정하고 삶의 질도 고양시킬 수 있다. 문제와 문제 상황에 대한 분석과 종합, 논리적 연계성의 확보, 그리고 관련된 주장의 근거에 대한 되물음 등을 포괄하는 비판적 사고는 바로 그 '무엇'에 대하여 정확하게 인지하고 합리적으로 판단하게끔 도와준다. 그리고 인지의 정확성과 판단의 합리성은 마침내 실천의 정당성을 수반한다. 이 점에서 비판적 사고는 개인의 삶에 있어서 지행합일, 이론과 실천의 일치를 이끌어 냄으로써 바람직한 인간상에 가까이 다가설 수 있게 하는 자기함양의 중요한 방편이 되어준다.

셋째, 비판적 사고는 공동체 안에서 자유, 정의, 복지 등과 같은 공동선의 실현을 추구한다. 개인들이 모여 크고 작은 공동체를 구성하게 되는데, 때로는 특정한 문제나 문제 상황에 부딪히는 경우가 있다. 그때 당면한 문제나 문제 상황을 해결하기 위하여 서로 상의하고 토론을 한다. 함께 상의하고 토론하는 것은 공동체 성원 간에 생각의 나눔이라는 의사소통의 첫걸음이다. 같이 생각을 나누고 논의를 하는 자리에서는 우선 마주하는 상대에 대하여 존중의 자세가 필요하다. 그 다음 자신의 입장을 피력할 때에는 당면한 문제나 문제 상황에 관련한 제반 요소들을 분석하고 종합함으로써 자기주장의 충분한 근거를 확보하고, 나아가 그것을 논리적으로 표현하는 것이 필요하다. 그리고 다른 사람의 의견을 개진할 때에는 귀 기울여 듣는 경청의 자세를 유지하면서 무엇을 주장하는가, 그 근거는 충분한가, 논리적 일관성을 유지하고 있는가를 유심히 살펴야 한다.

만약 서로 관점이 다르다면, 문제나 문제 상황에 대한 인식의 정확성과 논거의 타당성 그리고 주장의 논리성과 합리성을 견주어 본 뒤 보다 참된 해답 또는 해결방안을 찾을 수 있어야 한다. 이러한 과정은 단순히 개인과 개인이 머리를 맞대고 특정 답안을 찾는 것에서 그치는 것이 아니라, 바로 공동 사회 안에서 서로의 삶을 구성해준다. 이것이 더불어 사는 공동체 생활을 꾸려 나가는 길이다. 개인이 모여 사회를 이루고 또 사회 속에서 개인의 존재 의의가 확보되기 때문에, 생각을 나누고 함께 토론을 하는 것은 궁극적으로 공동체 사회의 공동선을 실현하는 방향으로 나아가게 한다. 사회적 공동선의 추구와 그 실현에 있어서 비판적 사고는 매우 중요한 토대다.

04 | 비판적 사고 교육의 방향

▌ 비판적 사고능력의 배양

비판적 사고는 사고능력과 사고성향으로 구분된다. 이에 따라 비판적 사고 교육 역시 사고능력에 대한 교육과 사고성향에 대한 교육으로 나뉠 것이다. 이런 구분을 바탕으로 할 때, 비판적 사고 교육을 받은 학생에게 우리가 기대할 수 있는 점은 무엇인가? 그것은 사고능력 교육과 관련하여 '사고력 향상', 그리고 사고성향 교육과 관련해서는 '자세나 태도의 변화'라는 점을 들 수 있다.

먼저 비판적 사고능력에 대해서 살펴보자. 미국 철학회의 델피보고서(Delphi Report)에서는 사고능력의 구체적 요소들로 해석·분석·평가·추론·설명· 자기규제 이렇게 6가지 요소를 제시한다. 이런 6가지 요소들은 우리가 경험·상황·판단·믿음 등에 대한 다양한 의미와 중요성을 이해하도록 요구하며, 또 각각의 개념·진술·표현들 사이의 추론적 관계를 파악하는 것 등을 요구한다. 이러한 요소들을 통해 비판적 사고능력이 요구하는 자질이 어떤 것인지 짐작할 수 있다. 비판적 사고능력의 향상이란 특정한 텍스트나 대상 혹은 상황에 대해서 더 적절한 판단을 내릴 수 있는 지적인 능력을 함양하는 것을 뜻한다. 사고능력 교육을 통한 사고력의 향상은 참과 거짓을 구분하는 판단력을 함양한다는 점에 있어서 중요하다고 볼 수도 있다.

그러나 사고능력의 향상 과정은 다소간 기계적인 훈련을 필요로 하기도 한다. 실제 비판적 사고와 관련된 강좌에서는 주어진 지문이나 텍스트의 타당성·건전성을 판단하거나, 가정을 찾아내거나, 개념을 명료화하는 등의 내용을 다루게 된다. 이런 과정을 수행하는 데 있어서는 어느 정도의 기계적인 학습과 반복이 이루어지는 것 또한 사실이다. 이러한 기계적인 학습이 교육의 본질은 아니지만, 비판적 사고능력 자체가 기능적인 능력을 의미하므로, 사고능력 교육에서의 이런 기계적인 훈련은 불가피하다고 여겨진다. 비판적 사고를 실현하기 위해서는 학생들이 그런 지적 능력을 훈련해야만 하기 때문이다.

비판적 사고능력을 배양하기 위한 교육에서는 대체로 다음의 9가지 요소에 대한 반복적인 훈련이 요구된다. ① 목적(purpose), ② 문제(issue), ③ 개념(concept), ④ 전제(premise), ⑤ 정보 (information), ⑥ 결론(conclusion), ⑦ 관점(point of view), ⑧ 함축(implication), ⑨ 맥락(context) 등 9가지 요소가 그것들이다. 어떠한 텍스트든 이 9가지 요소를 내포하기 마련이어서, 이 요소를 염두에 두고 텍스트를 해체하다 보면 비판적 논거를 찾기가 용이해진다. 물론 모든 글들이 이 모든 요소를 명시적으로 갖추고 있는 것은 아니다. 문맥과 상황에 따라 생략도 되고 아무 전제도 없이 결론만 덩그러니 주어져 있을 수 있고 그 양상은 천태만상이다. 하지만 그 글의 내용을 퍼즐 맞추듯 맞추어 보면 저 9가지 요소들이 언제든지 포함되어 있음을 발견하게 된다. 9가지 요소의 파악과 발견은 텍스트가 무엇이든지 간에 이해하고 분석하고 종합하고 창의적으로 대안을 만들고 합리적으로 의사소통하고 표현하기 위해서 반드시 수행해야 하는 필수적인 사고 절차이다. 텍스트가 어떤 종류의 것이든지 상관없다. 문학, 예술, 철학, 사회과학 등 모든 학문 분야를 거의 망라한다고 해도 크게 틀리지는 않는다. 어떠한 텍스트라도 사고자는 9가지 요소를 기본틀로 잡고서 분석에 임하면 그 텍스트의 골격과 핵심을 파악할 수 있다. 그런 작업에 성공만 하면 그 후에는 그 텍스트를 자기가 원하는 대로 요리할 수 있다. 물론 무한 도전과 반복 훈련이 필요하고 내면화가 잘 되어 있어야 한다.

　누구나 사고할 때는 크고 작은 또는 주요하거나 부수적인 목적이나 의도를 가지고 있다. 마찬가지로 사고자는 어떤 문제나 고민거리, 과제나 문제 상황을 사고하기 마련이다. 여기에는 언어들, 즉 개념과 용어가 들어갈 수밖에 없다. 또 사람들은 자기가 사고하는 문제에 대해 가정이나 전제를 가지고 있고 경험과 정보와 지식을 이용해서 그 문제에 대한 자기 나름의 해결책으로서 결론을 내리고자 한다. 그러기 위해서 일시적이든 영원하든 사고자는 어떤 관점이나 입장에 서 있어야 하고 무입장일 수는 없다. 그러면 사고 자체가 진행될 수 없기 때문이다. 사고할 때는 어떤 입장이든 일정한 입장이 들어가 있다.

　이러한 과정에서 사고는 계속 되어 가는데 이때 그 사람의 사고는 나름대로 특정한 상황이나 맥락 속에서 놓여 있으며 보는 이에 따라서 얼마든지 그 사람이 말하지 않는 함축이나 귀결을 포함하고서 진행된다. 사고 과정이 이러하기에 우리는 모든 텍스트에 대해서 예외 없이 다음과 같은 프레임을 가지고 분석에 임하는 훈련이 필요한 것이다. 우리는 사고할 때마다 어떤 목적을 가지고 주어진 문제를 다수의 개념들을 사용하여 진행하면서, 적합한 전제를 동원되는 수많은 정보 가운데서 찾아 원하는 결론에 이르고자 한다.

이 모든 과정에는 사고자의 관점이 들어 있고 함축이 내포되며 맥락이 놓여 있다. 이러한 사고 일반의 구조적 요소를 모든 텍스트에서 항상 적출해내는 능력이 비판적 사고 능력의 기본이다. 따라서 비판적 사고에 익숙하려면 이 작업을 자동적으로 수행할 수 있을 때까지 반복 훈련을 하는 게 중요하다.

■ 비판적 사고성향의 배양

한편 이러한 기계적인 훈련이 단순히 사고의 과정을 익숙하게 하는 숙달에만 그치는 것은 아니다. 비판적 사고능력 교육에서 이루어지는 어느 정도의 기계적인 학습도, 그런 학습 이후에 남겨지는 그 무엇이 있다면 그 의미를 가질 수 있다. 그리고 이렇게 남겨지는 것은 아마도 비판적 사고성향의 토대가 아닐까 생각한다. 이 점에서 비판적 사고 교육의 순서상, 사고능력 교육이 우선적으로 이루어지는 점은 분명하다. 그러나 이러한 사고능력 교육은 반드시 사고성향 교육으로 이어져야만 한다. 사고능력에 대한 교육을 통해서 비판적 사고의 기술적 측면뿐만 아니라 사고성향을 함양할 수 있는 토대도 제공해야만 할 것이다. 결국 비판적 사고 교육의 목적을 달성하기 위해서는 교육이 반드시 사고성향까지 성취해야만 한다. 비판적 사고 교육이 대학 교양교육에 기여할 수 있는 핵심은 바로 사고성향의 향상에 있기 때문이다. 사실 비판적 사고 능력의 배양은 단기간에 이룩하기가 어려울 뿐만 아니라 그러한 능력 배양이 대학 교양교육의 목표와 반드시 부합하지도 않는다.

왜냐하면 한 학기 정도의 짧은 기간에는 논증·추론·주장 등을 논리적 형식을 갖춰서 표현하기란 여간 어려운 일이 아닌 데다가 그러한 기능적인 능력 배양이 교양 교육의 목적은 아니기 때문이다. 그것보다는 오히려 학생들이

의견의 차이에도 불구하고 다른 사람과 공존하며 함께 논의해가는 시민정신을 갖추도록 유도하는 것, 즉 사고성향을 구축하도록 하는 것이 비판적 사고 교육의 훨씬 더 바람직한 기여일 수 있다. 비판적 사고능력을 배양하기 위해서는 다음과 같은 세 가지 사고성향 교육이 뒷받침 되어야 한다.

첫째, 비판적 사고 성향을 향상시키는 교육에서는 무엇보다도 먼저 이성이 작동하도록 하는 게 중요하다. 이를 위해서는 이성의 주도하에 자신을 돌아볼 수 있는 반성적 사고 성향이 필요하다. 비판적 사고는 무균 상태의 진공 속에서 이루어지는 사고가 아니다. 언제나 특정한 세계관과 가치관을 가진 구체적 인간이 특정한 상황 속에서 어떤 목적을 이루기 위해 전개시키는 사고이다. 따라서 비판적 사고 교육은 이 모든 요소들을 입체적, 유기적으로 고려하는 가운데 판단할 줄 알도록 하는 교육이어야 한다. 비판적 사고 능력을 위한 교육은 텍스트를 이해하고 평가하는 능력의 교육으로서, 이성이 올바로 작동할 수 있게 하기 위한 교육이라 할 수 있다.

그러나 이성이 올바로 작동할 수 있기 위해서는, 먼저 이성이 작동할 수 있어야 한다. 교육은 바로 이 '이성이 작동할 수 있도록 사고자 자신의 내적 조건을 갖추게 하는 교육'이라 할 수 있다. 그것은 느낌, 감정, 충동, 욕망 등의 강한 유혹에도 불구하고 냉철하게 텍스트를 음미할 수 있는 반성적 성향을 의미한다. 이를 위해서는 무엇보다도 자아의 법정을 이성이 주도할 수 있어야 한다. 그래서 신중하게, 집중해서, 깊고 넓고 멀리 성찰하며, 소문, 고정관념, 대세 등에 쉽사리 넘어가지 않아야 한다.

둘째, 비판적 사고를 위해서는 인간의 삶과 사회의 방향이 진리와 정의를 향해서 나아가야 한다는 기대가 전제되어야 한다. 비판적 사고는 진위를 가리고 옳고 그름을 판단하기 위한 사고이다. 그러나 이러한 판단 자체에 흥미가 없을 경우 비판적 사고가 이루어질 수 없다. 따라서 진리와 정의를 추구하는 성향은 비판적 사고를 가능하게 하는 매우 중요한 요건이다. 이 성향을 가진 사람은 언제나 참말을 하려고 하고, 합리적 절차에 따라 문제를 해결하고자 하며, 텍스트를 더 깊고 명료하게 이해하고자 하고, 가능하면 더 나은 상태를 지향하고, 불이익에도 불구하고 옳은 것을 중요시하고 추구하며, 옳은 것을 위해 헌신한다.

셋째, 비판적 사고를 할 수 있기 위해서는 열린 마음을 가지고 있어야 한다. 열린 마음은 자기 자신의 과오 가능성을 겸허하게 인정하는 데서 출발한다. 비판적 사고자는 다른 사람들과 마찬가지로 자신도 때때로 과오를 저지르고, 비이성적으로, 편협하게, 불명료하게, 부정확하게, 피상적으로, 부적절하게, 그리고 일관되지 않게 사고할 수 있다는 평범한 사실을 깨달아야 한다. 우리는 누구나 자기 자신의 관점에 사로잡혀 있고, 어렵겠지만 이를 탈피할 수 없으면 비판적 사고는 자신의 편견으로 타인을 매도하는 부당한 폭력일 수 있다. 열린 마음 성향을 가진 사람은 자비의 원칙에 따라 타인을 이해하고 배려하려 한다. 가능하면 타인의 언행을 선의로 해석하고, 타인의 실수나 과오를 필요 이상으로 문제 삼지 않는다. 또한 협력의 원칙에 따라 타인이 자신을 이해할 수 있는 방식으로 자신의 생각을 표현하도록 노력한다. 아무리 자신이 확신하는 견해일지라도 타인의 입장에서 비판적으로 검토하고, 타인의 비판을 자신의 견해를 강화시키는 데에 도움이 되는 것으로 여긴다. 문제가 발생할 경우 가능하면 대화나 토론을 통해 해결하고자 하고, 이 경우 대화를 독점하지 않고 가능하면 타인의 말을 경청하면서 특히 소수 의견을 무시하지 않고, 자신의 잘못이 드러날 경우 이를 부끄러워하지 않고 오히려 잘못을 발견했다는 사실을 기뻐한다. 견해가 첨예하게 대립된 상황에서도, 가능하면 부드럽고, 편안하고, 즐겁게, 그리고 공정하게 판단할 수 있는 분위기를 연출한다.

 이러한 비판적 사고 성향을 다음과 같이 정리해 볼 수 있다.

  ① 반성적 사고 성향
   -이성의 주도 (느낌, 감정, 욕망, 충동 조절)
   -신중성 (침착성, 체계성) -집중력
   -소문, 습관, 고정관념, 편견, 대세, 권위, 위협, 폭력 등에 대한 맹종 거부
   -단순 암기보다 스스로 문제제기

  ② 진리/정의 추구 성향
   -진실성의 원칙 준수
   -합리성의 원칙 준수
   -지적 호기심, 세계관과 가치관 정립 의지
   -발전, 개선, 진보, 창의 성향
   -이익보다는 옳은 것을 중시,
    옳은 것에 대한 끈기 있고 꾸준한 추구 및 헌신

  ③ 열린 마음 성향
   -자비의 원칙 준수, 협력의 원칙 준수

-자신의 견해에 대해 비판적 성찰,

 타인의 비판에 대해 침착하고 호의적인 대처

-경청, 소수 의견 고려

-승복 -유연성 -공정성

05 | 비판적으로 현실 톺아보기

워싱턴 태극기와 유승준[2]

한승훈
중교학자·원강대 동북아시아인문사회연구소

세계를 떠들썩하게 했던 미국 국회의사당 습격 사건의 군중들 사이에서 태극기가 펄럭였다. 많은 한국인들은 "태극기 부대가 미국까지 진출했는가?" 하고 황당해했다. 나는 그 당혹스러운 광경을 보면서 한 사람의 얼굴을 떠올렸다. 얼마 전 병역기피 방지를 위한 '공정 병역법'의 발의에 반발해 '소신 발언' 영상을 올린 유승준이다. 현 정부가 공산주의 정권이라거나, 박근혜 전 대통령의 탄핵을 보며 통곡했다는 등의 발언으로 논란이 된 그 영상에서, 유승준은 "미국 대선은 100% 부정 선거로 확인되었다"고 말했다. 나는 횡설수설과 울분으로 가득 찬 그의 발언들이 트럼프를 지지하는 우파 한국계 미국인들의 세계관을 단편적으로 보여주는 텍스트라고 본다.

수전 제이코비는 〈반지성주의 시대〉(박광호 옮김, 오월의봄, 2020)에서 반지성주의 문화를 상업적, 정치적으로 이용한 것이 트럼프 정권이 성립할 수 있었던 이유라고 진단하였다. 흔히 트럼프 지지자의 중핵을 '백인 저소득 남성 노동자'라고 하지만, 그 저변에는 종교 근본주의, 유사 과학, 음모론 등을

☑ 2. 한겨레신문 2021년 1월 12일.

믿는 훨씬 광범위한 대중이 있다. 현실적으로 보자면 아시아계 이민자들이 반이민정책을 전면에 내세우는 트럼프를 지지할 이유가 없다.

그러나 종교가 끼면 얘기가 달라진다. 트럼프는 임신중단, 동성혼 등 기독교 근본주의자들이 관심을 가지는 이슈들에서 오바마 시절의 진보적인 정책들을 뒤집어 왔다. 트럼프 자신은 종교적인 경건함과는 거리가 멀어 보이지만, 신실한 기독교인들이 그를 지지하는 이유다.

북미 지역의 많은 한국계 이주민 공동체는 개신교 교회를 중심으로 형성되어 있다. 유승준의 다소 뜬금없어 보이는 종교적 발언들은 그가 성장하고 활동한 한인교회에서의 경험과 관련이 있을 것이다. 한국의 현실에 대한 그의 이미지는 한국 보수 개신교가 내세워온 반공주의 신화의 형태로 왜곡되어 있다. 그에 의하면 현재의 한국은 "교회에 대한 탄압이 들어와 예배드리기 조차 힘든" 상황이다. 코로나19 방역을 위한 집회 제한을 그런 식으로 이해한 것으로 보인다. 또 대한민국은 "선교사들의 피와 눈물로 세워진 나라"이며, "자유민주주의를 흔들고 있는 세력들"인 현 정권에 의해 붕괴 직전에 있다고도 한다. 극우 개신교 선동자들의 언설에서 주로 나타나는 이런 표현들은 20년 가까이 조국 땅을 밟지 못한 그의 울분이 만든 환상 속에서 현실과 혼동되고 있다.

나는 유승준에 대한 영구 입국 금지가 초법적이고 불합리한 조치라고 생각한다. 그의 이번 발언으로 정나미가 떨어지긴 했지만, 그 입장에는 변화가 없다. 만약 유승준이 병역을 신성시하는 국가주의 문화를 문제시하였다면 나는 기꺼이 그를 지지했을 것이다. 국가가 주목도가 높은 연예인인 그에게 그토록 가혹한 처사를 유지한 진짜 이유는 거기에 있기 때문이다. 그러나 그는 스스로가 받아들이기에 좀 더 편리한 환상을 택했다. 그가 대법원 승소에도 불구하고 한국에 돌아갈 수 없는 것은 현재 한국의 정권을 잡고 있는 이들이 기독교에 적대적인 공산주의자들이기 때문이라는 믿음이다.

그가 이런 인식을 갖게 된 것은 한국을 떠난 지 오래되어 현실에 대해 왜곡된 정보만을 접해서가 아니다. 한국 땅에 살고 있는 사람들 가운데에도 그런 환상을 믿는 이들이 있기 때문이다. 반공주의와 종교 근본주의가 결합한 것은 이미 오래된 일이다. 반공주의가 지배 이데올로기이던 시절이 지나가자 그것은 정치적 행동주의로 전환되고 있다. 계기가 마련되기만 한다면, 이는 다음 단계인 폭력적 테러리즘의 형태로 발전할 것이다. 그 계기란 기본적으로 유승준의 경우와 같다. 개개인이 경험하는 불만과 울분의 구조적 원인을 생각하기 위해서는 지적 노력과 비판적 사유가 필요하다. 종교적 음모론은 깊이 생각할 필요가 없이 미워할 수 있는 악의 세력을 제시해줌으로써 그런 수고를 덜어준다. 내 고통의 '진짜' 원인을 찾기 위해서는 우선 반지성주의의 유혹을 떨쳐내야 한다.

06 | 논리적 오류 : 자기 정당화의 오류
(appeal to self-righteousness)

실제적인 나쁜 결과에 대해 자신의 선량한 의도를 들어서 자신의 행위나
주장을 정당화하려는 오류를 말한다.

▶ 글쎄, 법규를 위반하려고 했던 것이 아니라니까요. 거기에 있는 표지판을
   못봐서 그런 겁니다.

▶ 물론 비자금은 우리나라 정치에 있어서 오래된 잘못된 관행이라는 것은
   알지만 저는 그 돈을 비축해 두었다가 통일에 대비해 참으로 나라를 위해
   쓰려고 했습니다.

▶ 저 때문에 결과적으로 조국이 어려움에 처하게 되었다는 것을 알지만
   당시 제가 그 조약에 서명했을 때는 그것이 국가를 위한 유일한
   방법이라고 생각했기 때문입니다.

John Dewey

(1859–1952)

2장

공부와 교육 :
공부를 왜 하는가?

공부와 교육 :
공부를 왜 하는가?

01 | 여는 글

고대 중국에서 공부, 즉 학문이 주역·서경·시경·춘추·예·악 등 시서육예(詩書六藝)를 배우는 것을 의미했다면, 고대 그리스에서는 참된 지식이나 정확한 앎을 가르키는 에피스테메(epistēmē)를 학문으로 간주했다. 학문이란 어떤 지식을 배워서 익히는 것이나 일정한 이론을 바탕으로 전문직으로 체계화된 지식, 그리고 보고 들은 것이 많아 어떤 일의 선후나 사물의 본질을 분별하는 능력이다.

훌륭한 삶 혹은 성공한 인생에는 공부가 필요하다. 공자는 "옛날의 공부하는 사람들은 자기 충실을 위해 하였으나, 지금의 공부하는 사람들은 남에게 인정받기 위해서 한다"고 말한다. 사실 공부, 곧 학문의 궁극적인 목표는 우리의 '덕'(德)을 갖추는 데 있다. 소크라테스의 말을 빌면, "가장 중요하게 여겨야 할 것은 사는 것이 아니라 훌륭하게 잘 사는 것"이다. 어떤 삶이 훌륭한 삶인가? 지금 우리가 사는 세상을 둘러보라. 세상은 너무나 빠르고 복잡하게 변해가고 있다. 사람들은 경쟁에서 뒤처지지 않으려고 학교에서, 직장에서 치열하게 살아간다. 이 치열한 경쟁 속에서 사람들은 각자 앞에 주어진 일이나 공부를 하며 동분서주한다.

　고대 그리스의 말로 "그노티 세아우톤(gnōthi seauton)!"은 "너 자신을 알라!"를 뜻한다. 우리는 이 말을 소크라테스가 한 말로 알고 있다. 사실 이 말은 그리스 아폴론 신전 입구에 적힌 글귀이다. 이것은 우리 자신의 무지함을 깨우치라는 뜻의 그리스 격언이다. 소크라테스는 자칭 현명한 사람이라고 하는 사람들이 어떤 것에 대해 알지도 못하면서 대단한 것을 알고 있는 것으로 착각하고 있다고 지적한다. 나아가 소크라테스는 자신이 아무 것도 모르고 있는 것을 알고 있다고 고백한다. 그는 "내가 알지 못하는 것들을 알고 있다고 생각하지도 않는다는 이 사실로 해서, 내가 더 현명한 것같다"고 단언한다. 공자는 "아는 것을 안다 하고, 모르는 것을 모른다 하는 것이 바로 아는 것이다"라고 말한다. 공자와 소크라테스는 모두 앎, 곧 지식의 중요성을 역설했다. 동양과 서양이 학문을 추구하는 방법에 있어 조금 다를 수 있지만, 결국 학문의 목적은 자신의 무지에 대한 앎과 생각의 성장을 추구한다는 점에서 일맥상통한다.

　오늘날 대한민국의 교육의 목적은 무엇인가? 초·중등학교 교육의 목적은 홍익인간의 이념 아래 모든 국민으로 하여금 인격을 도야하고, 자주적 생활 능력과 민주 시민으로 필요한 자질을 갖추게 하여 인간다운 삶을 영위하게 하고, 민주국가의 발전과 인류 공영의 이상을 실현하는 데 이바지하게 하는 데 있다. 한편, 교육부는 어린이 홈페이지 방문을 환영하는 글에서 21세기는 창의성과 인성을 고루 갖춘 인재를 필요로 하며, 세상을 다양하게 보는 눈, 남들과 구별되는 독창적 사고, '다름'을 인정하고 받아들이는 열린 마음이 아주 중요하다고 말한다. 교육의 목적과 교육부가 밝힌 것처럼 대한민국의 교육은 인간다운 삶을 영위하게 하는 데 도움을 주며, 독창적이고 창의적인 사고를 하는 사람을 만드는 데 기여하고 있는가?

한국의 고등학생의 대학 진학률은 2015년 OECD 국가들 중 가장 높은 추이인 70.8%로 나타났다. 한국의 교육열은 공부 자체보다는 대학 진학과 연결되어 있다. 한국의 현실은 서울대를 기준으로 줄서기를 한다. 열등한 대학졸업장을 들고 사회에 나와 생각할 시간도, 필요도 없이 또 치열하게 경쟁을 하며 살아간다. 무엇을 좋은 대학의 기준으로 삼는지도 모호하다. 사실 좋은 대학이 모든 것을 보장해 주는 것은 아니다. 국내 최고의 기업체라고 해서 그 직원들이 모두 국내 최고의 능력을 가지고 있지 않듯이, 세칭 일류 대학을 다니는 학생 전체가 일류는 아니다. 마찬가지로 대학에 다니는 학생이라고 해서 모두 능력이 없는 것도 아니다. 어떤 대상이 가지고 있는 속성을 그 대상의 부분들도 가지고 있다고 생각하는 오류를 논리학에서는 '분할의 오류'(fallacy of division)라고 부른다. 어떤 자동차가 좋다고 해서 그 자동차를 이루고 있는 모든 부품이 다 좋다고 생각하는 것은 잘못이다. 서울에 있는 대학을 나온 사람 중에 인간다운 삶을 살지 못하는 사람도 있고, 지방대학 나온 사람 중에 자기가 좋아하는 전문분야를 찾아서 성공한 사람도 있게 마련이다.

중요한 것은 어느 대학을 나왔느냐가 아니라 자신의 미래를 위해 어떤 준비를 했느냐이다. 다시 말해 나의 미래를 위해 어떤 공부를 했느냐는 말이다. 문제는 공부와 교육의 내용이다. 우리말 사전에서는 공부를 '학문이나 기술 등을 배우고 익힘'으로, 교육은 '지식과 기술 등을 가르치고 인격을 길러 줌'이라고 풀이하고 있다. 사전의 긍정적 의미와 달리 우리나라에서 청소년들에게 공부는 공포의 대상이다. 사실 공부는 무서움과 두려움의 상징물이 아니라 인격의 도약과 성장을 돕는 데 유익한 것이다. 공부와 교육은 학문과 지식, 기술 등을 배우고 익혀서 한 사람이 인간으로 성장하도록 돕는 데 유용한 도구이기 때문이다.

우리나라 청소년들이 하루에 가장 많은 시간동안 하는 일은 공부이다. 학교에서도 공부를 하고, 학교가 끝나도 집이나 학원에서 공부를 한다. 공부는 한자 공부(工夫)에서 온 것으로 장인 공(工)자에 지아비 부(夫)자를 쓴다.

원래의 글자는 다할 공(功)자에 도울 부(扶)자로 "온 힘을 다하여 학문과 기술을 갈고 닦으며, 원하는 바를 이루기 위해 도움을 주는 것"이다. 우리가 눈여겨보아야 할 것이 있는데, 그것은 공(工)자나 공(功)자 모두 나무나 돌을 다듬는 일을 가리키고 있다는 것이다. 이 글자는 장인들이 자신의 분야에서 열심히 노력하는 것을 뜻하는 것이다. 나무나 돌을 다듬는 일은 쉬운 일이 아니다. 하지만 열심히 노력하면 그 일을 잘할 수 있게 된다. 이처럼 공부는 자기가 좋아하고 관심 있는 일을 열심히 하는 것을 의미한다. 처음엔 아무 것도 못하던 사람이 노력해서 돌이나 나무로 멋진 예술 작품을 만드는 것처럼 말이다. 따라서 공부(功扶)란 시간과 노력을 들여 발전시켜 나가는 모든 것을 뜻한다고 할 수 있다.

오늘날 한국의 학생들에게 공부는 좋음의 대상이 아니라 싫음의 대상이다. 공부가 싫은 이유는 여러 가지일 것이다. 한국에서의 공부와 교육은 자신의 성장을 목표로 하는 것이 아니라 학생들 간에 경쟁을 부추기고 서열을 매기는 데 목표를 두는 것 같다. 여기서 생각해보자. 앞서 설명한 공부와 입시, 곧 대학입학시험이 서로 동일한 것인가? 우리말 사전과 한자에서 의미하는 공부는 암기와 주입식 교육에 의존하는 입시와 전혀 다른 것이다. 그런데도 입시 뒤에 공부라는 말을 붙여 긍정적 의미를 지닌 공부를 부정적이고 싫은 대상으로 만드는 것은 어딘가 문제가 있어 보인다. 따라서 이 장에서는 공부와 교육에 관한 의미를 탐구하고, 현재 한국 사회에서 이루어지고 있는 공부와 교육에 대해서 비판적으로 평가해보며, 나아가 우리 사회가 안고 있는 공부와 교육의 문제점들을 넘어서는 대안적 사유에 대해 토론하려고 한다.

02 | 고전 속에서 생각하기

■『민주주의와 교육』저자 소개 :
　존 듀이(John Dewey, 1859~1952)

(존 듀이)

　　존 듀이는 미국 버몬트 주 버링톤에서 태어났다. 듀이는 15세의 나이에 버몬트 대학교에 입학하여 차석으로 졸업했다. 그는 당시 버몬트 대학교의 철학 교수였던 헨리 어거스터스 피어슨 토레이의 수업에 흥미를 보였다. 토레이의 주요 연구 분야는 임마누엘 칸트였고, 듀이는 그의『순수이성비판』강의에서 많은 영향을 받았다. 그는 1882년 존스 홉킨스 대학교의 철학 대학원에 진학하였고 1884년 그곳에서「칸트의 심리학」이란 제목의 논문으로 철학 박사 학위를 수여받았다.

　듀이는 실용주의 철학에 있어 주요한 인물 중 하나이며, 기능심리학의 창시자들 중 하나로 여겨진다. 사회 참여 지식인 듀이는 진보주의 교육과 진보주의에 대해 목소리를 높인 사람이었다. 듀이는 그의 교육에 대한 저서 『민주주의와 교육』(1916)으로 가장 유명하지만, 그는 인식론, 형이상학, 미학, 예술, 논리, 사회이론, 윤리를 포함하는 많은 다른 분야에 대해서도 집필했다(『철학의 재구성』(1919), 『인간 본성과 행위』(1922) 『경험과 자연』(1925), 『확실성의 탐구』(1929) 『경험으로서의 예술』(1934)). 듀이의 업적의 가장 중요한 테마는 그의 민주주의에 대한 뿌리깊은 믿음이다.

1888년에 미시간 대학에 있을 때, 그는 스스로 "나에게 민주주의와 단 하나의 궁극적이고 윤리적인 인간애의 이상은 같은 의미를 갖는다."고 말했다. 민주주의를 지지하는 그는 두 가지의 근본적인 요소인 학교와 시민사회가 주목받아야 할 주요한 화제라고 생각했다. 듀이는 선거권을 확장하는 것뿐만 아니라 시민, 전문가 그리고 자신이 채택하는 정책에 대해 책임을 지는 정치인 사이의 소통에 의해 성취되고 충분하게 형성된 대중의 의견을 보장함으로써 완전한 민주주의를 실현할 수 있다고 믿었다.^(위키백과)

▌민주주의 사회에서 교육이란 무엇인가?

존 듀이가 저술한 『민주주의와 교육』의 서문에 따르면 이 책은 민주사회에 작용하고 있는 이념을 추출하여 진술하고 그 이념을 교육의 실제 문제에 적용해 보려고 한 노력의 결과이다. 이 책에 진술된 철학은 민주주의의 성장을 과학의 실험적 방법, 생물학의 진화이론, 그리고 산업의 재조직과 관련된 것으로 보고, 이러한 방면의 발달이 교육의 내용과 방법에 어떤 변화를 가져오는가를 지적하는 데에 관심을 둔다. 이처럼 듀이는 추상적 과학이 아니라

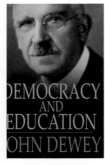
(민주주의와 교육)

구체적 관찰과 실험을 추구한다. 듀이의 교육 철학은 자신의 연구실이 아니라 실제 교육이 이루어지는 실험학교에서 찾는다. 실험학교는 프뢰벨에게서 시작된 것이었으나 듀이의 『**민주주의와 교육**』에서는 사회, 문화, 과학, 철학과의 연계 속에서 교육 이론이 전개된다. 다시 말해 듀이의 교육철학은 오늘날 이루어지고 있는 학제적 탐구를 통해 민주 사회의 이념을 교육의 문제에 적용한 것이다.

『민주주의와 교육』의 주요 개념을 다섯 가지로 추출할 수 있는데, 그것들은 '생명', '환경', '지성', '흥미', '경험'이다. 생명, 곧 모든 생물은 살아 있는 한 자기 자신을 위해 주위의 에너지, 예컨대 빛이나 공기, 수분, 땅속의 물질 등을 이용하려고 한다. 즉 생물의 성장이 계속하는 한 주변 환경을 이용한다. 특히 인간은 자신의 생명을 보존하고 유지하기 위해, 그리고 성장하기 위해서 주위의 에너지와 주변 환경을 사용한다. 생명체 가운데 인간은 자기에게 유익하지 않은 에너지와 환경을 자신의 활동을 지속하기 위해 정복하고 제어한다. 환경은 인간을 둘러싼 모든 것이다. 인간의 생활이란 자신을 둘러 싼 환경에 대한 작용을 통해서 자기를 새롭게 해 나가는 과정이다. 인간이 주변 환경을 개선하고 재구성하거나 조정할 때 생각, 곧 흥미와 지성이 발생한다.

듀이는 사회가 계속 존재하기 위해서 가르침과 배움이 필요한 것은 너무나도 명백한 일이며, 교육을 인간 경험의 끊임없는 재구성하고 성장시키는 데 있어 가장 중요한 수단으로 생각한다. 경험은 듀이의 교육 철학, 나아가 그의 사상 전체에서 핵심적 개념이라고 할 수 있으며, 경험은 '해 보는 것'과 '당하는 것',

다시 말해 능동적 요소와 수동적 요소의 특수한 결합으로 구성되어 있다. 여기서 해 본다는 것은 우리가 바라는 변화를 얻기 위해 다양한 조치를 취하는 것이며, 당한다는 것은 그 조치와 결과 사이의 관련을 파악하는 것 또는 이해하는 것을 가리킨다. 조치를 취하는 것과 이해하는 것은 서로 분리될 수 없으며, 이 양자의 결합이 경험을 이룬다. 듀이는 경험을 실험과 동일한 의미로 사용한다. 실험에는 반드시 무엇인가 얻으려는 결과가 있으며, 여기에 관심 혹은 흥미가 작용한다.

듀이에 따르면 교육은 과학의 한정된 주제를 다루는 실험이 아니라 사회적 규모에서 행해지는 사회적 실험이다. 마찬가지로 경험 또한 사회적 규모에서 행해지는 사회적 실험이다. 이 실험, 곧 경험에는 모든 사람이 동등한 자격으로 참여한다. 교육의 문제는 바로 경험의 이러한 의미를 충분히 살리는 데 있다. 그리고 교육의 주된 임무 가운데 하나는 개성을 갖춘 개인들의 비판적 사고를 길러내는 것이다. 다시 말해 교육의 주된 목표 중 하나는 비판적 사고의 습관과 심성을 길러내는 것이다. 교육은 특정한 교의를 주입하는 것이 아니라 다양한 관점들을 평가하고 비판할 수 있는 힘을 키워주는 데 도구이다.

듀이가 『민주주의와 교육』에서 지식이나 교육의 문제를 논의할 때, 사용하고 있는 예시는 대부분이 농부의 일, 타자치는 일, 전쟁 중의 사령관의 일, 의사의 일, 연이나보트를 만들고 사냥하고 요리하는 일, 목수나 판화가가 하는 일 등 실제적 활동에 관계되는 것들이다. 영국의 수학자이자 철학자인 **화이트헤드(A.**

(화이트헤드)

N. Whitehead)의 말을 빌면 "교육은 인생의 목적이 무엇이건 간에 그 목적을 위해 유용한 것이어야 한다." 듀이 역시 교육이 인간에게 유용한 것으로 작동해야 한다고 생각한다. 듀이는 농부나 선원, 상인과 의사, 또는 실험실의 실험가들에 있어서는 그렇지 않은데도, 교육에서는 지식이 일을 하는 것으로부터 초연하게 떨어져서 정보의 축적만 추구하는 것으로 여겨져 왔다고 지적한다. 여기서 정보의 축적은 실제와 관련되지 않은 이론을 의미한다. 교육의 목적은 정보의 축적이 아니라 개인의 성장에 있다.

듀이는 이론과 실천이 유기적인 것이며, 이론과 실천의 괴리는 필연적인 것이 아니라 우연적인 것임을 강조한다. 즉 이론과 실제가 별개의 관심사로 추구되는 것은 그것이 원래 그렇기 때문이 아니라 사회적 조건이 그렇게 만들었기 때문이라는 것이다. 민주적인 사회는 이론과 실천을 추구하는 사람들이 별개의 계층으로 분열되어 있는 사회가 아니라, 사람들 사이를 갈라놓는 벽이 허물어진 사회이다. 이상적인 사회는 교육을 통해 각 개인이 스스로의 활동과 자기 계발을 최대한 성장할 수 있도록 돕는 사회이다. 이상적인 사회는 사람들이 생각을 자유롭게 교환하고, 그 생각들을 경험을 통해 검증하며, 비판에 열려 있다. 이를 위해서는 상상력이 풍부한 창조적 지성이 살아 숨 쉴 수 있는 공간이 우선적으로 확보되어야 한다. 자유롭고 창조적인 지성의 공간을 만들어내는 일은 민주주의 요체이기 때문이다.

03 | 비판적으로 현실 톺아보기

이제는 중용, 중용에서 답을 찾자[3]

김충남
대전시민대학 강사

중용을 강의하려 합니다.

졸필입니다만 11여년을 넘게 고전을 통한 힐링의 글만 줄곧 써 왔습니다. 그러다보니 이젠 식상하셨으리라 싶어 새해부터는 학구적인 글로 바꾸었습니다.

(중용)

유학의 진수(眞髓)라 할 수 있는 **중용(中庸)**을 교학상장(教學相長)하려 합니다. 그래서 컬럼 제목도 '중용강의'라 했습니다. 감히 강의라고 말씀드렸습니다만 강의라 하기보다는 유학 경서의 최고봉이라 할 수 있는 중용철학을 함께 공유 공감하면서 마음을 다스리고 세상사는 지혜로 하였으면 하는 바람입니다.

중용에서 찾아봅시다.

누구나 세상을 살아가면서 자기 자신에게 그리고 세상을 향하여 많은

☑ 3. 디트news24, 2021년 1월 17일자.

화두를 던져보고 또 그 답을 찾아보려 하지요. "내 마음을 어떻게 다스려 나가야 하는가?", "어떤 가치관으로 세상을 살아야 하는가?", "세상사를 어떤 관점으로 맞이해야 하는가?", "인간관계를 어떻게 정립해야 하는가?", "지도자가 지녀야 할 덕목은 무엇인가?" 등 이처럼 인간사나 세상사가 온통 풀어나가야 할 화두이지요.

한문학도로서 오랫동안 유학 경전을 공부해 오면서 이러한 화두에 대한 지혜가 중용에 있지 않을까 하는 기대를 해보게 되었습니다. 새해에는 중용을 통하여 차근차근 그 화두의 지혜를 함께 찾아보고자 합니다.

중용은 유학의 진수다.

(자사)

　공자의 손자인 **자사**(子思)가 지은 중용은 대학·논어·맹자와 함께 유학의 텍스트북이다. 논어·맹자가 도덕·윤리의 실천적 내용의 책이라 한다면 중용은 철학적이고 관념적이며 인식론적 담론의 책이라 할 수 있다. 그래서 유학자들은 중용을 가장 어렵게 공부하였고 제일 나중에 읽었다. 그러나 유학의 진수는 중용에 담겨있기 때문에 대학·논어·맹자를 읽고도 중용을 읽지 않으면 봄·여름의 농사를 짓고도 가을의 결실을 맺지 못함과 같다 하겠다.

중용은 중간과 다르다.

　A와 B의 가운데를 중용이라고 이해하기 쉽다. 그러나 그것은 중용이 아니라 중간이다. 중간과 중용은 다르다. 중용은 가운데를 유지하는 것이

아니라 평형을 유지하는 것이다. 어느 한 쪽으로 기울지 않고 안정을 유지하도록 하는 것이다. 박재희 교수는 이렇게 비유했다. 사이가 좋지 않은 어머니와 아내 사이에서 아들이자 남편으로서 중용의 도리를 취한다고 해서 어머니가 계신 안방과 아내가 있는 부엌의 중간 지점인 거실에 있는 것이 중용이 아니다. 때로는 어머니 편에서, 때로는 아내 편에서 중재자 역할을 하여 화해하도록 하는 것이 중용의 도리다"라고 비유했다. 중용은 위에서 말한 것처럼 어머니편, 아내편 중 어느 한편에 치우치는 것이 아니라 어머니와 아내 사이에 고부갈등을 풀어낼 가장 적절한 방법을 찾는 길인 것이다.

평생 중용의 가치관으로 살라

중용(中庸)이라 할 때 중(中)의 뜻은 어느 쪽으로 치우치지도 않고(不偏) 기울어지지도 않고(不倚) 넘치거나 모자라지 않는(無過不及) 것이라 하였다. 중용이라 할 때 용(庸)은 "평상(平常)", '늘 언제나 그래야 한다'는 뜻으로써 즉 '중용은 평생하라는 것이다'. 부모에 대한 효도는 어버이날 만 하는 것이 아니라 평생 해야 하는 것인 것처럼 언제나 치우치지 않고 넘침이나 모자람이 없는 중용의 가치관을 가지고 평생 살라는 것이다.

성(誠)은 중용의 대표 논리다.

2014년에 개봉되었던 '역린'이란 영화에 나오는 명대사다. "누가 중용 23장을 아는가?"라는 정조의 물음에 신하들이 머뭇머뭇 대답을 못하자 다시 정조의 하문(下問)을 받은 내관이 답한다. "보이지 않는 곳에서 성실함이 있으면 저절로 드러나고 드러나면 분명해지고 분명해지면

밝아지고 밝아지면 감동이 일어나고 감동이 일어나면 변화하고 변화하면 동화됩니다.... 결국 세상에 가장 작은 곳에서의 성실함이 세상을변화시키는 힘이 됩니다." 그러니까 이 말은 나와 세상을 변화시키는 힘은엄청난 것이 아니라 아주 작은 정성의 힘에서 비롯된다는 것이 중용의 성(誠) 논리다. 그래서 성(誠)은 중용의 실천철학이라 하겠다.

이제부터는 중용입니다.

지금까지 중용강의에 대한 이해를 돕기 위해 중용의 주요 키워드 몇 가지를 미리 살펴보았습니다. 본 강의는 원전을 해석하는 독해 위주의 강의가 아닙니다. 뜻을 헤아려 공감하고 그리하여 삶의 지혜를 찾아보도록 하는 강의가 될 것입니다. 이제부터는 중용입니다.

교육 너머의 '삶-공부'[4]

김월회
서울대 중어중문과 교수

(맹자)

먼저 제목부터 해명하고자 한다. 제목의 교육은 대학입시와 대학에 잔뜩 초점이 맞춰져 있는 우리 사회의 교육을 가리키고, '삶-공부'는 삶이 곧 공부라는 뜻이다. 살아감과 공부는 한 몸이라는 얘기다.

맹자는, 사람은 누구나 양지(良知)와 양능(良能)을

☑ 4. 한국일보, 2018년 9월 3일.

타고난다고 하였다. 그에 의하면, 태어나자마자 배고프면 우는 것처럼 배우지 않고서도 '할 줄 아는' 것이 양능이고, 갓난아기라도 엄마를 사랑할 줄 아는 것처럼 생각해본 적이 없어도 '알 줄 아는' 것이 양지다. 사람 모두는 무언가를 할 줄 알고, 알 줄 아는 능력을 선천적으로 지니게 된다는 견해다. 성선설을 주장했던 그는, 사람은 본성이 선하기에 배운다고 단정했다. 배움을 사람의 본성으로 본 것이다.

순자도 배움을 인간의 본원적 역량으로 규정했다. 성악설을 집대성하는 등 맹자와는 사뭇 다르게 공자를 계승한 그였지만, 사람은 악한 본성을 다스릴 수 있는 '행위 하는 역량'과 '따져 아는 역량'을 기본으로 타고난다고 보았다. 인간 본성을 선하게 봤든 악하게

(순자)

봤든, '아는 역량'을 사람의 본질로 본 점에선 동일했던 것이다. 인간 본성에 대해선 견해가 극단적으로 나뉘어도 인간을 '호모 스투덴스(homo studens)', 곧 배우는 존재로 규정함에는 이견이 없었음이다.

인간 본성을 상반되게 바라봤음에도 인간이 배우는 존재라는 데 견해가 일치됐던 까닭은 무엇일까. 답은 의외로 간명하다. 살아가기 위해선 배움이 필수 불가결하기 때문이다. 살기 위해서는 무언가를 할 줄 알아야 한다. 할 줄 알기 위해서는 배워야 한다. 타고난 '할 줄 앎'과 '알 줄 앎'을 바탕으로 살아가는 데 필요한 바를 배워감으로써 삶이 꾸려진다. 배움은 이렇게 살아감의 시작이고, 살아감은 배움을 실천하는 과정의 연속이다. 살아감이 자체로 배움이 되는 이유다.

특히 살아가는 데 필요한 것은 한 번 배우면 끝나는 것이 아니기에 더욱

그러하다. 무엇을 배우냐에 따라 다를 수 있지만, 삶의 편의를 위해선 배운 바를 수시로 익히는 과정이 수반돼야 한다. 주어진 조건에서 배운 바를 효율적으로 쓸 수 있다면 어찌됐든 실보다는 득이 많기에 그렇다. **공자**가 "배우고 익히면 또한 기쁘지 아니한가"라며, '학(學)' 그러니까 배움만을 기쁨의 원천으로 보지 않고, 익힘 즉 '습(習)'을 그에 합쳐 기쁨의 원천으로 제시한 까닭이다. 익힘을 통해 살아감 속에서 배움을 지속할 때엔 이런 이점도 있다는 얘기다.

(공자)

　살아감이 배움인 또 다른 이유는 배움의 주체인 나도 변하고 내가 속해 있는 세상도 변하며 학습 대상도 끊임없이 변한다는 사실이다. 똑같은 구구단이지만 어렸을 때 용처와 고등학생 때의 용처, 어른일 때의 용처는 사뭇 다르다. 지난 시절, 학동들은 글자를 익히는 데 천자문을 활용했지만 선비들은 우주의 섭리를 전하기 위해 천자문을 활용했다. 나이를 더해가든 사회적 지위가 변하든, 내가 변하면 해야 할 일, 할 수 있는 일도 변하니 이미 배운 바라도 다시 익혀야 한다는 것이다.

　세상의 변화가 빨라, 빠른 변화가 오히려 일상이 된 사회서는 말할 나위조차 없어진다. 온고지신, 그러니까 옛것을 익힘과 동시에 새것을 알아야 이로웠던 시대가 가고, 새것을 알아감만으로도, 아니 새것을 계속 알아가야만 이로워지는 시대가 됐기에 그렇다. 지식이 자본주의적 이윤 창출의 자산으로 포섭된 지식 기반 사회서도 마찬가지다. 자본주의는 지구상에 출현한 이래 지금까지 이윤의 지속적 창출을 위해 끊임없이 진화해왔다. 그것은 산업 기반에서 금융 기반으로, 다시 지식 기반으로 탈바꿈하며 이익을 실현해왔다.

새로운 산업을 계속 만들어냈고, 그렇듯이 금융상품을 거듭 고안해냈으며, 지금도 이윤 실현을 위해 끊임없이 지식을 갱신하고 창조해내고 있다.

단적으로 살아감, 그러니까 삶이 곧 공부인 것은 흘러간 시절에나 적용되던 통찰이 아니라, 4차 산업혁명이 운위되는 오늘날에 오히려 더욱 잘 들어맞는 통찰이란 것이다. 이것이 "교육 너머의 삶-공부"라는 화두를 꺼내든 이유다. 대입과 대학에 초점이 맞춰져 있는 작금의 교육을 넘어 살아감의 차원에서 교육을 재구성해야 한다는 뜻이다. 이를테면 대입제도 개편은 현재 중3인 학생의 대학입시 문제만이 아니라 그들의 살아감, 곧 인생의 문제다. 대학 구조조정이나, 기재부가 예산 전액을 삭감한 공영형 사립대학으로의 전환은 대학을 소유한 사학재단의 문제가 아니라 우리 모두의 삶의 문제라는 것이다.

이것저것 다 떠나서 삶-공부란 차원에서 교육을 재구성해야 하는 까닭은, 사람은 나이가 들수록 체력과 지력이 떨어지지만, 인공지능으로 대변되는 기계는 갈수록 강해지고 똑똑해지기 때문이다. '미디어 인간'이라 규정될 정도로 사람의 기계에 대한 의존은 갈수록 심화되고 있다. 게다가 과학기술 덕분에 100세 시대는 이미 시작됐고, '인생 n모작'의 실현 없이는 인간다운 중장년, 노년의 삶은 요원해질 수밖에 없다. 삶-공부가 21세기 우리 사회의 기본이 돼야 하는 까닭이다.

교육혁명, 더 이상 미룰 수 없다[5]

김누리
중앙대학교 독문학과 교수

최근 독일 교육을 주제로 시민 대상 강연을 몇 차례 한 적이 있다. 독일과 한국의 교육을 비교하는 대목에서, 특히 우리 학생들이 처한 끔찍한 현실과 부모들이 느끼는 분열된 감정을 얘기할 때면 으레 중년 여성 몇 분이 슬그머니 뒷문으로 빠져나가곤 했다. 한번은 강연이 끝나자 한 분이 다가왔다. "중간에 자리를 떠 미안합니다. 자꾸 눈물이 나서."

얼마 전엔 고등학교 3학년 여학생이 '멘토 인터뷰'라는 걸 청해왔다. 독문과에 진학할 계획이라는 이 학생은 10개월간 베를린의 한 고등학교로 교환학생을 다녀온 경험을 털어놓았다. "독일 친구들이 늘 입에 달고 다니는 말이 있어요. 어딜 가든 '너는 어떻게 생각하니?'라고 묻는 거예요. 처음엔 무척 당황했어요. 그러다 놀라운 사실을 깨달았지요. 내가 아무 생각이 없다는 사실 말이에요."

부모의 하릴없는 눈물과 학생의 참담한 고백 앞에서 우리 교육의 파국적 현실을 다시금 절감했다. 부모들은 자식 교육 문제로 울음을 머금고 살고, 학생들은 주입식 교육에 길들여져 사유하는 능력마저 잃어버렸다. 교육의 파탄은 이미 인내의 한계를 넘어섰다.

사실 한국의 교육은 '교육'이라고 부르기도 민망하다. 그건 차라리 반교육에 가깝다. 본래 교육이란 '개인의 잠재력을 끌어내는 것'이 아닌가. '교육하다'를 뜻하는 영어의 'educate'나 독일어의 'erziehen'이나 본뜻은 '밖으로 끌어낸다'는 의미다. 세상의 온갖 지식을 '안으로 욱여넣는' 것이

☑ 5. 한겨레신문 2016년 8월 7일자.

아니라, 저마다 다른 개인의 재능을 이끌어내는 것이 교육이다. 죽은 지식을 우격다짐으로 머릿속에 채워넣는 것은 교육이 아니라, 인간의 창조적 정신에 대한 폭력이다.

학교는 단순히 지식을 가르치는 곳이 아니라, 인간적 기품과 소양을 기르는 곳이다. 오로지 '학습'에만 목을 맬 뿐, 정작 교육의 본령인 인간적 품성을 키우는 데 한국처럼 소홀한 나라는 지구상 어디에도 없다.

독일 교육은 한국 교육과 대척점에 서 있다는 점에서 눈여겨볼 가치가 있다. 독일 학교에서는 학생들을 등수로 줄 세우지 않는다. 아예 석차라는 것 자체가 없다. 경쟁이 아니라 협력이 교육의 기본정신이기에 부진한 학생의 첫 번째 도우미는 항상 동료 학생이다. 다양한 차이가 있을 뿐 획일적인 우열이 없으며, 다채로운 개성이 있을 뿐 일등도 꼴찌도 없다. 학생은 학교에서 행복감을 느끼고, 부모는 학교 교육에 만족한다.

독일에서 지식교육 못지않게 비중을 두는 것은 성교육, 정치교육, 생태교육이다. 성교육은 강한 자아를 길러주는 인성교육의 일환으로 초등학교 때부터 중시된다. 강한 자아를 가진 개인만이 불의한 권위에 쉬이 굴종하지 않는 민주시민이 될 수 있기 때문이다. 정치교육은 타인과의 갈등을 조정하는 능력과 사회적 정의를 혜량하는 안목을 길러주고, 부당한 권력에 저항하는 능력을 키워준다. 생태교육은 자연과 더불어 조화롭게 살아가는 지혜와 미래의 생명체에 대한 책임감을 길러준다. 다시 말해 성교육은 자신과의 관계를, 정치교육은 타인과의 관계를, 생태교육은 자연과의 관계를 올바르게 맺는 지혜와 안목을 길러주는 것이다.

한국 학교에는 지식교육만 있을 뿐 성교육, 정치교육, 생태교육이 없다. 한 인간이 개인으로서, 시민으로서, 생명체로서 살아가는 데 기본이 되는 교육은 방기하고 있다.

지식의 습득만을 절대시하는 '학습기계'가 성숙한 인격체로 성장하는 것은 불가능하다. 오히려 최고의 학습기계는 최악의 괴물이 될 위험성이 높다. 우병우, 진경준, 홍만표, 나향욱 – 한국 교육이 키워낸 최우등 '괴물들'의 적나라한 비루함은 오늘 우리에게 교육혁명의 절박함을 증언하고 있다.

04 | 더 읽어볼 참고 문헌

■ 플라톤, 이상인 옮김, 『메논』, 이제이북스, 2009.

『메논』은 사람으로서의 '훌륭함(arete)'에 관한 플라톤의 대화편이다. 소크라테스는 메논에게 '훌륭함'이 무엇인지부터 살펴보자고 제안한다. 메논은 자신만만하게 남자, 여자, 아이, 노인 등 상황에 맞는 여러 개의 훌륭함들이 있다고 답한다. 소크라테스가 그들이 공통적으로 가지고 있는 특성이 뭐냐고 압박하자 메논은 여지없이 당혹스러움(aporia)에 처한다. 소크라테스는 우리가 배우는 것은 실제로는 우리의 혼이 전생에서 배웠던 것을 상기하는 것이라고 말했다. 처음에는 아무 것도 몰랐던 메논의 노예가 소크라테스의 질문을 따라가며 스스로 답변을 찾아내는 모습을 보자 메논은 상기설을 인정할 수밖에 없게 된다.

■ 김범주, 『나는 공부 대신 논어를 읽었다』, 바이북스, 2020.

중3 때 미국 단기 유학을 떠나기 전까지 학교 성적이 전교 최하위권이었던 저자 김범주가 고3인 현재 전교 학생회장이 되고 토론토 대학교까지 합격한 변화의 과정을 담은 책이다. 사춘기와 반항이 시작될 중1 무렵 우연히 나간 독서 모임이 계기가 되어 책과 친해질 수 있었고, 논어 필사를 통해 정신적인 성장을 경험한 덕분에 그런 성과를 이룰 수 있었다.

한국출판문화산업진흥원의 '2020년 우수출판콘텐츠 제작 지원' 사업 선정작으로, 평범한 사람의 특별한 이야기다.

■ 프란시스 베이컨, 이종흡 옮김, 『학문의 진보』, 아카넷, 2004.

『학문의 진보』는 베이컨의 방대한 유작 가운데 유일한 완성품이자, 그의 전 체계의 밑그림을 보여주는 작품이다. 이 책의 1권에서는 학문과 지식의 탁월함과 이를 논증함으로써 얻을 수 있는 장점과 참된 영예의 탁월함에 대해 다룬다. 또한 학문에 대한 오해나 비방을 귀납법에 따라 반박을 한다. 2권에서는 본격으로 학문의 진보에 대한 논의에 들어간다. 베이컨은 먼저 국가가 학문의 진보를 위한 환경을 조성해야 한다고 역설한다. 학자들의 생계해결이나 연구를 위한 기구 설립 등 국가의 노력이나 지원이 필요하다는 것이다. 특히 철학, 신학, 역사학, 수학, 논리학, 윤리학, 형이상학과 같은 학문은 물론 정신, 질병, 전달의 방법, 선(善), 시민사회 같은 일반 주제에 이르기까지 당시에 분류 가능한 모든 학문과 지식을 분류하고 이에 대한 자신의 견해를 밝힘으로써 당대 지식세계 전체를 통관한다.

■ 알프레드 노스 화이트헤드, 오영환 옮김, 『교육의 목적』, 궁리, 2007.

『교육의 목적』의 중심적 사고는 "학생들은 활기찬 삶을 살아간다. 교육의 목적은 그러한 학생들의 자기 능력 개발을 북돋아주고 이끌어주는 데 있다"는 것이다. 이 책의 일부 내용에 따르면, 교양이란 사고력의 활동이며 아름다움과 인도적 감정에 민감한 감수성이다. 단편적인 지식은 교양과 아무런 관계가 없다. 단지 박식에 그치는 사람은 이 지상에서 가장 쓸모없는 인간이다. 우리는 교양과 특수영역의 전문 지식을 겸비한 인간을 육성해야 한다. 전문 지식은 교양으로부터 출발하는 데 필요한 무대를 제공하며 교양은 그들을 철학의 깊이와 예술의 높이로까지 이끌어줄 것이다.

■ 존 듀이, 강윤중 옮김, 『경험과 교육』, 배영사, 2004.

듀이는 『경험과 교육』에서 교육 문제와 같은 중요한 사회적 관심사가 이론과 실제적인 측면 모두에서 논의되지 않는 사회는 건강하지 않는 사회적 징후라고 지적한다. 듀이의 기본적인 문제의식은 전통적인 교육에 대한 반대로서 등장한 진보적인 교육운동의 위기에 있다. 당시 진보적인 교육운동은 훈육을 중심으로 한 행동주의 원리에 입각한 전통적 교육을 반대한다. 그러나 진보교육의 문제는 전통적 교육을 그저 반대하기만 하면 되는 것처럼 생각한다는 점이다. 듀이는 이 책을 통해 교육은 아이의 경험으로부터 출발한다는 것에 대해 설명한다. 듀이는 교육의 목표를 경험의 성장에 둔다.

■ 김상봉, 『학벌사회』, 한길사, 2005.

이 책은 학벌의식이란 개인이 학벌집단 속에서 가지의 주체성을 확립하는 것이 아니라, 자기의 주체성을 스스로 포기하고 양도함으로써 생겨난다고 지적한다. 저자는 주체인 개인, 곧 사회 속에서 자기의 주체성을 구체적으로 실현해나가야 할 인간이 사회적 존재를 확보하기 위해서 불행하게도 자기의 주체성을 스스로 양도하는 것이 학벌의식의 실상이라고 고발한다.

■ 김영민, 『공부론』, 샘터, 2010.

『공부론』에 따르면 공부란 실로 돌이킬 수 없는 '변화'다. 영리한 인간은 그 근본에서 공부를 하지 않는 사람이다. 이와 대조적으로 현명한 인간이란 이미, 그리고 '돌이킬 수 없이' 공부의 결실을 맺고 있는 사람이다. 그러므로 공부가 변화의 비용이고 그것이 결국은 몸의 주체적 응답의 방식일 수밖에 없다면, 공부란 삶의 양식을 통한 충실성 속에 응결한 슬기와 근기일 수밖에 없다. 영리한 인간들은 공부조차 상품으로 대하며, 값없이 냉소하는 가운데 그 필요한 부분을 발밭게 뽑아 먹는다. 그래서 공부를 '퀴즈화'시켜 벼락치기를 일삼는다.

■ 마사 누스바움, 우석영 옮김, 『공부를 넘어 교육으로』, 궁리, 2012.

『공부를 넘어 교육으로』는 모든 곳에서 예술과 인문학이 축소되면서 민주주의 자체에 필수적으로 요청되는 특질들이 심각하게 침식되고 있다고 경고한다. 예술과 문학을 배우는 학생들은 타인의 상황을 상상하는 법을 배우게 된다. 여기서 상상력은 민주주의의 성장에 근본적으로 필요한 능력이다.

■ 넬 나딩스, 심성보 옮김, 『21세기 교육과 민주주의』, 살림터, 2016.

『21세기 교육과 민주주의』는 민주주의와 교육의 문제를 연계시켜 포괄적으로 논의한 민주주의 교육론이다. 나딩스는 21세기를 위한 교육의 목적과 교육과정을 다시 상상하기 위해 존 듀이의 『민주주의와 교육』을 이야기한다. 그녀는 교육을 학교가 삶의 세 영역, 곧 가정의 삶, 직업적 삶, 시민적 삶의 욕구를 다루는 다목적 사업으로 그려낸다. 그녀는 "가장 좋은 하나의 해결"을 기도하는 표준화 시험에 대한 현재의 주류적 열망, 그리고 교과 사이를 지나치게 분리시키는 현실에 비판적 질문을 던진다. 이 책에서 넬 나딩스는 현재의 교육 현실에 대한 비판적 평가뿐 아니라, 21세기가 지향해야 할 학교교육의 이상과 비전을 제시하고 있다.

■ 신창호 외 11인, 『노자 도덕경 교육의 시선으로 읽다』, 박영스토리, 2020.

이 책은 고려대학교 대학원 강의시간에 다룬 내용을 중심으로 재정돈한 글이다. 학술지에 발표한 논문도 있고, 교육학적 아이디어나 시사점을 제공하는 차원의 성숙하지 않은 글도 있다. 초고는 개별적으로 썼지만, 강의에 참여한 대학원생들과 교수가 함께 읽고 정돈한 학문공동체의 결실이다. 부록에는 한 학기 동안 강의를 이끌어준 김학목 교수의 노자 「도덕경」 번역본을 실었다.

05 | 논리적 오류: 무지에의 논증(ad ignorantium)

무지에의 논증은 어떤 사실에 대한 증거가 없다는 사실을 근거로 그 반대의 사실을 참이라고 논증하는 오류다. 또한 어떤 사실에 반하는 증거가 없음을 들어 그 사실을 참이라고 논증하는 경우도 마찬가지다. 다음 예들을 보라.

▶ 신이 존재한다는 증명은 아직까지 누구에 의해서도 이루어지지 않았다. 따라서 신은 존재하지 않는 것이 틀림없다.

▶ 아직까지 위원장이 대선 자금 받았다는 증거는 없어. 그는 참으로 청렴한 정치인임에 틀림없어.

▶ 사랑은 마치 유령과 같아서 많은 사람이 사랑에 관해서 수없이 이야기하지만 그것을 보았다는 사람은 아무도 없어. 사랑이란 것은 존재하지 않아.

▶ 귀순한 몇몇 사람의 말에 따르면 북한은 우리가 제공한 수재 구호미를 군량미로 사용한다고 합니다. 쌀 지원을 중단해야

합니다. 몇 사람의 말만 듣고서 그것을 다 믿을 수는 없다는 의견도 있지만 아무튼 북한이 그 쌀을 군량미로 사용하지 않는다는 증거는 없지 않습니까?

위의 예들은 공통적으로 "A라는 증거가 없다. 그러므로 ~A가 틀림없다"라는 논증 형태를 갖는다. "A라는 증거가 없다."라는 명제를 토대로 우리가 타당하게 내릴 수 있는 결론은 "그러므로 우리는 A에 관해서 알 수 없다." 이다.

그러나 실제로는 오늘날 많은 문명권의 국가들이 증거재판주의를 채택하고 있다는 사실은 염두에 둘 만하다. 즉 명백한 증거가 제시되지 않는 한 어떤 사람을 죄인으로 간주하지 않겠다는 입장을 말하는데, 그것은 "피고가 죄인이라는 증거가 없다. 그러므로 피고는 무죄다."라는 형태의 논증 구조를 갖는다. 이것은 분명히 논리적 관점에서 무지에의 호소하는 오류에 속하는 것이지만, 그것을 받아들이지 않았을 경우 발생할 수도 있는 선의의 피해자의 발생을 막으려는 사회적 제도의 하나다. 여기에서 우리는 논리적 척도와 사회적 척도가 항상 일치하지 않는다는 것을 알 수 있다. 이러한 사실은 논리적 타당성이 모든 것에 우선해야만 하는 것은 아니며, 또 실제로 그렇지도 않다는 것을 말해 준다.

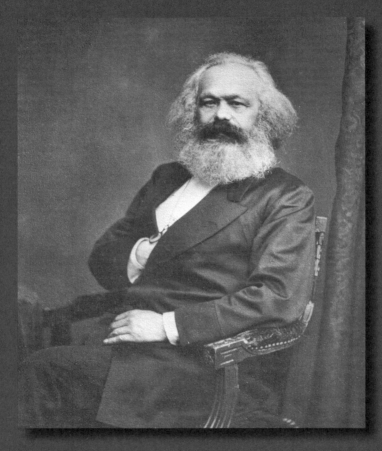

Karl Heinrich Marx

(1818~1883)

3장

노동과 가치 :
우리는 일하기 위해 태어났을까?

노동과 가치 :
우리는 일하기 위해
태어났을까?

01 | 여는 글

노동은 우리의 삶에서 매우 중요한 가치다. 노동을 통해 우리는 삶에 필요한 의식주를 얻을 수 있다. 또한 개인 스스로 자아를 실현하는 방식이기도 하다. 오늘날 자본주의 사회에서 노동은 소득을 얻는 수단으로 여겨지는 경향이 강한 반면, 자아실현의 방식으로 보는 경향은 보다 덜 중요하게 여겨진다.

자본주의 사회에서 노동자와 생산물의 관계는 서로 분리되어 있다. 따라서 노동자는 스스로의 노동을 통해 자본을 얻고, 이 자본을 통해 대리적으로 충족한다. 노동자는 자기가 소비하는 생산물을 만드는 것이 아니기 때문에 노동을 통한 소유로부터 소외감을 느낄 수밖에 없다. 더구나 오늘날 기업은 이윤창출을 위해 제조업을 비롯해 서비스업에도 진출하며 한 나라 내에서 뿐만 아니라 전지구적으로 경영조직을 확대한다. 이러한 구조에서 노동자는 인격적 존재로서 존재하는 것이 아니라 생산을 위한 도구적 존재로 전락한다. 결국 노동자는 자본을 획득하기 위해 노동을 하는 존재로 여겨지며 점차 노동자의 인격적 가치는 상실된다.

한국에서 노동의 현주소는 결코 긍정적이지 않다. 한국은 OECD 국가

가운데 노동시간은 긴 반면 삶의 만족도는 낮은 국가로 분류된다. 한국 노동자의 1인당 연간 평균 노동시간은 2,062시간('16년 기준)에 달해 OECD 국가 중 멕시코에 이어 두 번째로 높은 수준이다. OECD회원 35개국 평균 1,764시간보다 305시간 많았다. 1일 법정 노동시간인 8시간으로 계산하면 OECD 평균보다 38일 더 일한다. 하지만 긴 노동 시간에 비해 임금 수준은 낮았다. 평균 연간 실질임금은 구매력평가 기준 3만 2천399달러로, OECD 평균인 4만 2천786달러의 75% 수준이었다. 연간 실질임금을 노동시간으로 나눈 시간당 실질임금은 15.7달러로, OECD 회원국 평균 24.3달러의 3분의 2수준이었다. OECD 국가 중 연간 평균 노동시간이 가장 짧은 독일과 비교하면 한국의 노동자는 넉 달을 더 일하고 연간 평균 실질임금은 독일의 70%에 미치는 수준이다. 주 52시간제 도입 등 근로기준법 개정('18.3.20 공포) 등을 통해 노동시간의 조정과 삶의 질을 향상시키기 위한 방안을 마련하고 있지만 다양한 의견이 맞서고 있다. 더구나 최근 코로나19 사태와 관련 노동시간과 형태가 급격하게 변하고 있다는 점도 유의해야 할 사항이다.

OECD 더 나은 삶 연구소(Better Life Institute)가 발표한 「2020년의 삶은 어떨까?」(How's Life in 2020?) 보고서에 따르면 한국인 삶의 만족도도 OECD 최저로 33개국 중 32위로 나타났다. 한국은 계층별, 성별, 교육수준별 불평등이 OECD 평균에 비해 매우 심각한 것으로 드러났다. 소득 상위 20%가 하위 20%에 비해 7배의 소득을 보이는데, 이는 OECD 평균(5.4배)을 훨씬 웃도는 격차다. 남녀 간 불평등도 여전히 심각하다. 임금격차를 한 예로 들면 남성이 100만원의 임금을 받을 때 여성들은 65만 원 정도의 임금 밖에 받지 못한다. 사회적 관계 단절과 신뢰 부족 문제도 심각했다. 필요할 때 의지할 가족이나 친구 등이 없다고 답한 응답자가 19%로 OECD 평균(9%)의 두 배가 넘었다. 이는 조사대상 41개국 중 그리스(22%) 다음으로 높은 수치다. 국민 5명 중 1명이 사회적으로 고립되어 있다는 의미로 읽을 수 있으며, 세계 최고의 자살률과도 관련된다. 일반적으로 경제가 성장하면 삶의 만족도 역시 높아지는데, 한국은 이에 역주행하고 있다. 무엇이 문제일까?

중요한 이유로 우리가 살아가는 사회의 경제구조와 관련하여 신자유주의 체제를 꼽을 수 있을 것이다. 신자유주의는 기존 자유주의를 보다 효율적으로 강화하는 방향으로 보완하면서 등장했다. 자유 시장경제를 중시하며, 노동시장의 유연화를 동반한다. 각종 규제 완화와 자유무역협정을 통해 한 나라 안에서뿐만 아니라 전지구 차원에서 자유로운 시장경제 체제의 확장을 옹호한다.

하지만 신자유주의 체제에서 노동자의 삶은 이윤창출이라는 기업의 목표 아래서 늘 위협받는다. 기업은 경쟁력 강화를 구실로 고정된 정규직 노동자의 수를 최대한 줄이고, 비정규직 노동자의 확대를 기획한다. 신자유주의 체제에서 노동자는 항상 구조조정을 통한 실업위기에 내몰린다. 실업은 노동자 개인의 문제일 뿐만 아니라 가족 구성원에게도 막대한 타격을 끼치며, 결국 사회적으로 확대된다. 이 과정에서 한편 개인은 사회로부터 소외된다. 소비는 위축되고 경제는 경직되며, 빈곤층이 늘어나면서 사회 계층 간 불평등과 불안이 증대한다. 하지만 이러한 모든 문제는 개인의 책임으로 전가된다. 개인은 무한경쟁에 내몰려 다른 개인들과 끊임없이 경쟁하는 삶이 일상화된다.

비정규직 문제 또한 매우 중대한 문제다. 일반적으로 비정규직 노동자는 정규직 노동자보다 더 강도가 높고 위험한 일자리로 내몰리지만 임금은 낮고 해고의 위험성은 높은 차별대우를 받는다. 청년들은 취업을 위해 그림자 노동에 수많은 시간과 자본을 투자해야 하며, 취업후에도 40대가 지나면서 받게 되는 퇴진압박 등 다양한 문제들이 발생한다.

이와 함께 외국인 이주노동자와 관련한 다양한 문제들도 한국 사회에서 쉽게 찾아볼 수 있다. 이렇게 신자유주의와 관련한 문제들이 단지 경제 영역에만 머무는 것이 아니라 사회 전반에 걸쳐서 다양한 문제들과 결부되면서 우리 삶의 질에 큰 영향을 끼친다.

노동자의 권리에 관한 한국사회의 이해와 공감이 부족한 것 역시 중요한 문제다. 한국은 급변하는 정치·경제적 환경 속에서 승자독식주의를 내면화하면서 받아들였다. 승자독식주의란 어떠한 방식으로든 승자가 패자와 약자의 권리를 독식하는 것이다. 오로지 1등을 차지하기 위해서 경쟁에 내몰리는 것도 이러한 상황을 이해하게 한다. 승자독식주의가 더 큰 문제가 되는 것은 우리의 의식 속에서 이러한 상황을 당연한 것으로 받아들이고 무감각하게 용인하기 때문이다. 종종 승자가 되기 위해 수단과 방법을 가리지 않는 사건을 접하는 것도 이와 관련한다. 정치·경제적 권력, 학연과 혈연, 지연 등 다양한 방법을 동원하더라도 승자가 된 사람들은 더 많은 권력과 이익을 독식하며, 그렇지 못한 힘없는 사람들은 착취와 희생을 감당하는 것이 당연시된다. 대학입시나 취직처럼 한 번의 기회로 삶의 가치가 결정되는 것처럼 사회적으로는 단기적 목표에 집착한다.

아파트의 관리비를 줄이기 위해 경비원을 퇴직시키는 경우는 비일비재하다. 기업들은 고객들의 전화 상담을 비롯한 다양한 일자리에서 인력을 감축하는 방식으로 손쉽게 비용을 절감하는 방식을 택한다. 일자리를 잃은 노동자나 사회적 약자 및 소외계층에게는 재교육 기회나 복지, 생존에 필요한 안전장치도 빈약한 실정이다. 승자독식주의를 용인하는 한 사회적 약자에 대한 착취는 특정 세력만의 횡포가 아니라 이를 외면하고 있는 우리 모두가 공범이다.

노동에 대한 이해는 '우리가 무엇을 위해 존재하는가'라는 질문에 기초한다. 인간의 특징을 분류하는 방식에는 '지혜가 있는 사람'으로 보는 호모사피엔스(Homo Sapiens)나 '도구를 사용하는 인간'인 '호모파베르(Homo Faber)' 등이 있다. 어떻게 분류하든 인간을 도구로 간주하게 된다면 결국 인간은 다른 목적을 위한 수단으로 전락한다. 기업에서도 이윤창출만을 목표로 삼는다면 노동을 하는 인간은 도구에 불과한 존재가 된다. 노동하는 인간의 가치는 반복해서 작동하는 기계와 근본적으로 유사해진다. 이런 상황에서 개인에게 노동은 더 이상 즐거움을 줄 수 없다. 오히려 힘겹고 기피하고 싶은 일이 된다. 단지 임금을 받기 위한 수단으로 노동의 가치가 여겨진다.

이렇게 오늘날 자본주의 사회에서 노동은 놀이와 분리되었다. 인간은

(요한 하위징아)

스스로에게 동기를 부여할 때 노동과 놀이를 명확하게 구분하지 않는다. 비록 다른 사람이 보기에는 매우 힘겨운 노동으로 여겨질지라도 자신이 원하고 선택한 일에 대해서는 스스로 즐거움을 얻는다. 이러한 노동과 관련한 인간의 특징에 주목하여 **요한 하위징아**(Johan Huizinga)는 인간의 특성을 '노는 인간' 또는 '놀이하는

인간'이라는 의미의 호모 루덴스(Homo Ludens)로 정의한다. 노동자가 자신의 생산품으로부터 소외되고 끊임없는 경쟁에 내몰리면서 실직의 위험에 노출된 불안한 삶을 살아가는 오늘날 그의 노동에 대한 통찰은 신자유주의 체제에서 노동의 가치를 다시금 비판적으로 사고하게 만든다.

02 | 고전 속에서 생각하기

■『자본론』 저자소개:
칼 하인리히 마르크스(Karl Heinrich Marx, 1818~1883)

(칼 마르크스)

독일 라인주(州) 트리어(Trier) 시에서 유대인 기독교 가정의 7남매 중 셋째로 태어났다. 트리어는 당시 독일에서 정치·경제적으로 매우 발전한 곳이었다.

1850년대에 마르크스는 당시 영국 대영박물관 도서관을 드나들며 경제학 관련 서적들을 비롯하여 정치 경제학 분야를 집중 연구했다. 중요한 내용을 발췌하거나 정리하고, 자신의 생각을 정리한 후에 초고를 쓰고 다시 수정하는 작업을 반복했다. 마르크스는 죽을 때까지 자신이 계획했던 '경제학' 전반을 완성하지는 못했지만,『정치 경제학 비판』이나『자본론』과 같은 몇 권의 중요한 경제학 책을 출판할 수 있었다.

마르크스는 당시의 부르주아 사회를 올바르게 이해하기 위해서는 그 사회적 토대가 되는 자본주의 '경제'를 철저하게 분석해야 한다고 보았다. 그는 생산력과 생산 관계의 총체로서 생산 양식이 물질적 토대를 구성한 위에 국가와 같은 사회 조직이나, 종교나 철학과 같은 사회적 의식이 들어선다고 보았다. 따라서 한 사회를 올바르게 인식하기 위해서는 경제적 토대를 바르게 분석할 필요가 있었다.

(마르크스와 앵겔스)

1848년 초 **마르크스와 엥겔스**는 '공산주의자 동맹'의 위임을 받아 『공산당 선언』(Manifest der Kommunistischen Partei)를 완성하였다. 『공산당 선언』은 마르크스주의의 강령적 문건이다. 마르크스와 엥겔스의 공동 집필로 1848년 프랑스 2월 혁명 직전에 발표되었다.

(자본론)

마르크스는 1856년부터 집필을 시작하여 1867년에 『**자본론**』(das Kapital) 제1권을 출판한다. 『자본론』은 상품에 대한 분석에서 출발하여 자본을 중심으로 한 자본주의 경제의 운영원리를 밝히고 자본주의가 내적 모순에 의해서 붕괴될 수밖에 없음을 규명한다.

『자본론』이 출판된 지 백여 년이 지났으며 마르크스가 분석한 자본주의 사회가 영국을 중심으로 한 유럽이었기 때문에 오늘날 한국의 현실에 적용하는 데에는 여러 한계가 있다. 하지만 우리가 다른 해결책을 찾기 전까지, 또는 찾기 위한 이론적 작업을 위해서도 『자본론』은 여전히 중요한 개념적 틀을 제공하고 있다.

근대 유럽에서는 부르주아(Bourgeois) 계층이 탄생한다. 부르주아는 원래 성에 둘러싸인 중세 도시 국가 주민들을 지칭하는 용어였으나, 16세기에 이르러서는 지리상의 발견이나 해상 무역의 확대로 인해 경제적 실권을 장악하게 된 상인이나 지주 계층을 의미한다. 이 시민들은 왕이나 귀족들의 지배를 받는 피지배 계급이었으나 구제도의 모순을 깨트리는 시민 혁명을 주도한 이후 사회의 주체 세력으로 성장했다. 이를 부르주아 혁명이라 부른다. 이들은 산업화 과정에서 노동을 자본으로 전환하면서 부를 축적하여 자본주의를 성립시킨다. 이러한 과정은 영국 고전경제학의 핵심적 주제가 되었다.

마르크스는 대다수 노동자가 죽도록 일하면서도 가난이 해결되지 않는 이유가 궁금했다. 부의 원천은 노동이다. 그런데 부지런히 노동한 사람들이 지속적으로 가난하다니 무언가 이상한 일이 아닌가? 마르크스는 그 이유를 영국의 고전경제학을 통해 찾고자 했다. 마르크스는 노동과 가난의 이런 어긋난 문제의 원인을 '잉여가치'로 발견한다. 잉여가치는 자본이 자기증식을 한 가치 부분이다. 예를 들면 자본가가 기계를 80원에 사고 노동자에게 20원의 임금을 주어 100원의 상품을 만들어 120원에 판매한다면 잉여가치는 20원이다. 그런데 노동력에는 노동자에게 돌아가지 않은 잉여가치가 발생하는데, 마르크스는 자본가가 이 잉여가치를 노동자에게 돌려주지 않고 무상으로 착취한다고 진단한다. 자본가는 화폐소유자로서 잉여가치를 발생시키는 화폐를 유통하는 주체로 자리잡는다.

마르크스는 『자본론』을 통해 자본주의의 구조와 법칙을 검토하고 그 붕괴과정을 예견한다. 고전적 자유주의 체제는 국가의 시장 개입을 전면적으로 철폐하는 방향으로 향하면서 완전히 자유롭게 경쟁할 수 있는 경제체제를 주장한다. 이러한 자유주의 체제에서 국가는 기업가의 자유로운 경제 활동과 개인의 재산권을 침해해서는 안 되며 모든 권한을 자유로운 시장질서에 맡겨야 한다. 그러나 마르크스는 이러한 자유주의가 경제에서 과잉생산과 소비축소로 인한 '경제공황'을 피할 수 없음을 지적한다.

자유주의에서는 자본가가 제품을 과잉생산하고 노동자의 임금을 인하하여 이윤창출을 극대화하기 때문에 공급은 증대되지만 임금하락으로 인한 소비는 감소한다. 최종적으로는 생산 축소, 임금 하락으로부터 기업이 도산하고 대량 실업, 무역 축소, 물가 하락 현상으로 이어지는 경제 공황을 피할 수 없게 된다. 마르크스는 기존 봉건질서의 부조리는 시민계급에 의해 극복되고 시민계급과 자본주의의 자기모순이 극대화되었을 때 비로소 노동자 계급이 주체가 되는 프롤레타리아(proletarian) 혁명이 일어나 새로운 사회와 계급이 탄생할 것으로 예측했다. 마르크스는 변증법적 유물론의 시각을 가지고 사회 체제가 변화 발전한다고 본 것이다.

마르크스주의는 러시아 혁명 성공의 사상적 동력이 되었고 중국 공산당의 혁명에도 사상적 토대가 되었다. 그러나 현대에 와서 마르크스주의는 위기를 맞았다. 종주국인 소련에서 고르바초프가 페레스트로이카를 추진하며 자본주의 진영과 타협을 모색하기 시작한 후 마르크스주의는 더 이상 유효해 보이지 않았기 때문이다. 소련뿐만 아니라 중국에서도 각자의 방식대로 자본주의적 요소를 받아들이면서 마르크스주의는 종말을 맞는 듯 했다.

하지만 여전히 전지구적으로 마르크스주의는 자본주의의 모순을 비판하는 가장 예리한 이론의 지위를 유지하면서 자본주의의 문제를 해결하기 위한 대안을 모색하는 대화의 장을 제공한다. 전 세계는 1970년대부터 신자유주의(neoliberalism)의 흐름에 들어섰고 이후 신자유주의의 한계와 문제점들이 드러나기 시작했다. 신자유주의는 고전적 자유주의보다 더 강하게 자유로운 시장 경쟁 체제를 옹호한다. 따라서 정부는 시장의 치안과 규율과 같은 최소한의 원칙만을 보장하고 나머지는 모두 시장의 경쟁 질서에 맡겨야 한다고 주장한다. 이에 따라 신자유주의는 노동 시장의 유연화, 작은 정부, 자유시장경제 중시, 각종 규제 완화, 자유무역협정 등을 주요 정책으로 삼는다. 그러나 이러한 신자유주의의 주장은 자본가와 기업 경영자의 이익을 우선적으로 보장하는 경향을 강하게 드러낸다. 따라서 노동자에 대한 해고와 감원이 자유롭고 각종 규제 완화로 사회적 불평등이 더욱 심화된다. 전지구적 차원에서는 자유무역협정으로 국가 간 제약없는 경쟁으로 약소국은 불공정한 협정을 체결당하는 등의 부작용을 낳고 있다.

이러한 신자유주의가 전 지구로 확장되면서 부자와 빈자, 부국과 빈국의 차이는 더욱 커지고 있다. 한국 사회도 김영삼 정부 후반기에 신자유주의를 수용하기 시작했다. 오늘날 신자유주의로부터 발생한 다양한 문제점들이 한국 사회 전반에 걸쳐 드러나면서 노동자들의 권익은 심각하게 위협당하고 있다. 마르크스가 자본주의의 문제점으로 지적한 인간소외, 물신숭배, 생산과 소비의 과잉, 경제 공황 등은 현재진행형이다. 해결책을 찾지 못한 여러 요소들이 우리의 삶을 위협하고 있다. 근본적 차원에서 보자면 마르크스가 검토하던 19세기 자본주의 체제 사회는 신자유주의가 전 지구를 배회하고 있는 오늘날과 크게 다르지 않다. 과학기술의 발달로 생산은 과도하게 극대화되었으며 소비 또한 지나치게 활성화되었다. 이와 더불어 사회적 불평등은 더욱 극심하게 벌어지고 있다. 부유층은 보다 쉽게 부를 축적할 수 있는 반면 중산층은 몰락하여 빈곤층이 확대되고 있다.

이외에도 신자유주의는 인간을 자본과 이윤창출의 도구적 존재로 전락시켜 인간의 존엄성과 주체성이 상실되는 심각한 상황을 초래하는 문제점도 야기한다. 우리는 이러한 문제점에 대한 해결책을 마련해야만 한다. 특히 한국은 분단 상황에서 빚어지는 여러 문제들과 결부되면서 신자유주의의 병폐가 사회 곳곳에 만연한 상황이다. 이러한 상황에서 우리는 마르크스로부터 해결책을 모색하는 데 필요한 조언을 우선적으로 구하지 않을 수 없다. 『자본론』을 중심으로 다양한 이론을 재해석하고 수용하면 부의 재분배 문제나 복지 문제 등에 관해 훨씬 더 긍정적인 정책을 마련할 수 있을 것이기 때문이다.

■ 『호모 루덴스』저자 소개:
　요한 하위징아(Johan Huizinga, 1872~1945)

　　요한 하위징아는 1872년 12월 17일 네덜란드의
북부 지방 도시인 흐로닝언에서 태어났다. 일곱
살 무렵 흐로닝언에 들어온 카니발 행렬을 보고 그
광경에 매료되어 평생을 의례, 축제, 놀이 연구에
주력했다. 부친은 흐로닝언 대학의 생리학 교수
였다. 흐로닝언 대학 네덜란드 어문학과에 입학한
하위징아는 어학에 남다른 재능을 보여, 히브리어,

(요한 하위징아)

아랍어, 산스크리트어의 연구에 심취하였고, 점차 비교언어학으로 기울어
라이프치히에 유학하기도 하였다.

　　1897년에 학위를 받은 뒤에는 생계를 위해 하를렘 고등학교 역사 교사로
부임했다. 그 뒤 흐로닝언 대학에서 고대 인도 문화사와 종교사 연구로 교수
자격을 취득하였고, 점차 연구 중심을 역사학에서 서구 중세사로 옮겼다.
1915년에는 레이던 대학의 일반역사학 교수로 자리를 옮겨 1940년 독일군의
점령으로 대학이 문을 닫을 때까지 강의했다. 그는 나치를 비판하면서
수용소에 감금당했다가 1942년 석방되어 가택 연금 당한 상태로 연구에
몰두하다 1945년 2월 1일 72세로 세상을 떠났다. 그는 자서전 『역사에의
나의 길』(1947)에서 인식론적·철학적 흥미를 결여한 인간이라고 스스로를
비판한다. 그러나 개인의 영혼이 지닌 감동과 공명이 역사학적 인식의
핵심이라고 주장하며 꿈이나 환상, 아름다운 생활에 대한 동경 등이
문화형성에 끼치는 중요한 역할을 강조하기도 했다.

인간은 스스로 동물보다 우월하다고 주장한다. 동물과 같은 욕망보다 더 나은 기준을 마련하기 위해 도덕적이거나 윤리적인 지점을 염두에 둔 것이다. 문명의 발달과 함께 인간은 스스로를 호모 사피엔스(Homo Sapiens), 즉 합리적인 생각을 하는 사람이라고 불렀다. 하지만 세월이 지나면서 인간은 스스로의 주장만큼 합리주의와 이성주의를 유지할 수 없음을 알게 되었다. 서로 다른 문화와 환경에서 만들어지는 욕구들 사이에서 하나의 객관적 기준을 강요한다는 것은 비합리적일 뿐만 아니라 불가능한 것임을 알았기 때문이다. 인간은 다시 스스로의 특성을 탐구하여 물건을 만들어 내는 인간이라는 호모 파베르(Homo Faber)를 고안한다. 도구를 통해 문명을 건설하는 것은 인간만의 고유한 활동처럼 보였기 때문이다. 하지만 곧 많은 동물들이 도구를 사용하고 심지어 무엇인가를 만들어 내는 모습을 보게 되면서 이 정의가 인간만의 보편적 특성을 규정하는 개념으로 적합하지 않다는 사실을 알았다.

요한 하위징아는 새로운 관점에서 인간을 해석하기를 원했다. 그는 인간의 특성을 놀이에서 찾아내고 놀이하는 인간, 즉 호모 루덴스(Homo Ludens)라 정의했다. 물론 기존 연구자들도 인간의 문화에서 놀이가 매우 중요한 부분임을 인정하고 있었다. 하지만 요한 하위징아는 놀이가 문화의 일부가 아니라 놀이가 곧 문화 자체임을 주장하며 놀이를 인간의 본질적 특성으로 보았다. 그는 인간의 경쟁이나 의례, 축제나 종교 등이 모두 놀이로부터 형성되어 발전한 형태로 보았다. 놀이의 개념에는 '아곤(Agon)'이라는 경쟁

요소와 '진지함'의 요소가 결합되어 있으며 이것이 무의식적으로 인간의 문명과 제도에 관여하고 있다. 그는 경쟁이나 진지함보다 더 중요한 것이 놀이 개념이라고 주장한다. 놀이는 우리의 언어에서 기능하고 인식의 방법이 되며 법률과 전쟁, 시와 철학과 예술에 있어서 필수적 형태로 나타난다고 보았다.

따라서 그는 문명이 경쟁과 진지함의 역사가 아니라 놀이의 역사라고 주장한다.

이는 인간의 문명과 제도를 인간의 이성적 질서의 산물이라고 본 기존의 시각과는 전혀 다른 관점이다. 요한 하위징아의 관점에서 보자면 현대의 정치, 사회, 경제, 스포츠 등은 호모 루덴스의 놀이 개념에서 일정 부분을 상실한 것이다. 놀이보다는 경쟁이나 진지함의 비중이 더 크다고 파악했다. 산업의 발달에 따라 역사가 진보한다는 환상이 퍼졌으며 사람들은 물질과 자본을 숭배하게 되었다. 이러한 분위기에서 노동과 놀이는 분리되었으며 놀이는 노동을 위한 재정비의 역할 정도로 위축되었다. 혹은 놀이를 무질서하거나 무가치한 것, 어른스럽지 못한 것으로 치부했다. 하지만 현대인은 물질적으로는 풍요로워졌지만 정신적으로는 빈곤하고 소외감을 느낀다. 이러한 현상들을 분석하여 요한 하위징아는 인간의 본래 모습이 놀이하는 인간에 가까움을 증명하고 새로운 인간의 특성으로 제시한다.

요한 하위징아의 설명에 전적으로 동의할 수 없다 할지라도 그의 통찰은 오늘날 물질적 풍요속에서도 허전하게 살아가는 우리의 자화상을 성찰하는 데 중요한 동기를 제기한다. 어린 시절 우리에게 놀이는 그 자체로 집중과 몰입의 활동이며 스스로의 존재를 실현하는 계기였다. 놀이하는 동안 우리는 온갖 상상력을 동원하여 행위하며, 자연스럽게 친구들과 어울리는 과정을 통해 공동체 의식을 갖게 된다. 이러한 놀이 개념의 회복이 신자유주의 사회에서 생존을 위해 노동하는 현대인에게 새로운 치유와 대안적 사유를 모색하는 데 중요한 기제를 제공할 수도 있다. 놀이하는 인간으로서의 본래적 존재 의미를 우리가 망각한 채 살아가고 있는 것은 아닌지 성찰해 볼 일이다.

03 | 비판적으로 현실 톺아보기

발전5사 산재 97%가 비정규직…
"위험한 작업엔 꼭 하청이더라"[6]

박용준
기자

　ㄱ(38)씨는 2018년 여름을 떠올리면 아직도 호흡을 가다듬어야 한다. 그는 인천에 있는 남동발전 영흥화력발전소에서 일하는 하청 노동자다. 그는 작업장의 컨베이어벨트 밑에 있는 장치에 발을 넣어 기계를 조정하는 일을 맡았다. 그날도 어김없이 발을 넣어 기계를 움직이다가 갑자기 하반신이 말려들어갔다. 주변에 있던 비상정지 장치를 작동해 참변을 막았지만 다리에 피부이식 수술을 해야 할 정도로 화상을 입어 두 달간 치료를 받았다. "지금도 기계에 몸을 넣어야 하는 순간이 오면 다리가 후들거립니다."

　회사는 원청에서 불이익을 받을까 두려워 산업재해 처리에 난색을 보였다. 결국 그의 부상은 공상 처리됐다. 공상 처리는 업무 중 부상을 이유로 사업주로부터 일정한 보상금을 받고 사건을 종결하는 것을 의미한다. "발주처는 제가 다친 것도 몰랐어요. 라인이 정지됐을 때도 빨리 가동하라는 지시만 왔죠."

☑ 6. 한겨레신문, 2020년 12월 14일.

    그로부터 넉달 뒤 서부발전 태안화력발전소에서 일하던 김용균씨가 컨베이어벨트에 끼여 숨지면서 발전소 하청 노동자들의 안전 문제가 수면 위로 떠올랐다. 하지만 ㄱ씨는 그 이후에도 안전장치 설치 전까지 1년가량 자신을 다치게 한 장치에 발을 넣어 작업해야 했다. 그는 "최근에 와서야 2인1조 근무도 지키려는 분위기가 있다."면서도 "여전히 누군가가 위험에 계속 노출돼야 하는데, 그건 꼭 외주화돼 있다."고 했다.

    10일로 김용균씨가 숨진 지 꼭 2년이 됐지만, 고씨를 비롯한 발전소 하청 노동자들은 여전히 위험의 외주화 구조 속에서 하루하루 불안한 삶을 산다. 지난달 28일 영흥화력발전소에서 25톤 트럭 상부에서 석탄회를 싣는 작업을 하다 3.5m 아래로 추락해 숨진 심장선(51)씨도 남동발전의 재하청업체 소속 화물 노동자였다.

    김용균씨가 숨진 태안화력도 안전 문제는 크게 개선된 게 없다고 한다. 태안화력의 한전산업개발에서 일하는 최아무개씨는 "김용균씨 사망 이후 현장 안전 조처가 추가됐지만, 감독당국에서 지적한 사항만 조금씩 바뀔 뿐 전반적인 개선은 더디다"며 "현장 노동자들이 '노면이 미끄럽다'거나 '작업 장소가 높다'와 같은 위험을 이야기하지만, 규정에만 맞으면 괜찮다는 식"이라고 말했다.

    발전소의 산재 통계도 위험의 외주화가 여전하다는 점을 보여준다. 이성만 더불어민주당 의원이 발전 공기업5사(남동발전·남부발전·동서발전·중부발전·서부발전)에서 제출받은 자료를 보면, 2015년부터 지난 8월까지 발전사 노동자 253명이 산재 피해를 입었는데, 이 가운데 비정규직은 97%(246명)나 됐다. 2018년 말 김용균씨가 숨진 뒤인 2019년과 올해 8월까지로만 한정

해도, 이 시기 산재를 입은 67명 가운데 91%(61명)가 비정규직이다.

또 다른 영흥화력 하청 노동자 ㄴ(35)씨도 지난해 말 현장 순찰 작업을 하다가 미끄러운 작업 현장 탓에 발을 헛디뎌 배수로에 빠지면서 다리에 골절상을 입었다. 다섯달가량 입원했고, 다리에 핀을 박아 고정하는 수술까지 해야 했다. 다행히 원청인 남동발전에서 사고 이후 현장 개선에 나섰지만, 위험 현장에 대한 인식 때문에 개선에 나선 건 아니었다고 한다. "원청에선 제가 실수한 것이지 않으냐는 입장이었어요. 요청을 들어준다고 해도, 심각성을 느끼고 적극적으로 개선에 나서는 것 같지는 않아요." 김용균씨 이후 안전 설비가 증설됐지만, 그는 "여전히 사각지대가 있다."고 말한다.

"이후에 같은 사고가 난다고 하더라도 원청은 책임 회피에만 급급할 것 같아요. 이래서 중대재해기업처벌법 도입이 절실합니다." ㄴ씨의 말이다.

놀이하는 인간, 호모 루덴스[7]

한중섭
작가

    종종 "여가 시간에 뭐하세요?"라는 질문을 받곤 한다. 특별한 활동을 하는 것은 아니지만 나의 여가는 노는 듯, 놀지 않는 듯한 창조적인 활동으로 채워질 때가 많다. 실제로 여가에는 단순한 휴식 이상의 의미가 담겨 있다. 휴가를 뜻하는 프랑스어 바캉스(vacances)와 영어 베케이션(vacation)은 '해방, 자유, 텅 비워냄'을 의미하는 라틴어 vacātio에서 유래했다. 여가를 뜻하는 레저(leisure)도 '자유로워지다'라는 의미를 가진 라틴어 licere와 연관이 있다.

    한국어에서 여가는 '남을 여(餘)'와 '틈 가(暇)'가 합쳐진 단어다. 즉, 여가는 단조로운 일상과 고단한 생업에서 벗어나 틈 속에서 자유를 만끽하는 여백의 시간이다. 여가는 바쁨의 지배에서 벗어나 기력을 충전하고 차분히 자신을 돌아볼 수 있게 하며, 지속 가능한 삶을 영위하는 데 필수적이다. 로마 시인 오비디우스(Ovidius)가 "여가는 그가 어떤 사람인지를 드러낸다."라고 말했을 정도로, 여가는 한 사람의 생(生)을 함축적으로 보여준다.

    여가는 곧 놀이와도 관련 있다. 우리는 여가 시간에 놀이를 통해 재미를 느끼고 지친 몸과 마음을 재충전한다. 놀이하는 인간이라는 뜻인 《호모 루덴스》의 저자 요한 호이징가(Johan Huizinga)는 놀이를 다음과 같이 정의한다. "놀이는 특정 시간과 공간 내에서 벌어지는 자발적 행동 혹은 몰입 행위로, 자유롭게 받아들여진 규칙을 따르되 그 규칙의 적용은 아주 엄격하다. 놀이 그 자체에 목적이 있고 일상생활과는 다른 긴장, 즐거움, 의식을 수반한다." 즉, 놀이는 놀이가 주는 재미 그 자체에 목적이 있고,

---

☑ 7. 월간 샘터, 2019년 6월호.

참여자의 주체성과 자유가 듬뿍 깃든 행위다. 호이징가는 놀이가 문화보다 더 오래된 원초적 개념이며 문명이 놀이에 기반을 두고 발전해왔다고 주장한다.

호이징가의 개념에 덧붙여 내가 생각하는 바람직한 놀이는 인간의 의지가 적극적으로 개입되어 놀이의 주체가 주인공으로서 놀이의 과정 및 결과에 유의미한 영향력을 발휘하고 창조를 체험하는 것이다. 예를 들어 TV 드라마나 모바일 콘텐츠를 소비하는 경우, 재미는 느낄 수 있지만 놀이의 주인공이 되어 적극적으로 참여하고 있다고 보기 어렵다. 게다가 이런 류의 수동적이고 정형화된 놀이는 창조를 체험할 기회를 제공하지 않는다.

반면 놀이의 주체가 땀을 흘리는 스포츠, 전시회를 본 뒤 소감을 작성하는 것, TV에서 흘러 나오는 음악에 따라 춤을 추는 것 등은 모두 놀이의 주체인 인간이 창조를 체험하는 바람직한 놀이라 할 수 있다.

놀이의 주체는 놀이를 통해 몰입을 체험한다. 놀이의 행태가 무엇이 됐든 그것에 몰두한다. 놀 때 시간이 너무 안 가서 곤혹스러웠던 적이 있는가? 오히려 시간이 너무 빨리 가서 아쉬웠던 적이 많을 것이다. 놀이는 일상생활을 둘러싼 울타리 밖 '저 너머의 세계'에 존재하며, 놀이의 주체는 그곳에서 시간 가는 줄 모르고 유희를 만끽한다. 이처럼 일상과 놀이의 세계가 가진 시차는 다르며, 놀이의 주체는 놀이를 할 때 비로소 무아지경의 상태에 빠진다. 놀이를 통한 몰입으로 인해 일상에 만연한 바쁨에서 벗어나는 색다른 경험을 하게 되는 것이다.

"여가 시간에 뭐하세요?"라는 물음에 "그냥 놀아요"라고 답하면 사람들은 단순히 지인들과 술자리를 가지거나 집에서 하루 종일 넷플릭스를 보는 줄로만 안다. 사실 그럴 때도 많다. 그러나 내가 여가 시간에 주로 하는 것은 직접 주인공으로 참여해 창조를 체험하는 놀이다. 다시 말해 글을 쓰거나 영화를 보면서 리뷰를 남기는 것 등이 나만의 휴식 기술이며 이를 통해 새로운 활력을 얻는다.

놀이의 주인공이 돼서 창조를 체험해보자. 일기를 쓰고 요리를 해보고, 샤워를 하면서 콧노래를 불러보자. 그러다 보면 어느새 어린아이처럼 놀이에 몰입해 일상에서 벗어난 저 너머의 세계에 있는 자신을 발견하게 될 것이다.

04 | 더 읽어볼 참고 문헌

■ 조영래, 『전태일 평전』, 아름다운전태일, 2009.

　평화시장 재단사로 일하던 청년 노동자, 전태일. 그는 1948년 대구에서 태어나 1970년 11월 13일 스물 둘 젊은 나이에 서울 평화시장 앞 길거리에서 스스로 분신했다. 지독한 가난과 핍박 속에서도 좌절하거나 타락하지 않고 다른 노동자들에 대한 사랑을 실천하는 삶을 살았던 인물이다. 노동현장의 부조리와 최소한의 노동자 권익을 주장했지만 어디서도 자신의 의견이 받아들여지지 않자 스스로 자신의 몸을 태워 한국 사회에 경종을 울렸다. 이후 한국 노동운동의 이정표로서, 더 나아가 민중운동의 선구로서 한국 사회의 발전에 크게 기여했다. 이 책은 전태일의 삶과 사상을 시대 흐름에 맞춰 펴낸 『전태일 평전』이다.

■ 김수행, 『자본론 공부』, 돌베개, 2014.

　한국의 마르크스주의자 김수행 교수가 들려주는 자본론 특강. 마르크스의 『자본론』을 전체 10강의 커리큘럼으로 나누어 진행한 강의를 정리한 책이다. 1989년 한국에서는 최초로 『자본론』을 완역하였으며, 이 저술에서는 방대한 3권 분량의 『자본론』을 쉽게 풀어 설명하고 있다. 도표와 그림을 활용하여 체계적으로 설명하는 한편 『자본론』의 중요한 구절을 곳곳에서 친절하게 소개한다. 더불어 현재 한국 사회와 세계에서 발생하는 여러 사건들을 사례로 들어 문제점을 신랄하게 비판하는 등 150여 년이 지난 『자본론』이 여전히 오늘날에도 유용한 저술임을 드러내고 있다. 『자본론』을 요약하고 정리한 것에서 더 나아가 마르크스가 자본주의를 어떻게 비판하는 지를 구체적으로 설명하여 이해를 돕고 있다.

▌이반 일리치, 노승영 옮김, 『그림자 노동』, 사월의책, 2015.

왜 매일 우리는 정당한 대가 없는 노동을 누군가에게 바치는가? 『그림자 노동』은 전 9권으로 예정된 『이반 일리치 전집』 1차분으로, 특히 그의 핵심적 사상을 집약해서 담은 책이다. 왜 우리의 노동은 이토록 고되고 지루하며 우리의 꿈과 늘 대립하는가? 이반 일리치는 이 책을 통해 우리가 일상에서 지극히 당연한 것으로 여기는 노동에 대한 생각을 완전히 전복시킨다. 일리치는 매일 직장에 출근해 급여를 받고 행하는 임금노동이나, 집안을 꾸려 나가기 위해 주부가 행하는 가사노동 등이 지난 수천 년의 인간활동과는 전혀 다른 '기이한' 노동임을 깨우쳐준다. 나아가 직장 통근, 자기 계발, 스펙 쌓기 등 경제를 위한다는 명분으로 강요되는 모든 무급 활동이 자율적인 삶을 억압하는 '그림자 노동'이 되었음을 밝힌다. 이 책은 그림자 노동의 역사를 통해 성장주의에 찌든 현대를 고발하고 인간의 자유롭고 창의적인 삶을 회복하기 위한 선언문이다.

■ 윌리 톰슨, 우진하 옮김, 『노동, 성, 권력-무엇이 인류의 역사를 바꾸어 왔는가』, 문학사상, 2016.

모든 문명의 역사는 노동, 성, 권력에 의해 이루어졌다. 인류 문명은 찬란한 흥망과 엄혹한 쇠락을 거듭하면서 발전했다. 문명의 역사는 찬란한 문화와 기술의 비약적 발전과 함께 광기와 폭력의 역사를 기록했다. 거대한 인류 문명의 수레바퀴 안에서 역사를 추동시키고 지탱해 간 핵심 동력은 무엇일까. 윌리 톰슨은 인류 문명의 흥망성쇠가 노동, 성 그리고 권력이라는 완전한 구조 안에서 발전한 것이며, 이 세가지 핵심 동력은 상호 연결되어 있다고 주장한다. 가져가려는 자와 자기 것을 지키려는 자들의 투쟁, 성 역할에서 비롯된 차별과 폭력의 역사, 계급의 차이에서 발생하는 행위와 폭력의 작용 등을 통해 인류 문명의 발전과 쇠락의 역사를 철저히 분석하고 파악한다.

■ 오찬호, 『우리는 차별에 찬성합니다-괴물이 된 이십대의 자화상』, 개마고원, 2013.

암울한 시대에 암울하게 변해버린 20대들의 슬픈 자화상을 다루고 있는 이 책은 젊은 사회학자인 저자가 대학에서 강사로 재직하며 만나 온 20대들의 진짜 얼굴을 드러내고 있다. 무한경쟁 시대의 희생양이 된 20대들은 쓰라린 피해자로서의 모습을 지니는 동시에 사회구조에 따른 경쟁에서 뒤쳐진 패자에 대해서는 아무런 죄책감없이 차별하고 멸시하는 모습을 보인다. 이렇게 오늘날 20대들은 자신의 현재 위치에 대한 방어와 타인에 대한 공격성을 가진 가해자이자 사회적 피해자로서의 양면성을 동시에 갖추고 있다. 우리 사회가 어떻게 그들을 이러한 상황으로 내몰고 있는지, 20대들을 위로하는 것이 아니라 20대들의 현 상황을 냉철하게 관찰하고 그 원인을 짚어 내면서 문제의 해결책을 모색하고 있다.

▌ 토마 피케티, 장영덕 옮김, 『21세기 자본』, 글항아리, 2014.

프랑스 파리경제대학교 토마 피케티 교수의 이 책은 자본주의에 내재한 불평등에 관한 실증적 분석과 대담한 대안 제시로 논쟁의 중심에 선다. 부의 분배는 오늘날에도 수많은 논란을 불러일으키는 문제이다. 18세기 이후 부와 소득이 어떻게 변해왔는지, 그로 인해 21세기에는 어떠한 교훈을 얻을 수 있는지에 관한 해답을 얻을 수 있다. 저자는 자본소득이 노동소득보다 항상 우위에 있다는 점을 지적한다. 즉 자본주의가 발달할수록 소수의 부유한 계층에 자본이 집중되고 분배구조의 불평등이 악화된다는 것이다. 이에 저자는 먼저 국민소득, 자본, 소득 등의 기본 개념을 정리하고 소득과 분배가 어떠한 변천 과정을 거치는지 살핀다. 자본/소득 비율의 변화를 전망하고 3세기에 걸친 방대한 역사적 데이터를 토대로 불평등의 역사적 전개를 분석하며 극소수의 최고 소득층에는 현재 수준보다 높은 세율로 과세하는 것과 누진 글로벌 자본세라는 대담한 대안을 제시한다.

■ 라르스 스벤젠, 안기순 옮김, 『노동이란 무엇인가』, 파이카, 2013.

노르웨이 베르겐대학교(University of Bergen) 철학 교수이자 노동 철학자로 알려진 라르스 스벤젠은 '노동' 그 자체에 대해 새로운 정의내리기를 시도한다. 이를 통해 노동이 없는 세상은 상상하기 어렵고, 삶을 행복하게 살기 위해서는 노동이 있어야만 한다고 주장한다. 그러므로 이때의 '노동'은 우리가 흔히 자본주의 사회에서 노동시간을 줄여 노동자를 노동으로부터 벗어나야만 비로소 여가가 있는 좋은 삶을 살 수 있다는 그러한 노동 개념과는 다르다. 자본주의의 붕괴를 예측하며 노동의 소외를 극복하려 했던 마르크스와도 다르다. 그는 노동을 삶과 분리시켜 노동의 바깥에서 삶의 의미를 찾으려 하기 보다는 노동이 삶의 일부임을 인정하고 노동 자체를 '좋은 노동'으로 만드는 것에 주목한다. 그래서 '좋은 노동이란 무엇인가'와 '어떻게 좋은 노동이 가능한가' 등의 질문과 관련한 논의들이 논쟁적으로 제시된다.

■ 김상봉, 『기업은 누구의 것인가』, 꾸리에, 2013.

자본주의 경제가 고도로 발전한 오늘날 그렇게 돈을 키우고 돌리는 으뜸가는 주체는 기업이다. 시장이라는 보편적 세계를 열어가는 주체가 기업임을 인정하고, 그 법인기업(주식회사)의 주인이 누구인지를 묻는다. 주식회사는 가장 전형적인 법인기업으로, 법인(法人)이란 말 자체가 법적인 인격(legal person) 즉, 그 자체로서는 자연적 인간이 아니면서 법에 의해 인간처럼 권리를 향유할 수 있는 힘을 부여받은 권리주체라는 의미를 지닌다. 소유할 수 있는 대상은 사물적 존재자 그 자체, 또는 사물적 존재자로 교환될 수 있는 권리이지만, 소유할 수 없는 것은 사람이고 권력이다. 그런데 자본주의 사회에서 기업이 소유의 대상으로 여겨지고 있다. 특히 한국에서 자본가들이 기업을 사사로이 소유하게 되면 노동자들이 기업의 노예로 전락하는 것은 필연적인 결과이다. 이 책에서는 인간에게 주인이 있을 수 없는 것처럼 법인에게도 결코 주인이 있을 수 없음을 말한다. 자본주의 경제체제가 균형점을 발견하지 못하고 맹목적이고 무한정한 이윤추구의 수렁 속으로 빠져드는 까닭은 그 경제가 자기가 아니라 남을 이윤추구의 도구로 삼아 착취할 수 있기 때문이라고 진단한다. 즉 자본가는 기업의 주인으로 행세하며 오로지 자기 자신의 이익을 더 내기 위해 노동자들을 착취하는 것이다. 돈으로 살 수 없는 것이 바로 인격적 존재자인 인간이다. 노동자도 인간이다. 이 책은 철학적 관점에서 한국사회의 주식회사 기업이 가지고 있는 문제점을 지적하고 있다.

▋ 광주 MBC 5·18 38주년 특집 다큐멘터리 『두 개의 일기』

　광주에서 태어난 윤상원과 대구에서 태어난 전태일의 일기를 통해 항쟁의 뿌리를 탐구하고 구체적 현실에 대해 들여다보는 다큐멘터리다. 어릴 적부터 일기를 써 온 윤상원의 글은 한국의 노동운동과 민주화운동의 상황을 매우 구체적이고 현실적으로 전한다. "많은 지식인들이 노동현실을 담은 글을 읽고 가슴 아파해한다. 어떻게 보면 그들은 노동현실을 즐기는 것일 수도 있다. 지식인들이 가슴 아파해 한다고 이 현실이 개선될 여지가 있는 것인가? 문제는 노동자 스스로 싸우는 일일 수밖에 없다."라는 윤상원의 말과 "노동자들이 만든 제품만 눈에 보이고 노동자들은 눈에 보이지 않는단 말인가?"라는 말은 수십 년이 지난 오늘날 한국의 노동현실 앞에서도 곱씹어 볼 필요가 있다.

05 | 논리적 오류: 군중에 호소하는 논증 (Argumentum ad populum)의 오류

많은 사람들이 현실적 상황이나 태도를 근거로 삼아 상대방을 설득하려는 유형의 오류다. 이러한 오류는 '권위에의 호소'와 마찬가지로 논자가 합리적이고 적절한 논리적 근거를 제시하는 것이 아니라 맹목적으로 많은 사람이 믿고 있다는 이유를 들어 어떤 명제를 참이라고 결론짓는 것을 말한다.

▶ 이 휴대폰은 지난 해 국내에서 가장 많이 팔렸다. 따라서 이 제품은 가장 우수한 제품이다.

▶ 이 세계에 동성동본금지법이 있는 나라는 한국뿐이다. 이미 선진국 대열에 들어선 한국에 더 이상 이런 법이 있어서는 안 된다.

▶ 전 세계 대부분의 사람들이 고기를 섭취한다. 따라서 육식에 관한 윤리적 문제는 없다.

H. D. Thoreau

(1817–1862)

4장

돈과 성공 :
성공이냐, 성장이냐?

돈과 성공 :
성공이냐, 성장이냐?

01 | 여는 글

(프랜시스 베이컨)

　근대적 사유의 문을 열어 놓은 **프랜시스 베이컨**(F. Bacon)은 "인간의 지식이 곧 인간의 힘"이라고 선언했다. 그는 맨손으로는 많은 일을 할 수 없듯이, 그냥 방치된 지성만으로는 할 수 있는 일이 별로 없다고 보았다. 도구가 있어야 손을 써서 일을 더 잘 할 수 있듯이, 지성도 도구가 있어야 일을 더 잘할 수 있다는 것이다. 도구를 쓰면 손의 활동이 증진되거나 규제되는 것처럼, 인간의 정신도 도구인 참된 지식을 사용하면 생각의 성장판이 열려 사유가 성장을 거듭할 것이다.

　에리히 프롬(E. Fromm)에 따르면 지식의 영역에서 소유와 존재의 실존양식의 차이는 "나는 지식을 가지고 있다"와 "나는 지식을 알고 있다"라는 두 가지 어법에서 드러난다. 존재양식의 최고의 목표는 '보다 깊이 아는 것'인 반면, 소유양식의 최고의 목표는 '보다 많이 아는 것'이다.

그는 우리의 교육제도가 학생들에게 소유물로서 지식을 공급해 주려는 데 애쓰고 있고, 그 지식은 훗날 살아가면서 확보하게 될 재산이나 사회적 특권에 상응한다고 지적한다.

(에리히 프롬)

이처럼 베이컨과 프롬의 관점에서 보면 지식은 양적으로 많이 가지고 있는 것보다 질적으로 깊이 아는 것이 인간의 힘으로 유용하게 작용한다. 그런데 오늘날은 상황이 사뭇 달라졌다. 지식을 많이 소유하거나 깊이 아는 것은 그다지 중요한 문제가 아니다. 지식 자체가 인간의 능력이나 실력으로 작용하기보다는, 지식보다 더 높은 자리에 돈이 군림하는 것처럼 보이기 때문이다. 박근혜 전 대통령과 함께 국정농단의 주범이었던 최순실씨의 딸 정유라는 자신의 페이스북에 이런 말을 남겼다. "능력 없으면 네 부모 원망해. 돈도 실력이야. 불만이면 종목을 갈아타야지. 남을 욕하기 바쁘니 아무리 다른 거 한들 어디 성공하겠니?" 이런 정유라의 관점에 따르면 현대사회에서의 성공은 무엇보다 돈을 더 많이 소유하고 있어야 가능한 일이다. 따라서 지식을 질적으로 양적으로 소유하기 보다는 돈을 더 많이 소유하려는 욕망이 강해야 성공에 가까워진다. 돈이 곧 인간의 힘이 되고 돈의 소유(축적)가 성공을 가늠하는 가치의 척도다. 이렇게 오늘날 성공은 지식이나 지혜의 문제가 아니라 물질적인 돈을 얼마나 소유했느냐를 통해 결정되는 것처럼 보인다.

한국 사회는 화폐를 중시하는 자본주의 사회다. 화폐란 상품의 교환 가치를 나타내는데, 지불 수단과 가치의 척도 및 저장과 축적의 수단이 되는 금, 은,

주화, 지폐, 전자화폐 등을 말한다. 자본주의란 생산 수단을 가진 자본가 계급이 노동자 계급으로부터 노동력을 구매하고 생산 활동을 함으로써 이익을 추구해 나가는 경제 구조를 의미한다. 이런 자본주의 사회에서 화폐의 양, 곧 돈의 수치는 성공의 척도로 기능할 수도 있다. 돈의 관점에서 본다면, 자본가와 노동자 중에서 성공한 사람은 자본가이다. 자본가가 노동자보다 화폐를 더 많이 가지고 있기 때문이다. 노동자들 중에서도 성공한 사람은 다른 노동자들보다 월급을 더 많이 받는 노동자일 것이다. 또한 최저임금을 받는 노동자라고 할지라도 직업이 없는 사람보다는 성공한 사람일 것이다. 그렇다면 돈과 성공의 관점에서 볼 때 돈이 없고 직업이 없는 사람은 실패한 사람인가?

많은 사람들이 더 나은 직업을 얻기 위해 동분서주한다. 더 나은 직업이란 임금을 더 많이 받을 수 있거나 돈을 더 얻을 수 있는 일이다. 이러한 성공의 척도에 따라 한국에서 수많은 학생들이 대학입시에 전념한다. 많은 입시생들의 꿈이 취직 잘 되는 대학에 들어가는 것이라면, 대학에 입성한 학생들의 꿈은 돈을 많이 주는 직장에 들어가는 것이다.

학교에서 공부하는 사람을 가리켜 학생이라고 부른다. 그런데 자본주의 사회에서 학생들은 공부 자체가 아니라 돈을 목표로 삼고 그에 따른 직업을 얻기 위해 공부한다. 엄밀히 말하면 공부란 입시나 취직을 위한 것이 아니라 자신의 교양과 성장을 위해 필요한 것이다. 이렇게 공부의 본질이 왜곡된 상태에서 공부란 지겹고 싫지만 해야만 하는 것 정도로 전락했다. 이런 공부는 대학교를 졸업하거나 취직한 후에 멈춘다. 졸업은 두 가지 의미를 지닌다. 하나는 규정된 교과 또는 교육 과정을 마친다는 의미이며, 다른 하나는 어떠한 부문의 일에 통달하여 익숙해짐이다. 학생들이 일반적으로 의미하는 졸업은 전자의 것이다. 실제로 어떤 부문에 통달한 상태로 졸업하여 사회로 나오는 것은 아니다.

화폐는 인간의 유용한 발명품이자 도구라는 점에서 그 자체로는 좋은 것도 나쁜 것도 아니다. 따라서 화폐의 많고 적음에 따라 편리하거나 불편할 수는 있지만 좋은 사람이 되거나 나쁜 사람이 되는 것은 아니다. 화폐의 사용자인 우리가 그것을 어디에 어떻게 사용하느냐에 따라 그것의 가치가 결정될 것이다. 돈과 관련하여 소설가 이외수의 흥미로운 말들은 들어볼만 하다. "돈도 암수가 있어서 교미를 시키고 새끼를 치게 만들 수만 있다면 얼마나 재미있는 일들이 많이 생길까요. 인간을 사료로 삼지만 않는다면. 자기가 마음대로 돈을 그려서 무제한으로 쓸 수 있는 시대가 온다면 그대가 제일 먼저 하고 싶은 일은? 도시의 아이들은 그때나 지금이나 필요한 것들이 있으면 무조건 돈으로 해결한다. 이 때문에 아이들은 창의력이 떨어질 수밖에 없으며 부모를 돈의 공급처로만 인식하게 된다. 반면 가난한 사람들은 대게 돈을 '개같은 놈의 돈', '원수 놈의 돈', '썩을 놈의 돈', '더러운 놈의 돈'이라고 욕하는 공통점을 가지고 있다. 그러나 인간이든 물건이든 욕을 하면 더욱 멀어지기 마련이다."

데이비드 브룩스(D. Brooks)에 따르면 삶이란 더 나은 인간이 되기 위한 성장의 이야기다. 더 나은 삶은 돈이 많은 성공의 이야기가 아니다. 인간의 품격은 돈에 의해 결정되는 것이 아니기 때문이다. 우리는 돈으로 책을 자신의 소유물로 만들 수 있고 돈, 곧 부로 성공의 정도를 순위로 매길 수 있을 것이다. 하지만 책의 내용과 지혜는 상품이 아니기에 돈으로 구매할 수 없고, 인간의 신체적이고 정신적인 성장의 척도 역시 돈이 될 수 없다.

(헨리 데이빗 소로우)

헨리 데이빗 소로우(H. D. Thoreau)의 조언처럼 잘못된 고정관념은 지금이라도 버리는 것이 낫다. 아무리 오래된 사고방식 혹은 행동방식일지라도 증명되지 않은것을 믿어서는 안 된다. 오늘날 모든 사람들이 진리라고 받아들이고 묵과한 것이 내일에는 거짓으로 판명될지도 모르기 때문이다. 우리는 돈과 성공에 대해 그릇된 선입견에 사로잡혀 있지는 않는가?

일반적으로 성공의 반대말이 실패다. 직업을 얻는 것과 화폐를 많이 획득하는 것을 성공의 전부라 할 수 없는 것처럼, 직업을 얻지 못하거나 돈을 벌지 못하는 것이 곧바로 인생의 실패를 의미하는 것은 아니다. 우리의 삶이 돈의 양에 따라 성공과 실패, 잘 산다거나 잘 못 사는 것으로 귀결되지 않는다는 것이다.

한나 아렌트(H. Arendt)에 따르면 근대사회에서는 목적과 수단이 뒤바뀌고 인간은 자신이 만든 기계의 노예가 되어 자신의 욕구와 필요를 위해 도구를 이용하기보다는 도구의 요구에 '적응'해야 하는 존재가 되었다. 아렌트의 지적처럼 돈이 수단이 아니라 목적이 될 때, 우리는 돈의 노예로 전락할 수 있다. 우리는 돈의 주인이 되어야지 돈이 우리의 주인이 되게 해서는 안 될 것이다. 돈은 인간의 목적이 아니라 수단에 속하는 것이다. 돈이 인생의 목적이 아니듯 돈을 가치의 척도로 한 성공 역시 삶의 목표가 될 수 없다. 사실 성공은 목표라기보다는 결과이다. 돈과 성공은 삶의 수단으로서 필요한 것들이다. 우리가 살아가는데 필요한 것들이 돈과 성공 밖에는 없겠는가. 돈과 성공이 우리를 부자로 만들어 줄 수는 있겠지만 훌륭한 인간이 되게 할 수는 없을 것이다.

플라톤은 우리에게 가장 중요하게 여겨야 할 것은 사는 것(돈과 성공)이 아니라 훌륭하게 잘 사는 것이라고 조언한다. 주희(朱熹)가 근본으로 간주한 덕, 곧 탁월함은 그리스인들에게 아레테(aretē)로, 로마인들에게는 비르투스(virtus)로 불렸다. 그리스와 로마인들에게 탁월함은 언제나 공적 영역에서만 주어지는 것이다. 공적 영역에서 수행되는 모든 활동을 통해 우리는 사생활에서 얻을 수 없는 탁월성을 획득할 수 있다. 사람들은 이러한 탁월성을 통해 타인들로부터 자신을 구별했다. 우리가 지금보다 더 나은 사람이 되기 위해서는 돈과 성공이 아니라 지혜와 성장이 필요하다. 진정으로 행복한 삶을 살기 위해서는 탁월한 지혜와 훌륭한 성장이 필요한 것이다.

이 장에서 우리는 돈과 성공에 대한 의미를 탐구하고, 우리가 살아가는 자본주의 사회에 대해서 비판적으로 평가하며, 나아가 우리 사회가 안고 있는 돈과 성공에 대한 문제점들을 넘어서는 대안적 사유에 대해 토론하려고 한다.

02 | 고전 속에서 생각하기

■ 『돈의 철학』저자 소개:
게오르그 짐멜(Georg Simmel, 1858~1918)

(게오르그 짐멜)

독일 출신의 사회학자 짐멜은 1858년 베를린에서 기독교로 개종한 부유한 유대인 상인의 아들로 태어나 1918년 슈트라스부르크에서 사망했다. 베를린 대학에서 역사학, 민족심리학, 철학, 예술사 및 고대 이탈리아어를 공부했으며, 칸트의 물리적 단자론에서 본 물질의 본성이라는 논문으로 박사 학위를 받았다. 학자로서의 짐멜은 불운했다. 1885년에 베를린 대학 철학과에서 사강사로 가르치기 시작했으나 아주 오랫동안 사강사와 무급의 부교수로 재직하였으며, 세상을 떠나기 4년 전에야 비로소 스트라스부르크 대학의 정교수가 되었다. 그는 학계에서 주변인, 아니 이방인이었다. 그러나 짐멜은 『돈의 철학』을 비롯하여 왕성한 집필 활동으로 신문과 잡지 등에 200여 편의 글을 발표했고, 사회 분화론, 사회학의 근본 물음 등을 포함하여 철학, 윤리학, 사회학 등 다양한 분야에 관한 저술을 남겼다.

돈은 그 자체로는 아무런 성격이나 특성을 갖지 않는다. 많고 적음의 수량적 대소 관계가 돈의 유일한 규준이다. 돈은 질적 차이보다 양적 차이를 중시한다. 따라서 돈이야말로 가장 객관적이고 비개성적이며 비인격적인 가장 비천한 존재이다. 이러한 돈은 개인의 주관적·인격적 특성을 완전히 무시하고 모든 인간을 단순한 수량적 관계로 환원함으로써 수평화하고 평준화하며 평균화한다. 결국 돈은 현대인을 탈개성화하고 탈인간화함으로써 궁극적으로 그 인간적 본질로부터 멀어지게 만든다.

짐멜은 현대사회에서 돈의 문제점을 탁월하게 비판한 학자이다. 짐멜이 애초에 계획한 것은 돈의 철학이 아니라 돈의 심리학이었다고 한다. 그러나 『**돈의 철학**』이라는 제목에서 보듯이 돈의 심리학도, 돈의 경제학이나 사회학도 아니라 바로 철학이다. 짐멜이 돈에 대한 심리학적 연구에서 돈에 대한 철학적 연구로 넘어섰다고 해서 그가 돈에 대한 심리학적 인식이 갖는 의미나 가치를 부정한 것은 결코 아니다.

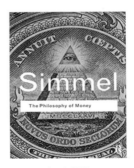

(돈의 철학)

이렇게 볼 때 돈의 심리학과 돈의 철학, 양자의 관계는 불연속적 연속성의 관계라고 규정할 수 있다. 마치 화폐와 자본주의의 관계처럼 말이다.

짐멜의 『돈의 철학』은 정신적 상태, 사회적 관계, 현실과 가치의 논리적 구조 속에 존재하면서 돈의 의미와 실천적 위치를 제시해주는 전제 조건들을 기술한다. 이 책의 제1부는 돈의 본질과 존재의 의미를 담지하는 조건들의 관점에서 돈에 대한 논의를 전개한다. 제2부인 종합 편에서는 돈이라는 역사적 현상을 그것이 인간의 내적 세계, 즉 개인들의 삶의 감정, 그들의 운명의 사슬 그리고 문화 전반에 끼치는 영향의 관점에서 추적한다.

짐멜의 『돈의 철학』은 제1장 '가치와 돈'에서 볼 수 있듯이 가치론에서 출발한다. 짐멜이 전개하는 가치론은 주체와 객체의 관계에서 시작한다. 이 두 범주는 본래 미분리 상태로 존재했으나 객체에 대한 주체의 욕망이 생기면서 양자 사이에 거리가 생기게 되며, 그에 따라 주체는 객체를 자신에게 가치 있는 수단으로 판단하게 된다. 이렇게 주체의 욕망에 의해 주체와 객체 사이에 설정된 거리가 주체의 목적 행위에 의해 극복되면, '현실 계열'에 존재하는 것들이 '가치 계열'로 고양된다.

짐멜의 『돈의 철학』은 화폐경제 비판 또는 자본주의 비판, 나아가 문화 비판과 시대비판으로 고양된다. 짐멜은 자본주의적 사회질서에서 인간이 소외되는 현상을 날카롭게 포착하여 비판한다. 현대 문화를 비판하는 동시에 자본주의적 화폐경제의 토대 위에서 어떻게 문화가 가능한가를 모색하는 짐멜은 정신적인 것 말고도 물질적인 것을 문화에 포함하고 이 둘의 관계와 상호작용을 논구함으로써 문화의 외연과 문화철학의 인식 범위를 확장한다. 돈에 문화철학적 의미를 부여한 짐멜에게 사물의 문화는 비로소 돈을 통해 자연 상태에 대하여 자주적이고 독립적인 세력과 질서가 될 수 있다. 돈은 주체와 객체 사이에 끼어들어 이들 사이에 거리를 만듦으로써 개인으로 하여금 사물과의 직접적인 관계에서 해방되어 사물에 대한 지배자가 되며 자신에게 중요하고 가치 있는 것을 선택할 수 있도록 해준다. 이처럼 돈은 객관 정신과 주관 정신의 관계를 상호 고양과 성숙의 관계로 이끌어주는데, 그 결과 현대적 삶의 양식에 대한 돈의 문화 의의는 지양되는 것이 아니라 상승되며, 반증되는 것이 아니라 입증된다.

이렇게 짐멜은 돈의 이중적 성격을 예리하게 통찰한 사상가다. 짐멜의 『돈의 철학』은 자본주의 문화에 대한 비판이면서 동시에 돈을 토대로 하는 문화의 가능성을 추구한다. 돈의 부정적이고 파괴적인 특징과 더불어 그것의 긍정적이고 건설적인 특징을 동시에 이야기하는 짐멜에 따르면 돈은 탈개성화하며 탈인격화하는 동시에 개성화하며 인격화한다.

이렇게 돈은 이중적 성격을 지니며 이중적 역할을 수행한다. 돈이 현대인에 대해 지니는 의미의 이중성 때문에 화폐경제를 기반으로 하는 문화가 가능해진다. 먼저 부정적이고 파괴적인 측면에서 볼 때 돈은 현대인을 개인으로부터 멀어지게 한다. 돈을 매개로 진행되는 교환행위는 오늘날 가장 전형적인 사회적 상호작용이라는 것을 의심할 여지가 없다. 그러나 이것은 주체적·인격적 상호작용이 아니다. 오히려 자본가와 노동자 또는 수요자와 공급자의 사회적 관계에서 볼 수 있듯이 지극히 익명적이고 외형적인 사회적 상호작용이다. 따라서 돈은 개인을 점점 더 단순한 경제적·사회적 기능과 업무의 담지자나 수행자로 전락시킬 뿐만 아니라 모든 인간적 관계와 사회적 관계를 단순한 양적인 크기와 관계로 환원해버린다. 이리하여 돈은 현대인에게 심대한 영향을 끼치는데, 그것은 모든 것을 돈으로 표현할 수 있으며 또한 돈의 힘으로 획득할 수 있다는 생각을 불러일으킨다. 돈이 전능하다는 표상이 생겨나는 것이다. 돈은 절대적 수단에서 절대적 목적으로 상승된, 나아가 신격화된 가장 극단적인 경우이다. 이러한 변화 과정의 결과로 지상에서 돈은 '세속적인 신'이 된다. 원래 수단이던 돈이, 그것도 수단 중의 수단이던 돈이 절대적이고 최종적인 목적으로 고양되고 궁극에는 절대적인 가치와 최종적 가치로 자리매김한다.

다음으로 긍정적이고 건설적인 측면에서 볼 때 돈은 현대인의 사회적 삶과 문화적 삶의 물적·경제적 토대가 된다. 돈을 소유한 개인은 생존을 위한 노동과 투쟁의 유물주의적 단계를 벗어나 사회적인 것과 문화적인 것, 그리고 개인적·주관적 삶의 양식에 관심을 갖고 이를 발전시킬 수 있게 된다. 개인을 그의 인격적 본질로부터 멀어지게 만든 바로 그 돈이 개인을 다시금 개인으로 돌아가게 만든다.

짐멜의 『돈의 철학』을 번역한 김덕영에 따르면 한국 사회에서 돈에 대해 극단적으로 상반되는 두 가지 태도는 돈의 신격화와 돈의 악마화이다. 돈의 신격화란 원래 수단이던 돈이 최종적인 목표와 절대적인 가치로 고양되는 현상을 가리킨다. 즉 돈이 전능한 신이 되는 현상을 의미한다. 돈을 신격화하면 모든 것을 돈이나 화폐가치의 관점에서 보게 되며, 따라서 모든 것의 의미나 가치를 돈이나 화폐로 환원하게 된다. 이에 반해 돈의 악마화는 돈을 정신과 문화의 타락이나 파괴의 원인으로 보며, 돈에서 모든 악의 근원을 찾는 태도를 가리킨다. 돈이 악마화되면 "황금을 돌처럼 보라"고 설파하게 된다. 돈의 신격화와 돈의 악마화는 모든 것을 경제로부터 도출하고 다시 그곳으로 환원한다는 점에서 공통점을 가진다. 둘 다 경제결정론, 즉 유물주의이다. 이 천박한 경제결정론·유물주의적 상태를 벗어나려면, 돈이 탈신격화되고 탈악마화되어야 될 것이다.

03 | 비판적으로 현실 톺아보기

청년 100명 중 "성공이 중요"
단 1명 밖에 없었다[8]
[한국 청년이 만약 100명이라면]
④그래도 우리는 살아간다

김혜윤, 김윤주, 서혜미, 강재구
기자

청년의 암울한 현실에 대한 담론은 2007년 우석훈과 박권일의 공저서
〈88만원 세대〉에서 본격화했다. 2011년 〈경향신문〉은 청년들이 연애와
결혼, 출산을 포기하고 있다는 뜻으로 '삼포세대'라는 조어를 만들었다.
삼포세대는 이후 취업과 내 집 마련, 인간관계와 희망, 건강과 외모 관리,
삶까지 포기한다는 '십포세대'로 나아가더니, 종국엔 무한대를 뜻하는
'엔(n)포세대'로 확장했다. 늘어만 가는 '포기해야 하는 것들'은 역설적으로
청년들이 그것들을 포기하지 않기 위해 내뱉는 단말마의 비명 같은 것이
라고 할 수 있다.

'한국 청년이 만약 100명이라면'은 지역과 성별, 학력과 학벌 등으로

☑ 8. 한겨레신문, 2019년 12월 12일.

분화해 있는 19~23살 청년 100명이 저런 담론들에 대해 실제로 어찌 생각하고 있는지 듣기 위해 심층 인터뷰와 설문조사에 나섰다. 그런데 얼핏 의외이면서도 자세히 생각해보면 고개가 끄덕여지는 결과가 나왔다. 100명에게 '삶에서 가장 중요한 것이 무엇이냐'(복수 응답)고 묻자, 127개의 서로 다른 응답 항목 가운데 '건강'(35건)과 '경제적 안정'(34건)이 압도적으로 많이 꼽혔다. 그다음에 '가정'이 15건으로 뒤를 이었다. '자아실현'과 '성공', '성장'은 각각 1건뿐이었다. 그나마 '성취'가 10건으로 네 번째로 많은 축에 속했다.

삶에서 건강과 경제적 안정이 가장 중요하다는 생각에는 성공에 대한 기대보다 실패의 공포가 더 큰 현실이 반영된 것으로 보인다. 가정이 그 다음으로 꼽힌 것도 마찬가지다. 건강과 경제적 안정, 가정이 꼽힌 것은 삶을 지탱할 수 있는 버팀목이 사회의 의료나 복지 지원 체계가 아니라 자기 관리와 최소한의 경제적 여건, 그리고 가정이라는 공간에 한정되어 있다는 뜻이다. 그만큼 한국 사회가 각자도생과 자력구제에 의존하고 있다는 얘기다.

그럼에도 청년들은 고개를 숙이지 않았다. 100명의 청년에게 '미래에 자신의 삶이 더 개선될 가능성이 있다고 생각하냐'고 묻자 69명이 '그렇다' 고 답했다. '보통'이라고 답한 사람은 26명이었고, '개선될 가능성이 없다'고 생각하는 사람은 5명뿐이었다. 대부분의 청년은 사회가 비추는 조명이 없는 곳에서도 치열하게 자기 삶의 장면들을 만들고 있었다. 뷰티숍에서 '알바'를 하는 스무 살 송수경(가명)도 그런 이들 가운데 하나다. 그는 미래의 삶이 지금보다 더 나아질 것 같냐는 질문에 "매우 그렇다"고 답했다. 송수경은 서른 살쯤에 서울 청담동에 자신의 이름을 건 메이크업숍을 차리는 것이 꿈이다. 송수경은 그 꿈을 위해 대학 대신 경력을 택했다. "메이크업 업계는 학력보다 경력이 중요해요. 4년제보다 2년제를 나온 사람들이 더 많은데, 2년 동안 차라리 경력을 쌓는 게 더 낫다고 주변 디자이너분들이 이야기해줬어요. 일찍부터 시작하기로 했죠."

그는 1주일에 3일은 저녁 6시30분부터 밤 10시까지 학원에서 메이크업을 배운다. 현장 실습도 나간다. 주말에는 뷰티숍에서 알바를 한다. 국가 메이크업 자격증과 민간에서 발급하는 속눈썹 연장 2급 자격증을 땄고, 취업 준비도 하고 있다. 학원에서 더 배우고 실력을 인정받으면 곧 취업할 수 있다고 송수경은 믿는다. 물론 송수경은 공정한 사회가 올지는 모르겠다고 말했다. 우리 사회가 늘 불공정했는데, 더 노력한다고 많이 달라질 것이라는 생각은 들지 않기 때문이다. 하지만 자신의 미래만큼은 달라질 수 있다고 믿는다. "지금의 노력과 피땀이 언젠가는 보답으로 돌아올 것이라고 생각해요. 확신이 있어요."

충남 천안 상명대에서 사진학을 전공하는 스물두 살 유수민의 꿈은 프리랜서 사진작가다. 어릴 적 아버지의 디에스엘아르(DSLR) 카메라를 가지고 사진을 찍으며 재미를 붙였다. 그는 "성공하고 싶다"고 말했다. 하지만 유수민이 이야기하는 성공은 한국 사회에서 보통 성공이라고 생각하는 '남들 위에 군림하는 삶' 같은 거창한 개념이 아니다. "삶에서 중요한 건 무척 많죠. 돈도 중요하지만 저는 제 명예가 제일 중요한 것 같아요. 돈과 명예라고 하니까 거창한 것 같은데 큰 건 아니에요. 떼부자가 되길 바라는 게 아니라 제가 제 몸 하나 건사할 수 있었으면 좋겠어요. 먹고 싶은 것 먹고, 사고 싶은 것 살 수 있는 정도. 명예도 마찬가지로 그냥 제 분야에서 안정적으로 자리잡을 수 있다면 충분한 거 같아요."

한신대에 다니는 스물한 살 안도연도 '하고 싶은 걸 접지 않아도 될 정도의 경제력'을 이야기했다. 애초 미대 입시를 준비했던 안도연은 재수를 하면서 '취업이나 학벌에 따른 게 아니라 그냥 내가 진짜 하고 싶은 것'을 뒤늦게 깨닫기 시작했다고 한다. "철학을 공부해보고 싶더라고요. 그래서 철학과가 있는 대학에 수시를 다 넣었고 지금 학교에 합격했어요. 들어와 보니 친구들도 교수님들도 다 너무 좋아 만족해요." 안도연은 대학생활 만족도를 묻는 말에 10점 만점 중 9점이라고 대답했다. 그는 글 쓰는 일을 하고 싶다. 언론사 입사 준비도 곧 시작하려고 한다. '문송합니다'(문과 취업이 어려움을 빗대 '문과라서 죄송합니다'의 줄임말)의 대표로 꼽히는 철학과에 다니지만 큰 걱정이 없어 보였다. "하고 싶은 걸 하는 것이 즐거운 삶인데 그게 되게 어려운 것 같아요. 먹고사는 것 때문에 관심 없는 일을 하는 것은 싫어요. 하고 싶은 일을 하면서 돈을 벌거나, 그게 안 되면 하고 싶은 걸 접지 않을 정도의 경제력을 가진 삶을 사는 것이 제일 중요한 것 같아요."

'한국 청년이 만약 100명이라면'이 100명의 청년을 만나서 느낀 건 이들 중 다수가 '블록버스터' 영화의 주인공 같은 삶을 바라지 않는다는 점이다. 이들은 그저 스스로 열광하는 일을 하는 것, 그리고 그 열광을 꺼트리지 않아도 될 경제적 안정을 성공과 성취로 여기고 있었다. 4명의 기자가 1만km를 오가며 이들을 만나고 돌아오는 기차 안에서 이런 생각을 나눴다. 이런 정도의 삶을 꿈꾸는 청년들조차 제대로 뒷받침하지 못하는 사회를 과연 사회라고 할 수 있을까. 저들을 각자도생과 자력구제의 구렁텅이에 더는 방치해서는 안 되는 것 아닐까.

자본주의라는 스펙[9]

김월회
서울대 중어중문과 교수

학생들과 면담을 하다 보면 종종 미래를 어떻게 준비해야 하느냐는 질문을 받곤 한다. 그럴 때면 내심 교수라고 해서 무슨 뾰족한 수가 있겠냐는 말이 턱밑까지 차지만, 얼른 다시 삼킨 후 짐짓 숙연한 어투로 이렇게 말한다. "20, 30년 후 우리 사회의 상수가 무엇일지 따져보는 건 어떨까."

한 사회의 상수라 함은 그 사회구성원이 무얼 하든 간에 코고 작은 영향을 상시적으로 받게 되는 주요 인자를 말한다. 영어를 떠올려보면 쉬이 이해된다. 지금까지 우린 무엇을 하든 영어를 익혀야 했고 영어를 잘하면 그만큼 기회를 많이 잡을 수 있었다. 지난 1950년대 이래 미국이 우리 사회의 중요한 상수 역할을 수행해왔기 때문이다. 그럼, 영어 외에 20, 30년 후까지 우리 사회의 상수가 될 만한 것으론 어떤 것들이 있을까.

그중 하나는 틀림없이 자본주의일 것이다. 우리 사회가 향후 20, 30년 사이에 자본주의가 아닌 다른 체제로 전환될 가능성이 과연 얼마나 될까. 전 지구적 차원서 자본주의가 다른 무엇으로 대체될 가능성은 또 얼마나 될까. 이 물음에 필자처럼 그럴 가능성은 거의 없다는 답을 한다면, 자본주의를 공부하는 게 미래를 대비하는 확실한 '스펙'이 된다. 이는 우리 사회의 절대다수가 필자와 같은 답을 지녔을 것이기에 더욱더 그렇다.

자본주의 공부의 핵심 가운데 하나는 그것의 역사에 대한 공부이다. 이것이 미래를 준비하는 확실한 스펙인 까닭은 다음과 같다. 첫째, 자본의 생리를 꿰뚫어볼 수 있다. 자본주의는 300년 남짓한 역사를 지니고 있다. 이 세월

---

9. 한국일보, 2016년 6월 21일.

동안 자본주의가 보여준 성장과 발전은 참으로 대단했다. 영국에서 발원한 후 유럽의 주류가 됐고, 신대륙의 발견과 제국주의적 행보를 통해 아시아 등 제3세계로 진출, 지금은 전 지구촌을 석권하고 있다.

이 과정에서 자본주의는 꾸준히 자신을 갱신해왔다. 산업자본만으로 어찌할 수 없게 되자 금융자본을 창출해냈고, 산업화시대가정보화시대로 전환되자 지식을 핵심 자본으로 포섭하며 이윤을 지속적으로 창출해냈다. 물론 순탄하기만 했던 것은 아니다. 빈익빈 부익부, 제국주의, 환경오염, 인간소외 등 많은 병폐가 지속적으로 노정됐고, 대공황과 대규모의 국제적 금융위기와 같은 심각한 사태도 여러 차례 겪었다.

이러한 족적은 자본의 생리를 잘 드러내 준다. 자본주의 역사에는 자본을 한 기업에서 국가 차원으로, 지역 차원으로 또 세계 차원으로 어떻게 확장해갔는지, 숱한 병폐와 위기를 어떻게 극복하며 자기 진화의 기회로 역이용했는지 등이 집적되어 있다. 이를 그저 시험 보려 달달 외우는 게 아니라 내 삶에 필요한 지혜로 섭취하고자 익힌다면, 자본의 생리는 내 삶의 살아 움직이는 밑천이 될 수 있다.

둘째, '문제구성능력'을 키울 수 있다. 문제구성능력은 시험문제 같은 것을 잘 출제하는 역량을 뜻하지 않는다. 그건 현재에서 아직은 드러나지 않았지만 미래에선 문제가 될 가능성이 큰 것들을 미연에 찾아내, 그 적절한 해결방안을 마련할 줄 아는 역량이다. 주어진 문제를 잘 푸는 역량, 기존 매뉴얼대로 일을 잘 처리하는 역량, 다시 말해 '문제해결능력'보다는 한층 상위의 역량이다. 이는 새로운 매뉴얼을 구성할 줄 아는 역량이기 때문이다.

지난 세월, 자본은 자기 이익의 더 큰 실현과 확장을 위해 끊임없이 판세를 읽고 다면적으로 국면을 독해해왔다. 자본은 참으로 많은 것을 가졌고 그 결과 지킬 것이 엄청나기에 그럴 수밖에 없었다. 하여 큰 힘을 지녔다고 해서, 문제해결능력이 남다르다고 해서 안주할 수는 없었다. 자본주의 역사에 문제구성능력이 발휘된 예가 실하게 담겨 있는 까닭이다. 또한 자본주의 공부가 문제해결능력의 구비를 넘어 문제구성능력의 신장으로 나아갈 수 있는 이유기도 하다.

한편 자본주의는 천 년 중세를 뒤엎고 근대란 새로운 하늘을 연 존재다. 또한 근대 이후 지금까지 수백 년간 변신에 갱신을 거듭하며 성장과 확산을 지속해왔다. 자본주의 힘이 어느 정도인지 익히 알 수 있는 대목이다. 자본주의 공부가 지니는 절대 이점의 하나가 이것이다. 자본주의 역사를 내 역량의 제고를 위해 공부하다 보면 내게도 그런 힘이 시나브로 깃들기에 그렇다.

게다가 망외의 소득도 있다. '건강한 자본주의'의 실현에 기여하게 된다는 점이 그것이다. 자본주의를 공부하는 이들이 많아질수록 이른바 '금수저 자본주의', '헬조선 자본주의' 등이 자본주의의 악한 변종임을 알게 된다. 무릇 아는 사람을 기망함은 쉽지 않다. 또 자본주의를 알아야만 자본에 휘둘리지 않고 자본을 부릴 수 있게 된다. 건강한 자본주의가 구현될 여지는 그래서 넓어진다.

다만 이러한 미래 준비법도 다른 준비법과 마찬가지로 위험요소를 안고 있다는 점에 유의해야 한다. 자본주의를 속속들이 알고자 하다 보면 어이없게도 '종북'이니 '좌빨'이니 하는 소리를 듣기도 한다. 대가 없는 성취는 없는 셈이니 모쪼록 개의치 말기를!

돈의 함정[10]

서은국
연세대 심리학과 교수

약 130만 종(種)의 동물 중 그다지 빠르지도, 힘이 세지도 않은 인간이 어떻게 지구를 정복하게 되었을까? 모든 동물이 해결해야 하는 과제는 적과 포식자로부터 자신을 보호하고 식량과 짝짓기 상대를 확보하는 것이다. 인간이 이 근원적 문제들을 해결하기 위해 적극적으로 활용했던 자원이 있는데, 그것은 다른 사람들이었다. 함께 사냥을 하고, 나누어 먹고, 서로를 보호했다. 이 사회적 자원을 정교하게 이용하기 위해서는 고도의 지능이 필요했고, 이렇게 얻은 지능 덕분에 인간은 먹이사슬의 최상단에 올라서게 되었다고 한다. 그래서 하버드대학의 저명한 생물학자 에드워드 오스본 윌슨(Wilson)은 최근 저서에서 인간의 지구 정복은 한마디로 '사회적 정복'이었다는 주장까지 한다.

이처럼 수십만 년간 인간에게 다른 사람은 '생존 필수품'이었던 것이다. 그래서 지금도 혼자라는 느낌이 들 때 우리는 온갖 부정적인 감정들을 느낀다. 두려움, 불안, 외로움, 우울함. 이런 느낌들은 혼자인 지금의 상태가 위험하니 다시 사회적 관계를 회복하라는 뇌의 강력한 경고 메시지다. 역으로, 행복감이 높기 위해서는 그 무엇보다 사회적 관계의 양과 질이 높아야 한다는 연구 결과도 이 때문이다.

혼자만으로는 부족하다는 인간의 뇌리에 박힌 이 생각을 변화시킨 발명품이 약 5000년 전 메소포타미아에 등장했다. 돈이라는 개념이다.

☑ 10. 조선일보, 2016년 12월 12일.

늘 타인에게 의존해 생존 문제를 해결했던 인간에게 새로운 옵션이 생긴 것이다. 조개껍데기든 종이든, 돈으로 통용되는 것을 많이 가지고 있으면 더 이상 사람을 거치지 않고도 식량과 안전을 확보할 수 있게 되었다. 그래서 돈은 인간이 자신을 '부족하다'에서 '충분하다'고 보게 되는 사고의 전환을 일으킨다.

심리학자 캐슬린 보스(Vohs)와 동료들의 최근 연구는 돈에 대한 무의식적 생각이 사회적 행위에 어떤 영향을 주는지를 보여준다. 연구진은 실험 참가자들을 컴퓨터가 놓인 책상 앞에 대기시키는데, 이때 컴퓨터 화면에 돈 혹은 자연경관 사진이 날아다니는 영상을 켜 놓는다. 돈 사진에 노출되었던 참가자들은 이후 과제에서 자연 사진을 본 참가자들에 비해 남을 덜 도울 뿐 아니라 도움을 받는 것도 원치 않았다. 스스로도 의식하지 못하지만, 돈에 촉각이 세워지면 다른 사람이 더 이상 필요하지 않다는 과장된 자기 충만감(self-sufficiency)이 생기는 것이다. 바로 이 착각이 행복을 향한 경로에서 많은 현대인을 탈선시킨다.

최소의 돈은 행복의 필요조건이다. 의식주의 기본적 욕구조차 충족되지 못한 삶은 행복하기 어렵다. 하지만 필요 이상의 비타민 섭취가 별다른 효력이 없듯이, 일정 수준 이상의 돈은 기대만큼의 행복으로 전환되지 않는다. 왜냐하면 소득이 높아지면 돈의 쓰임새가 바뀌기 때문이다. 더 이상 생명과 직결되는 자원을 교환하는 수단이 아니라, 자신의 가치를 타인으로부터 인정받기 위한 물건이나 상징들을 얻기 위해 돈을 쓴다. 하지만 명품 가방이 주는 기쁨은 오래가지도 않고, 더 좋은 가방을 들고 다니는 사람이 없도록 계속 업그레이드를 해야 한다. 투자 대비 돌아오는 기쁨의 크기는 점점 미약해지는 게임에 들어서는 것이다.

하지만 가장 치명적인 것은, 돈에 눈을 둘수록 행복의 원천인 사람의 귀중함을 놓치게 된다는 것이다. 심지어 돈을 위해 사람 간의 갈등과 분쟁을 감수하기도 한다. 행복의 입장에서 보면, 그야말로 소탐대실(小貪大失)이다. 돈의 가치를 과대하게 평가하는 개인이나 사회가 특히 빠지기 쉬운 함정이다.

04 | 더 읽어볼 참고 문헌

■ 현재욱, 『보이지 않는 경제학』, 인물과사상사, 2018.

　최근 한국에서 종종 회자되는 '공유경제'나 '사회적 경제'는 국가의 부유함이 국민의 행복으로 이어지기 위해서는 성장 지향 보다는 나눔의 지향의 경제로 전환해야 한다고 주장과 통한다. 한국 경제는 불안하지만 세계 10위권에 들 만큼 양적 성장을 이루었다. 하지만 국민들의 삶의 질은 높아지지 않고 현실은 행복과 거리가 점점 더 멀어진다. 이제 질적 성장을 고민할 때다. 경제학 또한 사람을 중시해야 할 시점이다. 상위 1퍼센트가 아니라 나머지 99퍼센트를 위한 경제로 전환하면 내수시장이 살아나고 중소기업이 튼튼해진다. 중소기업이 살면 자영업이 살고, 자영업이 살면 중산층이 복원된다. 신자유주의와 신자본주의는 인류를 최악의불평등 사회로 이끌었다. 공정성이 담보되지 않은 자유의 폭력적 성향을 잘 보여주는 사례다. 남의 노동성과를 빼앗아 누군가는 부자가 되는 세상은 옳지 않다. 이 책에서는 다음과 같이 말한다.

　"예컨대 내가 아침 8시부터 오후 5시까지 일해서 임금으로 10만 원을 받았다면, 나의 노동은 신사임당이 그려진 5만 원짜리 화폐 두 장에 고스란히 저장된 셈이다. 문제는 이 화폐를 노동을 하지 않은 자, 다시 말해 부를 생산하지 않은 자가 차지할 때이다. …… 가장 나쁜 것은, 이미 가진 부를 이용해서 타인의 부를 쉽게 빨아들이는 수법이다. 부동산 자산을 이용한 지대 추구, 정보의 편향성을 이용한 시세차익 선점 등 여러 수단이 있다."

■ 홍세화 외 10명,『능력주의와 불평등』, 교육공동체벗, 2020.

능력주의는 개인의 능력을 중시하는 말로 학벌이나 여타 외부의 여건을 배제하는 대안으로 쓰인다. 특혜를 없애기 위해서는 시험을 통해 공정한 능력주의를 강화해야 하는 것이 바람직해 보인다. 그런데 이 책에서는 학력이나 학벌이 곧 능력주의의 한 종류이며, 공정한 사회를 이루는 데 오히려 문제를 지속시키는 원인이 된다고 평가한다. 더구나 공정한 개인의 능력을 평가하고 선발하는 체제는 교묘하게 계급 문제를 가리고 오히려 특권을 정당화하는 것이라고 지적한다. 능력주의의 개념 정리와 이에 대한 비판, 한국 사회의 현실에 대한 분석 등을 제시하면서 능력주의의 문제점을 비판하고 있다. 학벌과 교육, 금융 자본주의, 노동의 위계화, 의사 집단의 엘리트주의와 공공성 문제 등 우리 사회의 다양한 분야를 능력주의 관점에서 다룬다. 특히 새로운 능력주의를 제시하는 것이 아니라 독자들에게 논의의 장을 마련해 주는 한편 능력주의를 근본적으로 비판하기 위한 발판을 구축하는 데 관심을 기울인다.

■ 마이클 샌델, 함진규 옮김,『공정하다는 착각』, 와이즈베리, 2020.

정의에 대해 고민하는 마이클 샌델이 능력주의의 위선을 차분히 드러낸 책이다. 그가 보기에 능력주의는 '세속적 성공과 도덕적 자격의 결합'이다.

능력주의가 공공선으로 여겨지는 사회에서 능력과 노력은 개인의 부와 성공의 알리바이 노릇을 한다. 이런 상황에서 세속적으로 부와 성공을 이룬 사람들은 자신의 능력과 노력에 의한 것이므로 겸양할 필요가 없다고 여기며, 그렇지 못한 가난한 사람들은 그 탓을 스스로에게 돌린다.

하지만 이러한 능력주의 사회는 과연 공정한 것일까? 샌델은 오늘날 능력주의 사회가 형성된 배경을 분석하고 우리가 나아갈 사회의 방향을 제시한다. 샌델은 이 책을 통해 "우리가 '노력하면 성공할 수 있다'고 너무나도 당연히 생각해왔던, 개인의 능력을 우선시하고 보상해주는 능력주의 이상이 근본적으로 크게 잘못되어 있다."고 주장한다. 능력과 공동선에 대한 고민과 더불어 결론에 다다른 샌델은 능력주의의 결점과 오류를 드러낸다. 이를 토대로 불평등을 뿌리 뽑고, 참된 정의의 원칙에 입각한 더 공정한 사회를 구축하기 위한 사례를 제시한다. 그는 다음과 같이 언급한다. "능력주의는 승자에게 오만을, 패자에게 굴욕을 퍼뜨릴 수밖에 없다. 승자는 자신의 승리를 '나의 능력에 따른 것이다. 나의 노력으로 얻어낸, 부정할 수 없는 성과에 대한 당연한 보상이다.'라고 보게 된다. 그리고 자신보다 덜 성공적인 사람들을 업신여기게 된다. 그리고 실패자는 '누구 탓을 할까? 다 내가 못난 탓인데'라고 여기게 된다."

■ 헨리 데이빗 소로우, 강승영 옮김, 『월든』, 은행나무, 2016.

　이 책은 19세기 미국의 저술가이자 사상가인 헨리 데이빗 소로우의 대표작이다. 소로우는 하버드 대학을 졸업했으나 안정된 직업을 갖지 않고 측량 일이나 목수 일 같은 정직한 육체노동으로 생계를 유지하는 것을 선호했다. 이 책은 1845년 월든 호숫가의 숲 속에 들어가 통나무집을 짓고 밭을 일구면서 소박하고 자급자족하는 생활을 2년간에 걸쳐 시도하면서 기록한 것이다. 대자연의 예찬인 동시에 문명사회에 대한 통렬한 비판이며, 그 어떤 것에 의해서도 구속받지 않으려는 한 자주적이고 자유로운 인간의 독립 선언문이기도 하다. 자연과 조화를 이루는 삶, 소박하고 검소한 삶만이 인간에게 진정한 행복을 가져다줄 것이라는 소로우의 사상을 아름다운 문장으로 담아낸 『월든』은 출세지상주의와 배금주의의 헛된 환상에 시달리는 우리에게 깊은 깨우침과 위안을 안겨준다.

■ 황진규, 『고통 말고 보통: 일과 돈에 관한 생활철학』, 카멜북스, 2016.

　이 책은 우리의 일상과 가장 밀접하게 관련되어 있는 '일'과 '돈'에 관한 질문을 생활철학적 관점으로 바라보면서 우리가 어떻게 살아가야 할 것인지를 이야기한다. 자본주의 사회에서 살아가는 사람들은 '돈을 벌기 위해'라는 목적 외에는 '일하는 이유'를 찾기가 매우 어렵다. 먹고 살기 위해서 오로지 돈을 벌어야 할 만큼 충분히 힘든 시대다. 무한경쟁과 승자독식주의를 부추기는 한국 사회의 문화는 늘 자신과 타인을 비교하도록 만들며, 모든 실패의 원인을 개인의 노력부족이나 무능력 탓으로 돌리도록 강요한다. 이 책에서는 이런 사회에서 생존만을 위한 밥벌이 수단으로서의 일 혹은 질식할 것 같은 그런 일이 아니라 다른 형태의 일을 사회구조적 측면, 개인적 측면에서 예리하게 그려내면서 '최소한의 즐거움은 포기하지 않은 일'을 제안한다.

▌ 마르쿠스 아우렐리우스, 천병희 옮김, 『명상록』, 숲, 2007.

이 책은 철학자이자 황제인 아우렐리우스의 고뇌를 담은 고전이다. 자신의 결함에 대한 경계, 스토아학파의 입장에서 자신에게 들려주는 충고와 반성, 스스로에게 교훈이 될 만한 짤막한 경구와 인용문, 그리고 신의 섭리와 인생의 무상함, 도덕적인 정진, 인류에 대한 관용 등 우주에 홀로 선 고독한 인간에게 필요한 삶의 자세들이 세세하게 담겨 있다.

아우렐리우스는 무엇보다 자연에 대한 순응을 강조한다. 자연에 순응한다는 것은 각각의 본성에 따르고 그것을 최대 한도로 발현한다는 뜻이다. 오늘날까지도 『명상록』은 삶에 대한 혜안과 인생에 대한 겸손한 자세를 스스로 끊임없이 일깨워 주기 때문에 여전히 인생 지침서의 고전으로 통하고 있다.

■ 주희 엮음, 김미영 옮김, 『대학·중용』, 홍익출판사, 2011.

유가적 자기수양의 근거와 방법을 이론적으로 체계화한 성리학 입문서라고 할 수 있는 이 책은 참된 삶을 살아가려는 사람들에게 가르침을 전하는 책이다. 『소학』의 가르침이 규범이나 기예 등을 몸에 익히는 일을 주된 내용으로 삼고 있다면, 『대학』은 도덕적 행위의 원리를 분석하고 사고하여 스스로 도덕을 실천할 수 있도록 가르침을 준다. 『중용』은 요임금으로부터 순임금, 우임금으로 이어지는 성군의 도, 즉 유가의 성인이 전하는 도를 밝히면서 누구나 이 길을 실천할 수 있는 가능성을 제시한다. 유가의 자기수양의 근거와 방법을 이론적으로 체계화하여 전하는 이 책은 동양 철학을 이해하는 데 있어서 무엇보다 먼저 접해야 할 고전이다.

■ 에리히 프롬, 차경아 옮김, 『소유냐 존재냐』, 까치, 2003.

독일 출신의 유대인 에리히 프롬이 말년에 저술한 『소유냐 존재냐』는 현대사회에서 인간존재의 문제에 관한 그의 사상을 총결산한 책이다. 이 책은 인간의 일상적 경험에서부터 석가모니, 예수, 에크하르트, 마르크스, 프로이트 등의 사상까지 추적하면서, 인간의 생존양식을 두 가지로 구별한다. 이 구별은 재산·지식·사회적 지위·권력 등의 소유에 전념하는 '소유적 실존양식'과 자기능력을 능동적으로 발휘하며 삶의 희열을 확신하는 '존재적 실존양식'이다. 이를 통해 우리가 어떠한 삶을 살아가야 하는지를 제시하고 있다.

■ 한나 아렌트, 이진우 옮김, 『인간의 조건』, 한길사, 2019.

한나 아렌트는 유대인으로서 근대적 근본악을 온몸으로 경험했으며, 철학자로서 이를 극복할 수 있는 인간의 조건에 대해 사유했다. "어떻게 근본악이 이 세상에 있을 수 있는가" 하는 문제는 중요한 철학적 화두였다. 『인간의 조건』에서도 이전에 나온 『전체주의의 기원』과 이후에 나온 『정신의 삶』으로 이어지는 근본악에 대한 관심이 지속적으로 유지된다. 이 책에서는 인간의 조건을 위한 근본적인 세 활동 형식에 관한 현상학적 분석이 이루어진다. 동물로서의 인간의 생물학적 삶에 부합하는 노동, 인간이 지상에 건립하는 대상들의 인공세계에 부합하는 작업, 그리고 별개의 개인으로서 우리의 다원성에 부합하는 행위이다. 하지만 이 책에서는 현상학적 분석 아래에 놓여 있는 큰 진앙이 있다. 서론에서 "오직 우리가 행하는 것을 사유하겠다."는 제안은 근본악과 연관되어 가장 최근에 겪은 경험과 공포를 고려하여 인간의 조건을 다시 사유하겠다는 것을 의미한다. 그리고 최근 몇 세기 동안 인간세계의 안정성을 위협하고 파괴한 것은 경제적 현대화였다. 이 책은 과학기술문명으로 파괴된 인간 회복에 초점을 둔다. 기적과도 같은 탄생성을 통해 인간의 세계는 자연적 황폐화로부터 구원된다. 존재론적으로 이 탄생성에 인간의 행동 능력이 뿌리박고 있다. 기적은 새로운 인간의 탄생과 새로운 시작, 즉 인간이 탄생함으로서 비로소 그렇게 되는 행위이다. 이 능력의 완벽한 경험만이 인간사에 희망과 믿음을 부여할 수 있다. 하지만 고대 그리스에서는 인간 실존에 본질적인 두 특징인 믿음과 희망을 완전히 무시하였다. 『인간의 조건』에서 우리에게 가장 용기를 주는 말은 새로운 사람들이 지속적으로 세계에 태어난다는 사실에서 믿음과 희망이 나온다는 것이다. 이 세계에서 믿음을 가질 수 있고 이 세계에 대한 희망을 가져도 된다는 사실에 대한 가장 웅장하면서도 간결한 표현은 복음서가 그들의 기쁜 소식을 천명한 몇 마디 말에서 발견할 수 있다.

"한 아이가 우리에게 태어났도다."

■ 이외수 지음, 『이외수의 생존법: 하악하악』, 해냄, 2014.

다음은 이 책의 내용 중의 일부이다.

"시간이 지나면 부패되는 음식이 있고 시간이 지나면 발효되는 음식이 있다. 인간도 마찬가지다. 시간이 지나면 부패되는 인간이 있고 시간이 지나면 발효되는 인간이 있다. 한국 사람들은 부패된 상태를 썩었다고 말하고 발효된 상태를 익었다고 말한다. 신중하라. 그대를 썩게 만드는 일도 그대의 선택에 달려 있고 그대를 익게 만드는 일도 그대의 선택에 달려 있다. 그대가 부모로부터 물려받은 것도 없고 하늘로부터 물려받은 것도 없는 처지라면, 그대의 인생길은 당연히 비포장도로처럼 울퉁불퉁할 수밖에 없다. 그리고 수많은 장애물을 만날 수밖에 없다. 그러나 두려워하지 말라. 하나의 장애물은 하나의 경험이며 하나의 경험은 하나의 지혜다. 명심하라. 모든 성공은 언제나 장애물 뒤에서 그대가 오기를 기다리고 있다."

저자의 독특한 문체가 살아 있는, 성공에 관한 조언은 힘겹게 살아가는 오늘날 우리들에게도 용기를 줄 것이다.

05 | 논리적 오류: 인간에의 논증(ad homine)

　인간에의 논증은 일상에서 가장 빈번하게 발견되는 오류로, 관련된 논의의 주제에서 벗어나 상대방의 개인적인 상황이나 성격, 또는 직업적 특성 등을 비판함으로써 자신의 결론을 받아들이도록 설득시키려는 오류다. 이것은 다음과 같은 세 가지 형태로 나눌 수 있다.

① 인신공격(abusive): 상대방의 개인적 특성, 성향 등을 공격함으로써 자신의 주장을 받아들이도록 유도하는 오류다.

▶　성 개방을 지지하는 마 교수의 주장은 받아들일 수 없습니다. 그 사람 행실을 보면 그런 주장하는 게 당연하지요.

갑: 이번 의장의 서명 집회 반대 주장은 좀 문제가 있지 않니?

을: 그러게 말이야. 안 그래도 생긴 게 그래가지고 무슨 그럴듯한 주장이 나오겠냐?

병: 야, 그런 소리 하지 마! 그래도 그 친구는 너보다는 똑똑하니까 의장하고 있지.

② 정황논증(circumstantial): 상대방의 사회적 상황, 직업, 환경 등을 공격함으로써 자신의 주장을 받아들이도록 유도하는 오류다.

▶　검사와 목사가 사형 제도에 관해 열띤 논쟁을 벌이고 있었다. 물론

사형 제도를 반대하는 쪽은 목사였다. 검사는 전적으로 사형 제도의 필요성을 역설하고 목사는 종교의 가르침을 내세워 인도적 차원에서 이를 반대했지만 논쟁은 좀처럼 끝날 것 같지가 않았다. 검사가 갑자기 말했다. "이것 보세요 목사님, 참 답답하시군요! 만약 예수가 사형 당하지 않고 무기 징역을 받았더라면 도대체 기독교라는 게 있을 수나 있으며 목사님이라는 직업은 또 어쨌겠습니까?"

▶ 풍수의 대가라는 이 도사의 말을 어떻게 믿어요? 자기가 좋은 묏자리 잡아 주어서 다른 사람들이 장군 되고 정치인 되었다는데 자기 형은 시골에서 가난하게 살고 자기 동생은 절도범으로 잡혀가지 않았어요?

③ '피장파장'의 오류(tu quoque; You, too): 타인의 유사하거나 동일한 사례를 들어 자신의 주장을 정당화하려는 오류다.

▶ 이들은 히로뽕 투약 혐의로 검거한 피의자로부터 히로뽕을 압수하지 않고 다른 사람에게 히로뽕을 팔도록 유도한 뒤 현장을 급습하는 방식으로 함정 단속을 벌인 혐의가 있다고 검찰은 밝혔다. 이에 대해 경찰은 "마약 사범의 경우 수사기법 상 공작수사를 어느 정도 인정하는 게 관례이며, 검찰도 예외가 아니다"라며 "검찰이 느닷없이 수사관행을 문제 삼은 것은 저의가 의심스럽다"고 반발했다. (경향신문, 1999. 9. 18.)

▶ 늑대가 양떼 속에서 한 마리 양을 훔쳐 운반하고 있었다. 그런데 불행하게도 도중에 사자와 마주쳐 그만 사냥한 양을 빼앗기고 말았다. 화가 난 늑대는 사자와 멀리 떨어지자, "남의 것을 빼앗는 것은 나쁜 일이오!"하고 소리쳤다. 그러자 사자는 웃으면서 말했다. "그럼 너는 이

양을 정당하게 얻었다는 말이냐?"^(이솝우화)

▶ 이 판국에 국제협약이고 인도주의고 무슨 필요가 있습니까? 당장에
   적군들이 화학 무기를 사용해서 아군의 피해가 막대한데 우리라고
   그걸 쓰지 않아야 할 이유가 없지 않아요?

갑: 이 복사기는 공공 업무용인줄 아시죠?

을: 이 사람 보게? 자네가 어떻게 나한테 그런 이야기를 해, 공사 구분
못하기로는 둘째 가라면 서러운 사람이? 자네나 잘해!

Jean Baudrillard

(1929~2007)

5장

소비와 인정욕구 :
소유냐, 존재냐?

소비와 인정욕구 :
소유냐, 존재냐?

01 | 여는 글

현대사회의 특징을 '소비사회'라고 말한다. 소비사회에서 인간은 생각의
힘을 가진 존재라기보다는 '소비의 힘'을 가진 존재이다. 소비사회의
인간은 "나는 소비한다. 그러므로 존재한다"는 말로 규정될 수 있는
'호모 컨수만스'(homo consumans), 다시 말해 '소비하는 인간'으로 살고
있다. 여기서 소비란 돈·물건·시간·노력 등을 써서 없애버리거나 욕망을
충족시키기 위해 재화를 소모하는 일이다. 따라서 근대와 달리 소비사회는
생각하는 인간보다 소비활동을 하는 인간을 선호한다.

소비사회의 신화와 구조를 분석한 장 보드리야르(J. Baudrillard)에
따르면 우리의 현재 상황에서는 소비가 생활 전체를 사로잡고 있으며,
소비자는 논리적으로 어느 사물로부터 다른 사물로 손을 뻗치는데, 이때
그는 사물의 계략에 빠지는 것이다. 극단적으로 말하면 소비가 모든
사람의 속성이 될 때에 그것은 더 이상 어떤 의미도 갖지 못하게 될지도
모른다는 것이다. 소비의 의미가 사라진 자리에 소비의 재미와 학습이

자리 잡는다. 그는 "소비사회, 그것은 또한 소비를 학습하는 사회, 소비에 대해 사회적 훈련을 하는 사회이기도 하다."라고 말한다. 현대사회에서 '날 위한 소비'는 기하급수적으로 늘고 있다. 늘어나는 소비현상은 유행에 민감하고 외모 가꾸기에 관심 많은 2030세대뿐만 아니라 5060세대로까지 확산되는 추세이다. 소비생활은 사회 내의 구성원들 간 차이와 인정욕구를 두드러지게 나타낸다. 현대인은 지식과 기술, 실력의 평준화 현상에 따른 무한 경쟁에 내몰림으로써 자신을 위한 보상적·해소적·과시적 소비를 한다. 이러한 소비는 인간의 '본능' 혹은 '인정욕구'에서 비롯된 것으로 보인다. 문제는 소비사회가 인간을 상품 생산의 논리에 부합되는 존재로, 소비의 유혹에 끊임없이 지배당하는 존재로 만들고 있다는 것이다. 따라서 소비는 유행과 차이에 대한 욕망 사이에 놓인 현대인의 삶을 단적으로 드러내주는 지표라고 할 수 있다. 소비사회에서 상품은 구체적인 유용성을 가지고 있는 **사용가치**[11]의 대상이 아니라 인위적인 욕망의 조작을 통해 만들어진 소비 대상이다. 소비사회에서는 인간이 자신의 욕구를 자율적으로 표현하는 것이 아니라 소비사회가 인간에게 욕구를 가지도록 요구한다.

에리히 프롬(E. Fromm)에 따라서 현대 소비자는 '나=내가 가진 것=내가 소비하는 것'이라는 등식에서 자신의 실체를 확인하는지도 모른다. 소비는 소유의 한 형태이다. 소비자들의 태도에는 세계를 삼키려는 욕망이 깔려 있다. 소비자는 우유병을 달라고 보채는 영원한 젖먹이다. 영원한 젖먹이인 인간은 타인의 시선과 생각까지 소유하려고 욕망한다. 인간에게는 타인으로부터 관심과 주목을 받고 싶은 욕구가 있다는 것이다. 유행과 차이를 강요하는 소비사회에서 인간의 인정욕구는 쉴 새 없이 충돌한다.

---

11. 사용가치는 사람의 욕망을 충족시키는 재화나 용역의 효용성을 의미한다. 교환 가치는 일정량의 물품이 다른 종류의 물품과 어느 정도로 교환할 수 있는가 하는 상대적인 가치이다.

많건 적건 사람들이 모이는 곳에서는 서로의 존재감을 각인시키려는 일종의 심리 게임이 일어난다. 이때 사람들의 소비는 구입한 옷이나 차 등을 통해 서로의 우월감과 열등감을 발생시킨다. 우리는 남보다 더 좋거나 새로운 물건을 구입하여 소유함으로써 다른 사람들로부터 인정욕구를 충족시키려고 하기도 한다. 상품을 통해 우리는 타인보다 낫거나 우월한 존재가 될 수 있다고 생각하기도 한다. 데이비드 브룩스(D. Brooks)는 행복의 가장 큰 걸림돌이 다른 사람들이 자기에 대해 생각해 주기를 지나치게 바라는 데서 비롯된다고 충고한다. 그 누구도 나보다 더 나은 것은 아니다. 하지만 나 또한 그 누구보다 나은 것도 아니다. 생각해보면, 우리가 인정과 칭찬을 받는다 해도 누구에게 받느냐에 따라 기분은 달라질 것이다. 누구나 자신만 과시하고 인정받으려고 하는 사람을 가까이 하고 싶지 않을 것이다. 공자는 오늘날 우리의 상황을 예견이나 한 것처럼 '남들이 자기를 알아주지 않는 것을 걱정하지 말고, 내가 남을 알지 못하는 것을 걱정해야 한다.'고 직언했다.

이처럼 소비와 인정욕구에 관한 비판적 사유는 건전한 소비와 칭찬에 들뜨기 쉽고 비판을 두려워하는 우리의 생각을 명료하게 하는 데 도움을 줄 수 있을 것이다. 문제가 되는 것은 현대인의 소비활동 자체가 아니라 필요한 것 이상으로 항상 소모하고 낭비하는 데 있다. 다시 말해 규모 없는 소비가 '낭비'로 직결된다는 것이다. 현대인은 자신의 지위와 가치, 그리고 존재를 확인하고 인정받기 위해 쓸데없는 소비, 곧 낭비를 일삼는다. 보드리야르에게 낭비는 항상 인간으로 하여금 그의 비축품을 태워버리게 하고 자신의 생존조건을 비합리적 행동에 의해 위태롭게 하는 일종의 광기, 착란, 본능의 역기능이다. 오늘날 사회에서는 낭비적인 소비가 일상적 의무, 간접세처럼 종종 무의식적이고 강제적인 하나의 제도가 되었으며, 또한 경제질서가 강요하는 것 중의 하나로 태연하게 끼어들었다. 낭비가 없어지거나 사라지기를 바라는 것은 환상이다. 그러나 낭비뿐만 아니라 무분별한 인정욕구는 합리적 행동에서 비롯된 것으로 간주하기 어렵다. 보드리야르는 소유하는 것이 적으면 적을수록 갈망도 적어진다고 우리에게 조언한다.

인정욕구는 자기중심적 사고와 연결되어 있다. 자기중심성은 이타심이나 겸손과 정반대인 이기심과 자만심이라는 바람직하지 못한 방향으로 발전할 수 있다. 이기심이 자신의 이익을 위해 다른 사람을 이용하려는 욕망이라면 자만심은 다른 모든 사람보다 자신이 더 우월하다고 생각하고 싶은 욕망이다. 소비사회에서 우리는 끊임없이 타인에게 인정받고 싶어하고, 자신이 다른 사람들보다 조금이라도 나은 점이 있는지 끊임없이 비교한다. 우리의 인정욕구와 타인의 존재를 무시하(려)는 태도에 대비라도 한 듯이, 마르쿠스 아우렐리우스(M. Aurelius)는 인간들은 서로를 위하여 태어났다고 말하는 반면, 임마누엘 칸트(I. Kant)는 '네가 너 자신의 인격에서나 다른 모든 사람의 인격에서 인간(성)을 항상 동시에 목적으로 대하고, 결코 한낱 수단으로 대하지 않도록, 그렇게 행위하라'고 강하게 말했다. 이 말을 실천하기 위해서는 타인에 대한 인정과 존중이 요구된다. 타인의 존재를 인정하(려)는 태도는 나 자신이 인정받는 길과 연결되어 있을 것이다.

본 장에서는 소비와 인정욕구에 대한 의미를 탐구하고, 우리의 소비활동에 대해서 비판적으로 평가하며, 나아가 우리 사회가 안고 있는 소비와 인정욕구의 문제점들을 넘어서는 대안적 사유에 대해 토론하려고 한다.

02 | 고전 속에서 생각하기

■ 『소비의 사회』저자 소개:
장 보드리야르(Jean Baudrillard: 1929~2007)

장 보드리야르는 1929년 7월 27일 프랑스 랭스에서 태어났다. 그는 1966년 파리 낭테르 대학에서 언어, 철학, 사회학 등을 공부하였으며, 그해 10월부터 이 대학에서 사회학을 가르치게 된다. 1968년 『사물의 체계』발간을 시작으로 일련의 중요한 저작을 발표했다. 보드리야르는

(장 보드리야르)

기호학, 마르크스의 정치경제학, 소비사회 사회학을 결합해 현대 사회를 탐구하는 필생의 연구를 시작하게 된다. 1970년 낭테르 대학 전임강사가 된 그는 마르크스의 혁명론과 거리를 두기 시작했지만 다른 한편으로는 마르크스의 상품 생산 비판을 바탕으로 한 자본주의 비판을 이어나갔다. 1981년 대표적인 저작인 『시뮬라크르와 시뮬라시옹』(한국어판 제목: 시뮬라시옹)을 발표했다. 1987년 낭테르 대학을 그만둔 보드리야르는 1994년 유럽대학원(EGS)이 설립되자 교수로 참여하여, 숨을 거둔 2007년 3월까지 재직했다.

(소비의 사회)

　기존 학자들은 현대사회를 '탈공업화 사회', '후기 자본주의 사회', '스펙터클의 사회' 등으로 이름 불렀다. 하지만 이들과는 다르게 보드리야르는 『소비의 사회』에서 현대 대중사회를 사회학적 방법으로 분석하여 현대사회를 '소비의 사회'라고 지칭한다. 그는 소비개념의 혁신을 통해 현대사회를 분석한다. 그가 분석 대상으로 삼은 것은 1960년대부터의 '신자본주의'의 전개와 함께 변화하기 시작한 프랑스의 일상생활이다. 보드리야르는 상품의 소비, 공해, 여가, 섹스, 광고, 대중매체 등을 이론적이고도 경험적으로 분석하고 상품의 소비가 사용가치의 소비를 포함하면서도 그것을 훨씬 넘어선다고 말한다.

　보드리야르는 상품을 단순히 그것의 소유자인 인간의 욕구나 취향을 표현하는 수준으로 바라보는 것을 넘어서 상품과 소비를 중심으로 자본주의를 바라본다. 자본주의적 상품 생산 논리의 핵심은 생산이 아니라 재생산과 소비에 있다. 그래서 오늘날 생산되는 것은 그 사용가치나 최대한의 내구성을 위해 생산되는 것이 아니라, 반대로 가격의 인플레적 상승과 똑같은 정도의 속도로 재촉되는 그 사멸을 위해 생산된다. 단 한 가지 목적을 위해 엄청난 액수의 낭비가 선전에 의해 이루어지는데, 이때 그 목적은 사물의 사용가치를 증대시키는 것이 아니라 탈취하는 것, 즉 사물을 유행으로서의 가치와 급속도의 갱신에 따르게 함으로써 사물의 가치/시간을 탈취하는 것이다.

소비사회가 존재하려면 소비자와 상품, 곧 사물이 필요하다. 소비사회에서 소비자는 자유롭게 자기가 원하는 대로 또 자신의 선택에 따라 타인과 다른 행동을 하지만, 이 행동이 차이화의 강제 및 어느 한 코드에 대한 복종이라고는 생각하지 못한다. 타인과 자기를 구별짓는 것은 동시에 항상 차이의 질서 전체를 만드는 것이 된다. 이 질서는 처음부터 사회 전체가 해야 할 일이며, 좋든 싫든 개인을 초월한다. 가장 높은 수준의 소비는 개인의 경우 사물에 대한 병적인 갈망과 똑같은 이유로 소비사회의 일부를 이룬다.

재생산과 소비는 주로 광고를 통해 작동된다. 광고는 단순히 상품에 대한 정보를 제공하는 데 그치지 않고 상품에 대한 인위적인 소비의 욕구까지 창조한다. 이로써 사람들이 자본주의 사회에서 대량으로 생산된 상품을 소비할 수 있도록 하며, 또한 물건이 재생산되는 것을 가능하게 해 준다. 이때 생산과 욕구는 인위적인 광고 효과의 산물이자 소비와 교환을 가능케 하는 사회적 관계 내부의 범주로 정의되며, 소비와 생산은 모두 인위적인 욕구 조작에 따른 차이 관계로 설명된다. 예컨대, 사람들이 값싼 국산 차보다 비싼 외제차를 선호한다면, 이는 고급 차와 저급 차로 대변되는 문화적 차이 때문이지 두 자동차가 가지고 있는 유용성, 즉 사용 가치의 차이 때문이 아니라는 것이다. 보드리야르에 따르면 상품의 소비, 즉 사물의 소비는 사용가치의 소비를 포함하면서도 이 가치를 넘어선다. 곧 행복, 안락함, 풍요, 성공, 위세, 권위, 현대성 등의 소비도 포함된다.

보드리야르는 상품, 곧 사물을 '기호(sign)'로 파악하고, 사회를 의미작용의 체계로 해석한다. 또한 인간의 욕구를 특정한 사물에 대한 욕구로 해석하지 않고 '차이'에 대한 욕구, 다시 말해 사회적 의미에 대한 욕망으로 해석한다. 모든 욕구의 근저에는 태어날 때부터의 지위, 은총 및 우월함을 가져다주는 지위라는 이상적인 목표가 존재하는데, 그러한 지위는 또한 상품의 주위에도 나타난다. 사람들이 상품의 구입과 사용을 통해 자신을 돋보이게 하며 동시에 사회적 지위와 위세를 나타낸다. 사람들은 상품 자체를 그 사용가치에서 소비하지 않는다. 사람들은 이상적인 준거로서 받아들여진 자기집단에 대한 소속을 나타내기 위해서든, 아니면 보다 높은 지위의 집단을 준거로 삼아 자신의 집단과는 구분하기 위해서든 간에 자신을 타인과 구별짓는 기호로서 상품을 항상 조작한다. 따라서 상품의 의미가 다른 물건과의 관계에서 결정됨으로써 상품들은 과거와는 전혀 다른 문화적 기호로 작동한다. 상품들이 기호의 성격을 가진다는 것은 체계를 구성하며 다른 물건과의 관계 속에서 의미를 생산한다는 것이다.

소비의 영역은 재화뿐만 아니라 욕구 자체도 문화의 다양한 특징처럼 모델로 삼은 집단과 지도적 엘리트층에서 다른 사회계층으로 이행하는 구조를 지닌 사회적 영역이다. 욕구는 이미 '상류계급의 짐꾸러미'가 그것을 거쳐갔을 때에만 '표준적인 짐꾸러미' 속에 나타날 기회를 갖는다. 상품과 재화의 그것과 마찬가지로 욕구의 순서는 무엇보다도 사회적 선택을 따른다. 욕구와 그 충족은 기호에 의한 거리와 차이화의 유지라는 절대적 원칙, 일종의 사회적 지상명령에 의해 아래쪽으로 흘러간다. 소비의 전 영역을 관통하는 것은 차별을 만드는 요구의 '위에서 아래로의' 갱신이라는 법칙을 따르는 것을 의미하며 그 반대인 아래에서 위로의 전면적 균질화로 향하는 소득의 상승이 아니다.

현대사회는 차이의 논리가 기호화된 코드 체계 속에서 지속적으로 재생산되면서 끊임없이 사람들이 소비를 하도록 유혹한다. 보드리야르는 소비사회를 분석하면서 개인, 물건, 욕구, 생산보다 다른 사람과 차별화된 사회적 의미를 얻게 하는 기호 체계가 우선하며, 이 기호 체계 안에서 개인, 욕구, 생산이 스스로를 재생산하고 소비하게 된다고 설명한다. 심지어 그는 개인을 포함한 그 어떠한 대상도 이러한 차별화된 기호 체계나 코드 체계로부터 벗어날 수 없다고까지 주장한다.

보드리야르의 소비사회에 대한 분석에 따르면 소비는 자신을 넘어서 파괴로 변모하려는 강한 경향을 갖고 있다. 특히 소비는 자율적인 주체의 자유로운 활동이 아니다. 소비는 욕구의 체계를 발생시키고 관리하는 생산질서와 상품의 상대적인 사회적 위세와 가치를 결정하는 의미작용의 질서에 의해 지배받는다. 이와 같은 상황에서 소비자는 더 이상 자율적인 주체가 아니다. 그는 상품에 의해 지배받으며, 그 결과 자율성과 창의성을 박탈당한 사물과 같은 존재로 전락한다. 이러한 상황을 벗어날 수 있는 대안은 무엇인가? 보드리야르는 인간이 자신들의 진정한 욕구도 알 수 없고 또 다른 방식의 생활도 찾을 수 없으며, 오로지 기호의 발신과 수신만이 존재하는 상태에 있게 된다는 비관적인 전망을 내 놓는다.

소비를 위한 제품은 학교와 마찬가지로 다른 제도들, 심지어 자신과 정반대의 이미지를 주는 제도들과 똑같은 사회적 논리를 따른다. 학교와 마찬가지로 소비는 하나의 계급제도이다. 경제적 의미에서 상품 앞에서 불평등은 상품의 구입, 선택, 이용이 구매력과 계급상승의 기능을 하는 교육수준 등에 의해 결정되고 존재한다. 간단하게 말하면 모든 사람들이 똑같은 교육기회를 갖지 못하는 것처럼 모든 사람이 똑같은 상품을 갖지 못한다. 보다 깊은 곳에서는 다음과 같은 의미의 근본적인 차별이 존재한다. 특정 사람들만이 환경에 내재하는 요소들(실용적 생활, 미적 구성, 높은 교양)의 자립적이고 합리적인 논리에 접근할 수 있다는 의미의 차별이 존재한다.

▌ 건전한 소비와 인정욕구에 대한 대안은?

보드리야르는 유행의 완전한 독재가 뒷받침해 주는 차이의 확산, 이 차이의 '연쇄반응'이 일어나는 기하학적 장소가 도시라고 말한다. 인구밀도가 높은 것 자체는 매혹적이지만, 특히 도시라는 말은 경쟁 그 자체다. 즉 동기, 욕망, 만남, 자극, 다른 사람들의 끊임없는 판정, 계속되는 성욕 자극, 정보, 선전의 유혹, 이 모든 것이 경쟁이라는 현실 기반에서 집단적 참가라는 일종의 추상적 운명을 구성한다.

현대사회는 산업 집중과 도시로의 인구 집중이 두드러지고 인구밀도가 높다. 사람들이 혼잡하게 생활하는 사회에서 차이화에 대한 욕구는 물적 생산력보다 더 빨리 증대한다. 즉 사회 전체가 도시화되고 커뮤니케이션이 완벽하게 되면, 욕구는 욕망에 의해서가 아니라 경쟁에 의해서 수직적인 점근선(漸近線)을 따라 비약적으로 증대한다는 말이다. 생산의 증가에는 한계가 있지만 욕구의 증대에는 한계가 없다. 음식물의 섭취량과 소화기관의 활동에는 한계가 있지만, 음식물에 관한 욕구와 문화체계는 무한하다. 이러한 상황을 극복하기 위한 수단으로, 혹은 소비에 저항하기 위해 금욕을 전략으로 삼는 것은 정신이 빈곤해질 수 있기에 '착한 소비'를 하는 것으로 전략을 바꿔본다. 이왕이면 생협 제품을 구매하는 것, 생산자에게 정당한 대가를 지불하는 공정무역 마크가 붙은 제품을 이용하는 것이다.

03 | 비판적으로 현실 톺아보기

'무소유'가 신조였는데...
쇼핑중독에 걸려버렸습니다[12]
정누리

나는 어릴 때부터 물욕이 별로 없었다. 세상에서 제일 힘든 것이 쇼핑이었다. 옷 가게 전체를 둘러봐도 집고 싶은 옷 한 벌을 찾지 못했고, 뭔가를 결제하려는 순간 '내가 이걸 왜 사야하지?'라는 허무함이 밀려왔다. 나에게 쇼핑이란 스트레스 해소 방법이 아닌 수련의 연속이었다.

오죽하면 아침부터 옷 고르는 게 싫어 제대로 된 생활한복 하나 맞춰서 계절 내내 입고 다닐까 생각했다. 자취방도 마찬가지였다. '방은 정육면체면 되고, 잠은 누울 바닥만 있으면 된다'는 신조 아래 간이침대 하나와 영상 작업용 데스크탑만 들고 입주했다. 식기도 하나, 수건도 두세 장. 캐리어 안에 웬만한 짐은 거의 다 들어갈 정도였다.

입주하고 몇 주간은 부모님과의 전쟁이었다. '넣어라'와 '넣지 마라'의

---

12. 오마이뉴스 2020년 11월 21일. 〈새둥지 자취생 이야기〉 중에서

연속이었다. 나는 간이침대로 충분한데, 부모님은 침대 하나쯤은 있어야 한다고 했다. 물도 냄비에 끓이면 된다니까 집에 남아도는 전기포트 하나 가져가라고 싸웠다.

짐 많아지는 것이 싫어 TV는 싫다니까 분명 심심할 거라며 방치되어 있던 TV를 결국엔 집어넣으셨다. 빈백, 카펫, 실내화, 시계… 처음에는 우리 집을 창고로 쓰려는 것인가 생각했다. 들어온 것을 다시 내다 버릴 수는 없으니 그냥 있는 채로 살았다.

어느 날이었다. 지인들을 집에 초대했는데, 생각보다 더 많은 사람들이 온 것이다. 거기다 집들이 선물까지 손에 바리바리 들고 왔다. 처음엔 간단하게 생각한 식사를 훨씬 더 많이 늘려야 했다. 부모님이 갖다 놓은 식기를 모두 꺼냈다.

좌식 탁자라 차가운 방바닥에 앉게 할 수는 없어 구석에 박혀 있던 빈백 쿠션과 방석 더미도 모두 꺼냈다. 다들 빈백 쿠션에 앉아보고 싶다며 뜨거운 반응을 보였다. 집들이는 무사히 끝났다. 하마터면 집에 손님들을 맨바닥에 앉히고 푸대접할 뻔했다.

돌발상황은 또 있었다. 나는 날이 따뜻할 때 입주를 해서, 겨울이 그렇게 혹독할 줄 몰랐다. 유난히도 강한 한파가 며칠 동안 이어지자, 방바닥은 얼음장같이 차가워졌다. 나는 빙하 위에 떠있는 곰같이 침대에서 내려오질 못했다. 보일러를 빵빵 튼다면 좋겠지만, 자취생 지갑이 어디 그렇게 두둑한가. 그럴 때 실내화와 카펫은 바닥을 디딜 수 있게 해주는 징검다리였다.

'다 쓸 데가 있다'라는 부모님의 조언은 그야말로 생활의 지혜였다. 나는 미니멀리스트보단 그냥 '안 사는 사람'에 가까웠을지도 모른다. 때로는 넉넉히 준비할 필요도 있다는 것. 선물을 들고 온 친구에게 무엇이라도 대접하기 위해, 당장 밥을 먹어야 하는데 그릇이 모두 싱크대에 있는 낭패를 피하기 위해, 샤워를 했는데 수건이 다 마르지 않은 상황을 대비하기 위해. 그래서 어른들은 부족한 것보단 남는 게 낫다고 했나 보다. 나는 이제 조금씩 쇼핑을 즐기기로 했다.

　연말이 다가오니 자취를 하는 친구들은 벌써부터 '크리스마스에 집을 꾸밀 것인가'로 논쟁을 벌이고 있다. 예전의 나 같으면 짐 늘리는 일 안 한다며 고개를 절레절레 흔들었을 것이다. 하지만 이번에는 조금 다르다. 조그마한 소품 몇 개를 사봤다. 줄타는 산타, 무지개 마크라메, 분홍빛 무드등. 본가에서는 사기 망설였던 것들이, 혼자만의 공간 속에서 오롯이 빛나고 있다. 삭막했던 집이 이제야 조금 따뜻해 보이는 것 같다.

　사람들이 왜 집을 꾸미는지 조금은 알 것 같다. 어릴 적 미녀와 야수 애니메이션을 보면서, 야수는 대저택에 혼자 살면서 촛대, 커피잔, 괘종시계 등 잡동사니를 왜 저리 많이 가지고 있나 생각했다. 하지만 야수도 외로운 1인 가구였다. 그 작은 소품들이 야수의 허전함을 달래 준 것은 아닐까. 자취를 하니 희한한 것들이 보인다. 텅 비어 있는 내 마음과 같던 방을, 이제는 조금씩 채워가고 싶다.

진정한 '인정 욕망'은 인정받는게 아니다 :
오디션 프로와 가부장제[13]

정지우
문화비평가

많은 사람이 인정 욕망이라고 했을 때 인정받는 욕망을 떠올리지만, 사실 인정을 '수여'하는 욕망이야말로 궁극의 인정 욕망이다. 타인들로부터 인정을 받았을 때 우리는 자신의 존재가 누군가에게 받아들여졌다는 안도감, 내 존재가 상승했다는 성취감, 내가 속할 세계가 생겼다는 소속감 등의 복합적인 감정을 느낀다. 그러한 감정은 '쾌감'으로 요약되는데 사실 쾌감은 인정을 받을 때보다 줄 때 더 크게 느낄 수 있다.

요즘도 성행하는 TV 오디션 프로그램에서, 그 시간을 가장 즐기는 사람은 누구일까? 전전긍긍하며, 불안해하고, 자기 존재에 대한 수치심과 박탈감을 감수하면서 인정받고자 하는 참가자? 그들이 자신의 존재를 인정받았을 때 오는 격렬한 쾌감? 사실 그것은 과장된 감정에 가깝다.

오히려 가장 안정적이고도 진정한 쾌락은 그들에게 호통치고, 그들을 선별하며, 그들에게 인정을 하사하는 심사위원 혹은 코치들에게 있다. 물론 투표로 그러한 '인정 수여'에 참가하는 시청자들도 있겠지만, 이조차 자신이 선택한 후보가 선택되었을 때의 승리감에 자기를 투사하는 감정에 가까울 것이다. 심사위원들이야말로 거의 '절대적인' 위치, 신에 가까운 위치에서 자기 앞에 선 수많은 참가자를 바라보며 그들을 평가하고 골라낸다.

대략 이런 느낌일 것이다

그들은 자기가 던지는 눈빛, 자기의 손짓, 자기의 웃음 하나에 투여된

---

13. https://ppss.kr/archives/174279

힘을 느낀다. 자신은 더 이상 결코 평가받을 필요 없는 위치에서, 타인들을 인정해줄 수 있는 위치에서 절대권을 행사한다. 이는 그들이 흔한 '인정받고 싶은 욕망'을 아득히 초월해버린 자리에 있다는 걸 의미한다. 그 자리는 천상처럼 안전하고, 불안할 것이 없으며, 절대적이고, 관조적이며, 의기양양한 쾌감을 주는 그런 곳이다.

이런 방식의 '인정 수여'는 특히 어느 정도 권력을 획득한 기성세대가 자주 쾌감을 느끼기 위해 활용하는 방법이기도 하다. 이들은 자신의 원로, 지배자, 리더, 결정자와 같은 자리에서 누군가를 지지해주거나 선택해주고 그들을 '밀어주고 당겨주면서', 즉 궁극적으로 '인정을 하사'하면서 쾌감을 지속한다.

더 이상 타인들의 인정에 절박하게 매달릴 필요가 없는 자리에서, 타인들로부터 호명 받을 필요가 없는 위치에서, 자기의 힘과 권위로 타인들을 지목하며 희열을 느끼는 것이다. 물론 그러한 쾌감과 희열이 그 자체로 완전히 '나쁜' 것이라 단정할 수는 없다. 인정하고자 하는 욕망이 악마의 욕망이 아니듯 인정을 수여하고자 하는 것도 악마의 욕망은 아니다.

단지 그 과정에서는 참으로 중요한 가치들이 누락될 여지가 크다. 이를테면 인정받기 위해 수단과 방법을 가리지 않는 게 문제가 되듯이 인정을 수여할 때도 그가 품은 지배욕, 쾌감(자신의 위치)을 지속시킬 가능성, 권력 유지 욕망 같은 것들이 착종되면 인정 수여 과정이 '자기 식구' 만들고 챙기는 '집단 이기주의' 등으로 얼마든지 귀착될 수 있는 것이다.

인정 수여 욕구는 '내 식구 챙기기'로 귀착될 위험이 있다.

이런 현상을 종합한 것이 이른바 '가부장적 수직 구조'다. 인정을 수여하는 가부장들이 온갖 영역에서 수직적으로 높은 위치에서, 아래로 인정을 하사한다. 그렇게 학계, 문단, 법조계, 군대, 정치계, 언론계, 예술계, 연예계 등을 가릴 것 없이 '인정'을 매개로 '가족들(선후배들)'이 완성되는 것이다. 그러한 가족들의 핵심에는 바로 인정을 통해 발생하는 '쾌감과 희열'의 지속과 계승, 상속이 있다.

그렇기에 인정받고 인정하는 걸 평생 멈추는 것이야 불가능할 테지만 누군가 나를 인정한다고 할 때, 혹은 내가 누군가를 인정한다고 할 때, 과연 그 '인정'이 무엇인지 세심하게 살펴볼 필요가 있다. 과연 그 인정은 '그에게의 구속' 혹은 '나에게의 구속'을 의미하는가? 그런 인정이라면 경계할 필요가 있다.

우리가 구속되어야 할 것은 인정해주는 '누군가'가 아니다. 또한 '누군가'에게 인정을 줌으로써 그를 곁에 두는 일도 아니다. 우리가 구속되어야 할 것은 그 인정이 담보하는 '가치'다. 그 인정은 무슨 '가치'에 기반을 두는가? 그 가치는 정말 좋은 가치인가? 평생 지켜낼 만한 가치인가? 아니면 그렇지 않은가를 따져야 하는 것이다. 얻어야 할 것은 '가치를 품은 인정'이다.

관종의 시대[14]

김 곡
영화감독

    지난 세기는 적어도 주체라는 것이 존재했던 시대다. 주체는 최소한 존재하는 자였다. 존재를 도둑맞아서 수치스러웠고, 존재가 박탈당할까봐 두려워했다. 존재의 세기는 억압의 세기이기도 하다. 주체는 존재를 억압당해서 저항했다. 그러니까, 지난 세기는 존재와 저항의 시대다. 사르트르의 말대로, 존재를 분투하고 무에 저항하던 시대다.

    그러나 이번 세기는 완전히 다른 상황 속에 있다. 특히 인터넷, 그리고 에스엔에스(SNS) 속을 보면, 시대적 패러다임 자체가 변화한 것을 금방 알 수 있다. 인터넷 하이퍼링크를 따라서 우리는 어디서든 누구와도 친구를 맺을 수 있게 되었고, 어디서도 누구에게도 나 자신을 소개하고 뽐낼 수 있게 되었다. 페이스북에 시시각각 포스팅되는 셀카들은 하나같이 행복한 표정들을 하고 있고, 인스타그램에 올라오는 정보와 풍경들은 현실의 완벽성을 전시한다. 인터넷과 에스엔에스에서 우린 더 이상 저항하지 않는다. 하려야 할 수가 없다. 억압이 없기 때문이다. 여긴 어디든 갈 수 있고 누구든 만날 수 있다는 무한한 가능성으로 충만한 세계다. 그래서 만약 분쟁이 있다면 그것은 '좋아요' 경쟁이다. 이 패러다임에선 셀카가 예쁜 사람이 이긴다. 정보가 많은 사람이 이긴다. 신제품을 빨리 소개하는 사람이 이긴다. 비제이(BJ)들은 별풍선을 더 받기 위해 간장으로 샤워하고 짜장면을 발로 먹는 등 막장드립을 서슴지 않는다. 즉 관심을 더 잘 끄는 사람이 더 좋은 삶이 되는 그런 패러다임. 어떤 의미에서 이제 우린 더 잘 살려고 여행 가거나,

14. 한겨레신문 2019년 4월 22일.

더 잘 먹으려고 음식을 찾지 않는다. 우린 멋진 셀카를 건지려고 관광을 가고, 인스타그램에 올릴 사진을 찍기 위해 맛집을 찾는다. 즉 우린 더 많은 '좋아요'를 받기 위해 살아간다. 오늘날 우리는 밥 없이는 살아도 '좋아요' 없이는 살 수 없게 되었다. 이제 '좋아요'는 우리의 재산이자 영혼이자 삶의 목적 자체다. 존재(esse)의 패러다임이 관심(inter-esse)의 패러다임으로 대체된 것이다.

관심의 시대에 새롭게 나타난 주체가 바로 관종이다. 이름 그대로, 관종은 이전 세기의 주체들과는 종자가 다른 주체다. 그는 아예 주체가 아니다. 억압이 없으므로 저항할 것도 없고, 불안이 없으므로 존재할 것도 없기 때문이다. 관종은 아예 '존재'하지 않는다고도 할 수 있다. 존재는 타자에 직면함으로써 무를 내감해야 존재다. 그런데 관종에게 타자란 없다. 그에겐 모두가 잠재적 친구다. 지난 세기 주체가 저항했다면, 오늘날 관종은 증명해야 한다. 무한히 많은 친구들로부터 얼마나 많은 '좋아요'를 받을 수 있는지를. 자신이 얼마나 많은 것을 할 수 있고 또 이미 누리고 있는지, 결국 이 순간 자신이 얼마나 행복한지를.

즉 존재의 패러다임에서 주체는 불완전한 현실이 부끄러워 저항했다면, 오늘날 관심의 패러다임에서 관종은 완전한 현실이 겨워서 증명해야 한다.

최대의 피해자는 관종 자신이다. 현실의 완전성을 증명한다는 것 자체가 불가능한 일이기 때문이다. 게다가 이때 증명할 현실이란 자기 자신이라는 현실이다. 관종은 본질적으로 우울하다. 우울증은 관심의 시대에 본격화되는 질환이다. 증명해야 할 자아의 완전성 자체가 불가능하기 때문에 관종은 우울하다. 그도 그럴 것이, 관심으로 이루어진 자아를 증명한다는 것 자체가 모순이다. '좋아요'를 빼면 자아엔 남는 것이 아무것도 없기 때문이다. 결국 관종은 텅 빈 자아만을 증명하며, 스스로에게 누를 '좋아요' 버튼은 없는 가능성의 허공 속으로 침잠한다. 프로이트에 따르면 우울증은 자아상실에 집중되는 나르시시즘 질환이다. 그러니까, 관심의 시대는 나르시시즘의 시대다. 관종은 실패할 수밖에 없는 나르시시스트다.

04 | 더 읽어볼 참고 문헌

■ 장 보드리야르, 이상률 옮김, 『소비의 사회: 그 신화와 구조』,
문예출판사, 2016.

　미국사회를 포함한 현대 서구사회를 분석한 이 책에 따르면 현대사회는
'소비의 사회'이다. 소비는 자율적인 주체의 자유로운 활동이 아니다.
거대한 테크노크라트(technocrat)적 기업들이 옛날의 계급간의 차이를
대신한 새로운 사회적 위계질서를 만들어내면서, 억제할 수 없는 욕망을
불러일으키고 있다. 현대사회에서 소비는 욕구의 체계를 발생시키고
관리하는 생산질서와 상품의 상대적인 사회적 위세 및 가치를 결정하는
의미작용의 질서에 지배받고 있다. 소비는 부족의 새로운 신화처럼
현대사회의 도덕이 되었으며, 인류의 기반, 즉 유럽사상이 고대 그리스 이래로
신화의 근원과 로고스의 세계 사이에서 유지해 온 균형을 파괴한다.

■ 장 보드리야르, 하태환 옮김, 『시뮬라시옹』, 민음사, 2016.

　이 책은 실제가 없는 사회는 그 아노미 현상을 극복하기 위해 끝없이 실제를
주입하기에 힘을 쓰며, 거짓 위기를 생산하고 전파하며, 위기를 극복하여
일하는 척하거나 실제가 있는 척한다고 고발한다. 또는 문제를 만들어서 극,
다름, 차이를 생산하는 정치적 쇼는 어디까지나 정치 자체의 존립 이유를

발견하기 위한 것이지 과거의 대의적인 재현적인 의미에서 다른 무엇인가를 대변하는 위기나 문제가 아니라 조작의 일종이라고 지적한다. 즉 모든 경제위기, 환경위기 등도 따지고 보면 아무런 실제 없이 만들어진 실제에 불과하며, 우리는 실제가 없는 허구 속에 살고 있을 따름이라는 것이다.

■ 그랜트 맥크래컨, 이상률 옮김, 『문화와 소비』, 문예출판사, 1996.

이 책은 소비가 철저히 문화현상이라는 데 초점을 맞추고, 사람들이 왜 소비에 몰두하고 소비재가 새로운 문화와 사회에 어떤 기여를 하는가에 대해서 분석한다. 현대사회는 소비와 문화가 전례 없을 정도로 복잡하고 결속력 있는 상호관계를 유지하고 있다. 이 책은 크게 3가지 파트로 나누어져 있다. 제1부 '역사'에서는 근대적인 소비의 형성과 문화와의 긴밀한 관계를 맺어가는 과정을 검토하고, 제2부 '이론'에서는 문화와 소비의 관계모델을 제시한다. 제3부 '실제'에서는 소비재에 부여된 문화적 의미의 여러 가지 용법을 분석한다.

■ 르네 데카르트, 양진호 옮김, 『성찰』, 책세상, 2011.

데카르트는 이 책에서 신의 실존 및 영혼과 신체의 실재적 구분을 증명하려고 시도한다. 증명은 여섯 번 또는 엿새에 걸쳐 진행된다. 여섯 번의 성찰은 크게 보아 모든 것에 대한 의심에서 출발해 더 이상 의심할 수 없는 학문의 토대를 발견하고, 다시 이 토대에서 출발해 앞서 의심받았던 대상들을 의심으로부터 해방시키는 정신의 자기 성찰 과정이다. 따라서 이 책은 일관된 주제를 담고 있기는 하지만, 각 성찰이 그때마다 깨달음의 단계나 위치를 나타내기도 하기 때문에 서로 다른 주제를 담고 있기도 하다.

■ 김태형, 『풍요중독사회』, 한겨레출판, 2020.

21세기에 들어와서 한국인들이 정의와 공정에 큰 관심을 보이는 이유는 심각한 불평등, 즉 부정의가 온갖 사회악을 낳은 진원지임을 깨닫기 시작한 것과 관련이 있다. 불평등한 사회는 부정의한 사회이고, 평등한 사회는 정의로운 사회, 그리고 평등하고 정의로운 사회는 화목한 사회의 필수조건이란 인식이 확대되고 있는 것이다. 다층적 위계사회에서 살아가는 한국인들은 학대에 대한 불안이 극심하여 타인들이 자신을 무시하거나 경멸할지도 모른다는 불안에 떨면서 살아간다. 이렇게 평가 불안에 사로잡힌 이들은 타인들이 자신을 높은 위계에 속한 사람 혹은 괜찮은 사람으로 평가해주기를 기대하면서도 걱정하고 두려워한다. 한국 사회처럼 돈뿐만 아니라 학력이나 외모처럼 숱한 것들이 사회적 평가의 기준으로 남용되면 사람들은 외모, 체중, 지적 수준, 발음, 미적 취향, 예술에 대한 조예 등 다양한 측면에 신경을 곤두세운 채 살아갈 수밖에 없다.

■ 랄프 왈도 에머슨, 강형심 옮김, 『세상의 중심에 너 홀로 서라』, 씽크뱅크, 2011.

미국 대통령 오바마는 이 책이 자신에게 『성경』 다음으로 큰 힘이 되었다고 고백한다. 이 책은 내 인생의 주인공이 바로 '나'이며, 나의 가치를 믿고 홀로 서는 시간을 가지라고 단언한다. 누군가를 향해 끊임없이 질투하고,

모방하는 시간만을 찾는다면 결국 '나' 자신을 위해 쓸 수 있는 시간은 없어진다. 이 책은 매 순간 새롭고 낯선 삶에서 자신을 믿고 자신만의 성찰과 행동을 통해 앞으로 향해 갈 수 있는 지혜를 전하고, 나 자신의 내면의 소리에 귀 기울이고, 자신을 신뢰하는 것이 얼마나 중요한지 이야기한다.

■ 한병철, 김태환 옮김, 『피로사회』, 문학과 지성사, 2012.

"시대마다 그 시대에 고유한 주요 질병이 있다."라는 문장으로 시작하는 이 책은 소진증후군, 우울증, 주의력결핍과잉행동장애 등과 같은 질환의 역사적 위치를 보여준다. 나아가 심리 장애를 오늘날 성과사회의 근저에서 일어나고 있는 전반적인 패러다임 전환의 결과로 해석한다. 저자는 성과사회의 주체가 스스로를 착취하고 있으며 가해자인 동시에 피해자라고 우리에게 조언한다.

■ 김찬호, 『모멸감: 굴욕과 존엄의 감정사회학』, 문학과지성사, 2014.

세계 최고 수준의 자살률, 유례를 찾기 힘들 만큼 가혹한 입시 경쟁, 인터넷에 범람하는 악플, 최근 새롭게 사회문제로 떠오르는 감정노동, 유행어처럼 쓰이는 갑을관계…… 저자는 이러한 정황 이면에 한국인의 낮은 자존감에서 비롯되는 모멸감이 사회 곳곳에 만연하고 있다고 분석한다. 그러나 우리 사회에는 모욕의 실체를 규명하고 모멸감을 성찰하는 언어가 빈곤하다. 이렇듯 우리가 일상적으로 겪는 모멸감은 흔히 '정서적인 원자폭탄'이라고도 불리며, 인간을 끝없는 바닥으로 추락시키기도 하고 때로는 타인과 세상에 대한 폭력으로 발화하기도 한다. 그것은 '화', '분노', '우울' 등의 감정과 달리 객관화하기 힘든 속성을 지닌다. 이 책은 우리의 일상을 지배하는 그 어둡고 복잡한 마음자리를 들여다볼 것을 권한다. 개인의 심리나 일상의 차원에서 벌어지는 경험을 성찰하는 데 머물지 않고, 그 시선을 사회적 지평으로까지 확대, 분석한다.

■ 악셀 호네트, 문성훈 · 이현재 옮김, 『인정투쟁: 사회적 갈등의 도덕적 형식론』, 사월의 책, 2011.

이 책은 출간 이후 철학과 정치학을 혁신하며 사회이론의 지평을 확장시킨 '현대의 고전'이다. 호네트는 이 책에서 다양한 사회 문제 뒤에 감춰진 사회적 투쟁의 근본 원인을 밝혀낸다. 어떻게 무시와 모욕이 사람들의 분노를 일으키고, 마침내 폭동이나 봉기의 원인이 되는가? 호네트는 '인정투쟁'이라는 개념을 통해 인간과 사회를 바라보는 독창적인 관점을 제시하며 기존 사회이론의 토대를 흔든다. 그리고 고립된 개인에 대한 잘못된 가정에서 벗어나 '관계 속에서의 개인'을 성찰하는 새롭고도 설득력 높은 해답을 제시한다.

■ 문성훈, 『인정의 시대: 현대사회의 변동과 5대 인정』, 사월의 책, 2014.

이 책은 루소와 헤겔에서 푸코와 악셀 호네트까지 인정이론으로 보는 새로운 현대사회 분석 보고서이다. '인정'과 '인정투쟁'은 우리 시대의 주요 화두가 되었다. 한국 사회에서도 소외받는 소수자, 노동자, 갑을 관계

등 인정의 구조가 얽힌 문제는 무수히 많다. 이 책 『인정의 시대』는 오랜 기간의 연구 성과를 한데 종합한 결과물인 동시에 신자유주의적 변화가 불러온 사회적 양극화를 극복할 수 있는 대안적 사회관계가 무엇인지를 밝히려는 노력의 산물이다. 이 책은 한국을 비롯한 현대 사회를 인정관계 구조변화라는 새로운 틀로 분석하고 이에 따라 새로운 진보의 비전을 제시한다.

05 | 논리적 오류 : 힘에의 호소(ad baculum)

힘에의 호소는 무력에 호소하거나 이런저런 불이익을 주겠다고 위협함으로써 자신의 주장을 받아들이게 하려는 오류이다. 힘에의 호소는 정교하게 위장되어 논증의 형태를 띠지 않을 경우에는 흔히 볼 수 있는 직접적인 협박이나 공갈과 크게 다르지 않다.

▶ 당 기관지는 통일 독일의 미래를 내다보는 새로운 눈입니다. 이 신문의 구독을 취소함으로써 발생하는 불이익은 이 땅의 누구에게도 호소하지 못하고 스스로 감수해야만 합니다.

▶ 나라의 안보적 위기 상황에서 정부의 긴급조치는 구국의 결단이라고 할 수 있습니다. 이러한 정부의 조치에 따르지 않는 국민은 그 때문에 자신에게 되돌아오는 불이익을 스스로 감수해야만 합니다.

Kathleen Barry

(1941~)

6장

사랑과 섹스 :
같은 것인가? 다른 것인가?

06

사랑과 섹스 :
같은 것인가? 다른 것인가?

01 | 여는 글

한때 JTBC의 《마녀사냥》이라는 19금 토크쇼가 인기리에 방영되었다. 《마녀사냥》은 치명적인 매력으로 남자를 뒤흔드는 '마성의 여자들', 즉 마녀를 주제로 한 토크 버라이어티이다. 《마녀사냥》에서 신동엽, 성시경, 허지웅 등은 '냉소적으로 여자들을 파헤치는 본격 여심 토크 버라이어티'라는 부제 아래 연애상담을 위주로 토크했다. 이들은 19금에 해당하는 남녀 간의 성에 관한 주제에 대해 성적 호기심 및 상상을 자극하는 대화들로 위트 있게 풀어냄으로써 세간의 관심을 모았다. 물론 성에 관한 대화들을 부정적으로 보는 입장에서는 이 프로그램을 음담패설로 폄하할지도 모르겠지만, 《마녀사냥》은 누구나 관심이 있으면서 터부시하는 성에 관한 이야기를 솔직하고 유머스럽게 풀어냈다는 긍정적인 평가를 받았다.

마녀사냥이 지닌 본래적인 의미는 무엇일까? 마녀는 고대로부터 주술이나 마술을 통해 초자연적인 힘을 발휘할 수 있다고 믿어진 존재이다. 그

마녀들은 중세에 이르러 악마와 연관되어 사람들에게 해악을 끼치는 존재로 낙인찍히게 된다. 로마 가톨릭 교회는 유럽사회를 지배하기 위해 그리스도 왕국 건설을 명분으로 내세웠는데, 당시 재판관, 성직자, 정부 관리, 지주들 등의 지배 계층들은 마녀들이 악마와 계약을 맺고 사회와 이웃에 해악을 끼친다고 주장했다. 그리고 그들은 자신들의 지배를 위해 많은 여자들을 마녀로 몰아 재판하고 사형시켰다. 예를 들어 당시는 빈곤이나 기근, 페스트와 같은 전염병 등이 창궐했는데, 지배 계급은 그 일들이 마녀들의 소행이라고 누명을 씌워 그들을 희생시킴으로써 사건들을 무마했다. 따라서 마녀사냥은 실제로 마녀가 악마와 결탁하여 일어난 일이 아니라 지배 세력이 자신들의 정치적 목적으로 저항세력이나 힘없는 자들에게 누명을 씌워 희생시킨 것을 가리키게 되었다. 오늘날 마녀사냥이라고 하면 대개 '죄 없는 희생양'을 의미한다.

　따라서 《마녀사냥》이라는 제목에는 두 가지 의미가 함께 있다고도 볼 수 있다. 하나는 매력으로 남자를 뒤흔드는 '마성의 여자들'의 19금 토크이다. 다른 하나는 인간의 본성상 자연스럽고 중요하게 다루어져야 할 성을 마녀처럼 취급하지 말아야한다는 것이다. 예를 들어 《마녀사냥》에서는 연애 초기에 자신과 상대방이 연인이 될 가능성을 '그린라이트'로 표현 하여 연애 이야기를 풀고, 연인 사이에 자기가 낮에 주도권을 가지고 상대방이 밤에 주도권을 갖는 것을 '낮이밤저'처럼 스스럼없이 표현하며, 섹드립(성적인 언행)을 유머로 자주 사용한다. 이러한 토크는 성에 대한 관심을 숨기기보다 연인뿐만 아니라 가족, 즉 엄마와 딸 혹은 아버지와 아들이 이 대화에 참여하도록 만들었다. 《마녀사냥》은 성에 대한 우리의

165

이러한 이중적인 태도를 전면에 내세우면서 사랑과 성에 대해 터부시하는 기존 시스템에 균열을 일으킨 것이다.

우리 사회 분위기에서 성문화는 양지에서는 폐쇄적이고 보수적인 입장을 취하면서도 음지에서는 상당히 큰 시장을 형성하고 있는 이중적인 모습을 가지고 있다. 한국의 성문화는 유교적 질서 아래 가부장적이고 남성 중심적 구도로 형성된 것이 사실이다. 더욱이 서구 자본주의의 유입으로 인해 언론에는 성접대, 성향응, 성폭력, 성매매 사건 등이 잊을 만하면 나타난다. 이러한 문화는 성에 대해 표면적으로 드러내지 않아서 발생한 성 문제를 해결하지 않고 감추려고 하거나 터부시하여 문제를 더 키우는 악순환을 만들고 있다.

예를 들어, 한 조사에 따르면, 성관계 경험이 있는 한국 청소년의 첫 경험이 13.2세인 것으로 드러나 충격을 주고 있다. 또한 가출 청소년 4명 중 1명이 성매매에 노출되어 있을 정도로 성에 관한 사회적 인식이나 환경이 열악하다. 이 경우 제대로 된 해결은 청소년 성문제를 회피하는 것이 아니라 어릴 때부터 피임에 대한 중요성을 인지시키는 것이다. 그러나 현실은 주민등록증이 있는 사람에게만 피임도구를 판매하도록 규정한다. 이는 청소년 성문제를 해결하지 못하고 오히려 방치시키고 있는 것이다. 방치된 노후의 성문제 또한 심각하다. 박카스 할머니로 불리는 여성들은 서울의 공원이나 광장에 모인 고령 남성들을 대상으로 매춘을 하며 생계를 유지한다고 한다. 노인들 역시 성욕이 있고 이를 인정받지 못한 풍토에서 노인들의 성문화가 음지로 내몰리는 것이다.

성매매 또한 매우 중요한 사회적 이슈이다. 성매매는 돈을 주고 사람의 성을 교환하는 행위이다. 성매매를 옹호하는 입장에서는 매춘의 역사가 인류 역사에서 오래된 일 중 하나라고 말한다. 이들은 성욕이 인간의 기본적인 욕구이고 성매매는 합법적인 교환을 통해 이루어지기 때문에 인간의 존엄성과 별개라고 주장한다. 반대의 입장에서는 성을 사고파는 것은 윤리적인 측면에서 인권을 유린하는 행위이기 때문에 용납할 수 없다고 본다.

예를 들어 **캐슬린 배리**는 "인간이 육체로 환원되고 동의가 있건 없건 타인의 성적 서비스를 위한 도구로 화(化)할 때 거기에는 이미 인간에 대한 폭력이 자행된 것이다. 성매매는 성매도자 여성의 동의가 있건 없건 여성 억압의 제도적·경제적·성적 모델이다"라며 성매매를 폭력이라고 말하였다.

(캐슬린 배리)

캐슬린 배리는 국제적인 성 착취 반대운동을 활발히 펼쳐 온 페미니스트 사회학자로 펜실베니아 주립대학 인간개발학과 교수이다.

비정부 단체인 '여성매매반대연맹'을 창립하였고, 유네스코와 연대하여 성착취를 금지하고 매매춘을 인권 침해로 규정하는 새로운 국제법을 제안하기도 하였으며,

특히 대표적 저서인 『여성 성 노예제』는 6개 국어로 번역되어 성 착취에 반대하는 국제운동을 촉발시키는 계기가 되었다.

우리나라 경우 1998년 김대중 정부는 여성부를 신설하여 기지촌을 폐지했고 2004년 노무현 정부는 성매매특별법을 제정하여 사창가를 포함한 모든 성매매를 금지했다. 성매매특별법에는 성 구매자뿐만 아니라 성 판매자도 법적 처벌이 가능하다는 조항이 있어서, 개인의 성적 자기 결정권과 국가의 개입 문제 중 어느 쪽이 더 중요한지에 대한 질문을 던졌다. 아이러니하게도 성매매특별법 제정 이후 성매매는 유사성행위 시설로 음지로 더 퍼져나갔다.

한 조사에 따르면 현재 성매매 종사자는 10여만 이상으로 추산되고, 국내가 아니라 해외로 원정 성매매를 하는 등 수법이 교묘해지고 번창해지고 있다.

성에 관한 대화를 부정적으로 바라볼 것인가? 아니면 소통을 통해 잘못된 성문화를 바로잡을 것인가? 성에 대한 이야기는 부끄러운 것이나 감추어야 할 것이 아니라 자연스러운 것이어야 한다. 물론 이러한 대화는 결코 사랑과 성에 대해 어떤 기준을 뽑자는 것이 아니다. 어떤 사람은 순결을 중요하게 생각하여 플라토닉 러브처럼 정신적인 사랑에 끌릴 수도 있고 또 어떤 사람은 성에 대해 자연스럽게 받아들이고 자유로운 연애를 꿈꾸기도 하기 때문이다. 문제는 상대방을 이해하지 않은 채 자신의 기준을 다른 쪽에게 강요할 때 발생한다. 어느 쪽이든 성에 관한 자신의 입장을 다른 쪽에게 강요하려 한다면 그것은 폭력으로 다가올 것이기 때문이다. 이 장에서는 사랑과 성에 대해 있을 수 있는 주제를 서로 솔직하게 이야기하고 서로를 인정해 줄 수 있는 방향이 무엇인지를 논의해 보자.

02 | 고전 속에서 생각하기

■ 『향연』 저자 소개 :
  플라톤(Plátōn, 영어: Plato: 기원전 423~347)

(향연)

    플라톤은 서양의 다양한 학문에 영향력을 가진 그리스의 철학자이며 사상가였다. 그는 소크라테스의 제자이었으며, 아리스토텔레스의 스승이었고, 현대 대학의 원형이라고 할 수 있는 세계 최초의 고등 교육 기관인 아카데메이아(academia)를 아테네에 세운 장본인이기도 하다. 플라톤은 아카데메이아에서 폭넓은 주제를 강의하였으며, 특히 정치학, 윤리학, 형이상학, 인식론 등 많은 철학적 논점들에 대해 저술하였다. 플라톤의 저술 중 가장 중요한 것은 그의 대화편이다. 비록 일부 편지들은 단지 그의 이름을 붙여서 내려오고 있기는 하지만, 플라톤에 의한 진짜 대화편은 모두 온전하게 전해진 것으로 여겨진다. 소크라테스는 플라톤의 대화편에 자주 등장하는 주요 등장인물이었다. 이는 플라톤의 대화편에 있는 내용과 주장 중 어디까지가 소크라테스의 견해이고, 어디까지가 플라톤의 견해인지에 대한 많은 논쟁을 불러왔다. 왜냐하면 소크라테스는 어떠한 것도 글로서 남기지 않았기 때문이다. 이 문제를 종종 "소크라테스의 문제"라고 부른다. 그러나 플라톤이 소크라테스의 가르침으로부터 많은 영향을 받았다는 것은 확실하다. 따라서 플라톤의 많은 아이디어들, 적어도 그의 초기 연구들은 아마도 소크라테스의 것을 빌려오거나 발전시켰을 것이다. 그가 이성 우위의 전통을 가진 서양 철학에 미친 영향은 더할 수 없이 크다. 영국의 철학자인 화이트헤드는 "서양의 2000년 철학은 모두 플라톤의 각주에 불과하다."라고 말했으며, 시인 에머슨은 "철학은 플라톤이고, 플라톤은 철학"이라 평하였다.^(위키피디어)

▌ 에로스란 무엇인가

인간은 왜 남자와 여자로 분리되어 서로를 사랑할까?

아리스토파네스(Aristophanes)에 의하면, 원래 인간은 남성, 여성, 이 둘을 함께 가진 세 가지 성을 가진 존재였다. 이들은 힘이나 활력이 신만큼이나 엄청났고 대단한 생각을 지녔으며 마침내 신들을 공격하기에 이르렀다. 제우스 및 다른 신들은 인간들에게 받는 숭배와 제사로 유지되기 때문에 그들을 없앨 수도 없고 그냥 내버려둘 수도 없었다. 제우스는 간신히 생각을 짜내어 각각을 둘로 자를 생각을 하게 된다. 그로 인해 인간은 남성과 여성으로만 존재하게 된다. 그런데 인간은 본래 하나인 존재로 그것이 둘로 잘렸기 때문에 반쪽인 각각은 자신의 나머지 반쪽을 평생 그리워하게 된다. 그 그리움은 사랑이라고 이름하며 그 의미는 본래 온전함에 대한 욕망과 추구이다.

이 이야기는 플라톤(Plato)이 쓴 『향연』에 나타난다. 향연은 고대 그리스어 심포지움(symposion)의 번역어로 '함께 마시는 것'을 의미하는 데, 책 『향연』은 소크라테스와 그의 친구들이 모여 사랑(에로스, eros)에 대해 대화한 것을 엮은 것이다. 『향연』은 플라톤의 작품 중에서 그 구성과 내용이 가장 뛰어난 작품으로 손꼽히며 여러 철학자들의 시각을 소개하여 사랑에 대한 다채로운 맥락을 제공하고 있다고 평가받는다. 이 향연에서는 참가자들이 차례로 나서서 에로스에 대한 각자의 생각을 밝히는 데, 이것은 실제로 있었던 것이 아니라 플라톤이 가상으로 꾸민 이야기이다. 연설의 순서는 파이드로스(Phaidros), 파우사니아스(Pausanias), 아가톤(Agathon) 등이다.

파이드로스는 에로스가 인간이나 신들 사이에서 가장 위대한 신이라고 설명한다.

왜냐하면 부모 없이 태어난 존재는 없기 때문에 에로스는 가장 먼저여야 하기 때문이다. 따라서 그는 에로스가 신들 중에서 가장 오래된 신이라고 주장한다.

> **파이드로스**: 아테네의 미뤼누우스 사람이며, 아버지는 퓌트로클레스이다.
> 『프로타고라스』에서는 히피아스를 상대로 자연과 천문을 논한 것으로 나타난다.
> 『파이드로스』의 첫머리에서는, 사랑에 관한 토론에 열중하여 뤼시아스의 작품을 암기하는 그의 모습이 그려져 있다.
> (서울대 철학사상연구소, 이하 생략)

헤시오도스 (Hesiodos) 역시 여러 문헌을 통해 에로스가 가장 오래된 신임을 말하고 있다. 이들에 따르면 에로스는 가장 오래되었기 때문에 우리들에게 최상의 선(善)의 근원이기도 하다. 또한 사랑은 스스로 추한 것을 부끄러워하게 만드는 원인이고 더 아름다운 것을 향해가도록 하는 원인이다. 따라서 파이드로스는 사랑을 최고의 미덕으로 평가 하고 있다.

파우사니아스는 에로스에 두 가지가 있다고 설명한다. 그에 따르면 하나는 세속적이고 육체적이며 여성적이고 다른 하나는 천상적이고 정신적이며 남성적이다. 파우사니아스는 세속적 에로스보다 천상적 에로스에 대한

> **파우사니아스**: 아테네의 케라메스 사람이다. 그에 대해서는 본 대화편의 기록 이외에는 찾아볼 수 없다. 다만 『프로타고라스』편과 크세노폰『향연』을 보면, 본 대화편에서도 나와 있듯이 그가 아가톤을 사랑하고 있었다고 기록되어 있다. 크세노폰의 작품을 보면 그가 소년과의 동성애를 강하게 옹호하고 있다고 적고 있다.

추구를 강조했지만, 양자를 모두 지니는 것이 더 훌륭한 가치라고 주장한다. 흥미로운 것은 파우사니아스가 변함이 없고 영속적인 천상적 에로스를 소년 애와 동일하게 간주하고 있다는 점이다. 이에 반해 에뤽시마코스는 에로스를 둘로 구분하는 것에 대해 공감하지만 그러한 구분은 미소년들의 영혼성에 대해서만 적용되는 것이 아니라 다른 모든 동물이나 식물등의 모든 존재자들에 퍼져 있다고 설명한다. 에뤽시마코스는 에로스가 체육, 농업, 음악에 있어서도 적용된다고 말하는 데 의사인 그는 모든 것의 조화로 에로스를 본 것이다.

> **아가톤**: 비극 작가(기원전 445년경 출생)이며, 본 대화편에 나타난 축하연은 기원전 416년 그의 처녀 작품이 상을 수상하게 된 것을 축하하기 위해 열린 것이다. 그는 아직 30세에 조금 못 미치는 나이인 것으로 보인다. 그 미모와 여성스러움은 유명하며 그 점은 아리스토파네스의 작품『여자사제(Thesmophoria zusae)』에서 야유의 대상이 되고 있다.

아가톤은 나이가 가장 많다고 설명한 파이드로스의 주장에 반대하여 오히려 에로스는 신들 중에서 가장 나이가 어리다고 주장한다.

아가톤에게 있어 젊음은 영원한 것이어야 하기 때문에 에로스는 가장 젊은 신이고 가장 행복한 신으로 설명된다. 아가톤은 에로스에 대해 조화의 의미를 더 강조하는 데, 그에 의하면 에로스는 쾌락과 욕망을 지배하면서도 그보다 더 뛰어난 쾌락은 없는 것이다.

이들에 비해 소크라테스의 주장은 흥미롭다. 소크라테스는 에로스가 신이 아니라고 말한다. 소크라테스는 신은 그 자체로 완벽한 존재이지만 에로스는 오히려 결핍된 그 무엇이라고 설명한다. 우리가 누구를 사랑한다는 것은 자신이 아닌 다른 대상이고 자신에게 없는 것을 욕구한다는 것이다. 그렇다고 해서 에로스는 추한 것도 아니다. 소크라테스는 에로스가 아름다운 것도 아니고 추한 것도 아니며 좋은 것도 아니고 나쁜 것도 아닌, 다만 중간자로서 완벽과 결핍을 결합시켜주는 존재라고 봤다. 에로스는 죽음의 한계를 지닌 인간이 영원을 지닌 신으로 이끄는 중간자요 인도자라고 본 것이다. 이를 통해 플라톤은 절대적이고 영원불변하는 아름다움의 세계, 즉 '미의 이데아'를 추구하는 함의만이 가장 가치 있는 일이라고 주장한다.

■ 『화성에서 온 남자 금성에서 온 여자』 저자소개 :
  존 그레이(John Gray 1951~)

존그레이는 992년 미국에서 출간된 이래 세계적으로 커다란 인기를 끈, 『화성에서 온 남자, 금성에서 온 여자』의 저자이다. 「USA 투데이」는 이 책을 지난 25년간 가장 영향력을 발휘한 10대 서적 중 하나로 평가하고 있다. "본래 남자는 화성인이고 여자는 금성인이기 때문에 둘 사이의 언어와 사고 방식은 다를 수밖에 없다."는 단순하고 명쾌한 비유를

(화성에서 온 남자
금성에서 온 여자)

바탕으로, 인간관계 세미나 및 부부관계 상담센터 운영을 통해 수많은 남녀의 갈등을 치유하고 있다. 그는 폭넓은 경험을 바탕으로 남자와 여자를 화성과 금성이라는 각기 다른 행성에서 온 존재로 설정함으로써 서로의 차이에 대한 새로운 자각과 이해를 이끌어냈으며, 수많은 독자들에게 사랑과 인생의 비전을 제시하고 있다. 명상서적을 판매하던 아버지 밑에서 자란 그레이는 이미 고등학교 시절부터 정신세계에 푹 빠져서

마하리시 마헤시라는 저명한 요가 스승을 찾아가 선과 명상에 대해 배우기 시작했다. 그러기를 10년, 그레이는 스승의 개인비서가 될 정도로 이 세계에 열심히 빠져들었다. 그러다가 첫 부인과 결혼하여 함께 명상에 관한 워크숍을 진행했으며, 부인이 다른 남자를 쫓아 떠나가자, 재혼한 후 '화성과 금성' 시리즈를 써내기 시작했다. 존 그레이의 책들은 광범위한 관심과 지지를 불러 모아, 그의 '마니아'들이 수없이 생겨났다. 그는 상담과 강의는 물론, 세미나, 워크숍, CD-ROM에 지역별 상담소 프랜차이즈까지 다양한 방식으로 사랑과 인생의 비전을 제시하고 있으며, 2006년 방한해 남녀의 관계와 커뮤니케이션 등에 관한 세미나를 진행한 바 있다. ^(예스24)

■ 남자와 여자는 왜 서로 사랑하면서도 다툴까?

남녀는 각자가 자신이 이해한 것과 같이 상대방도 자신과 똑같이 이해하고 있다고 간주한다. 특히 남녀의 문제에 대해 남자는 남자와 서로 소통하고 여자는 여자와 서로 소통할 경우, 이러한 착각은 더 커진다. 그러나 남자가 남자의 조언에 따라 혹은 여자가 여자의 조언에 따라 상대방을 대할 경우 남녀 관계는 더 멀어지는 경우가 많다. 존 그레이 박사의 진단에 의하면 이것은 남자와 여자가 출발점부터 서로 다름을 이해하지 못했기 때문이다. 존 그레이는 이를 표현하기 위해 남자는 화성으로부터, 여자는 금성으로부터 와서 지구에 함께 살고 있다고 말한다. 남자와 여자는 자신이 어디서부터 왔는지를 기억하지 못한 채 상대방을 이해하지 못하거나 자신을 이해해주지 않는다고 다툰다는 것이다.

존 그레이는 남녀 간에는 서로 이해할 수 없는 차이나 행동 패턴이 분명히 있으며 이를 이해해야만 충돌을 방지할 수 있다고 말한다. 예를 들어 어떤 문제에 대해 남자들은 어떻게든 해결하려고 애를 쓰는 반면에 여자들은 문제 해결보다 그 사람의 감정을 보살피려고 한다는 것이다. 남자들은 문제를 해결하기 위해 감정 따위를 무시하는 반면에 여자들은 감정이 중요하기 때문에 문제 해결은 뒤로 남겨 두려 한다. 남녀가 서로 이 차이를 이해하지 못하면 남자는 문제를 해결했지만 여자의 감정을 상하게 할 것이고 여자는 감정을 보살피려 하지만 오히려 문제해결을 한 남자의 감정을 건드릴 수 있다는 것이다.

스트레스를 겪는 경우 남녀는 서로 다른 반응을 보인다. 남자들은 자신을 괴롭히는 문제가 있으면 혼자 떨어져 스스로 생각해 보는 경향이 있다. 그에 비해 여자들은 자신의 문제에 대해 누군가와 소통하며 공감을 얻고 싶은 욕구가 있다. 또한 남녀는 동기부여에서도 차이가 있다. 남자들은 상대가 자신을 필요하다고 느낄 때 마음이 움직이고, 여자들은 자기가 사랑받고 있다고 느낄 때 의욕을 갖는다. 남자들은 사랑에 대해 신뢰와 인정, 감사를 요구하는 반면에, 여자들은 관심과 이해, 존중을 필요로 한다.

존 그레이는 이와 같이 남녀 간의 차이를 통해 서로 대화하는 법, 친밀감을 요구하는 법, 논쟁을 피하는 법, 도움을 청하는 법, 애정을 유지하는 법을 제시하고 있다. 사랑에 빠지는 것은 기적과도 같은 일이지만 사랑을 유지하는 것은 더 큰 기적이다. 사랑의 마법이 희미해지면 남자는 여자가 자신과 같이 생각하고 반응하리라 생각하고 여자 역시 남자가 자기처럼 느끼고 행동하리라고 기대한다. 그러면서 성급하게 판단하고 요구하고 결국 원망하게 된다. 원망이 쌓여 가고 대화가 끊기고 오해가 커지면 억압과

거부, 분노가 나타난다. 사랑의 기적은 온데간데없이 사라지는 것이다. 만일 남녀가 서로 다르다는 것을 이해하기만 한다면 특별한 사랑은 매일같이 만나는 사랑에 머물지도 모른다.

03 | 비판적으로 현실 톺아보기

13세면 성적 자기결정권
내 몸으로 내가 하겠다는데[15]

최호열
주간동아 기자

"질병관리본부가 2013년 조사한 청소년건강행태조사에 따르면 남학생 7.4%, 여학생 3.1%가 성 경험이 있으며, 첫경험 나이는 평균 12.8세였다. 기성세대에겐 다소 충격적이다. 10대가 섹스를 말하면 기성세대는 큰일이 난 것처럼 한숨을 내쉰다. '말세로다…'는 탄식까지는 아니어도 '건강한 육체와 건전한 인성을 가진 인격체로 성장하려면…' 등등 10대가 섹스를 하면 안 되는 수십 가지 이유를 대며 훈계를 늘어놓기 십상이다.

이연이(가명, 19) 씨는 이런 기성세대를 보면 실소가 나온다며 "내가 내 몸으로 하고 싶은 걸 하는 건데 왜 안 된다는 거죠?"라고 되물었다. '섹스에 당당한 10대를 인터뷰하고 싶다'는 기자의 요청에 그는 흔쾌히 응했다. 서울 홍익대 인근 카페에서 만난 그는 164cm의 호리호리한 체구에 성숙한 외모를 지녔다. 볼살이 빠지지 않은 앳된 얼굴과 상큼한 미소가 그가 아직

☑ 15. 신동아신문 2016년 2월 15일.

미성년자임을 일깨웠다. "모델이나 걸그룹 아이돌이라고 해도 믿겠다"고 치켜세우자 "그런 쪽엔 관심이 없다"면서도 밝게 웃었다. 그가 기자 앞에 놓여 있던 질문지를 슬쩍 보더니 잠시 난감한 표정을 지었다. 직설적인 문구들 때문인 듯했다. 왜 그렇지 않겠나. 이제 열아홉. 기자 역시 지금까지 '호모 에로티쿠스'들을 만났을 때와는 달리 인터뷰 내내 질문을 던지는 게 곤혹스러웠다. 그나 기자나 아직은 낯이 덜 두꺼운 모양이다.

1. **질문)** 기성세대는 10대는 아직 섹스를 하기엔 어리다고 여긴다. 성은 순결하고 소중한 것이어서 함부로 내돌리는 게 아니라고 생각한다.

» **답변:** "당연히 성은 소중한 것이다. 그렇다 해도 내 몸이고 내가 선택하고 결정하는 것이다. 내가 섹스를 통해 병을 옮기는 것도 아니고, 싫다는 애를 내가 꼬셔서 하는 것도 아닌데 뭐가 문제가 되나."

2. **질문)** 순결에 대해 어떻게 생각하나.

» **답변:** 순결이 무슨 의미가 있나. 아직도 우리 사회에서는 처녀막이 있으면 순결한 애고, 없으면 순결하지 않은 애가 된다. 처녀막이 뭔지는 아나? 대부분 질 입구에 막이 있는 것으로 아는데, 실은 질 근육일 뿐이다. 피가 날지 안 날지도 모르는 걸 가지고 순결을 따지는 건 너무 우습지 않나. 그런데 '내 여친은 피가 안 났어, 속았어', '너 거짓말했지? 처녀가 아니잖아' 하는 바보가 정말 많다.

3. **질문)** 어린 나이에 너무 쾌락만 추구하는 게 건전한 사고는 아니지 않냐는 비판도 있다.

» **답변**: 각자의 생각이 다른 거니까. 내 입장에선 나쁘다고 보지 않는다. 다른 사람이 '난 그게 나쁘다고 생각해서 안 해' 하는 건 자유지만, '나쁘니까 너도 하지마' 하고 강요하는 건 문제라고 본다.

4. **질문**) 남자들이 콘돔 사용을 싫어하나.

» **답변**: 난 '노 콘돔, 노 섹스'다. 종종 '콘돔을 끼면 발기가 안 된다'는 둥 '느낌이 안 온다'는 둥 이유 같지 않은 이유로 거부하는 남자들이 있다. 정말 이기적인 생각이다. 콘돔은 책임감 이전에 기본 매너다. 콘돔을 꼈을 때 정말 발기가 안 된다면 그건 진짜 병이다. 내가 정색을 하고 '그럼 섹스하지 마. 그리고 그거 병이니까 병원에 가봐' 하면 다들 낀다. '내 것은 성병도 없고 깨끗하다'고 우기는 남자도 있다. 그럼 당장 병원에 가서 진단서 끊어 오라고 한다. 성병이 눈으로 보이는 건가. 남자들, 정말 몰라도 너무 모른다. … 제일 황당한 건 한번 섹스를 하고 나면 내가 자기 소유인 양 여기는 경우다. 한 번 같이 잤다고 여자가 남자의 소유물이 된다? 주변에 그런 얘기를 하면 '남자라서 그래'라는데, 짜증난다 정말."

5. **질문**) 결혼하면 배우자와만 섹스를 해야 한다?

» **답변**: "그게 기본 아닌가. 서로 외도하는 걸 허용하기로 합의하면 모르겠지만, 적어도 상대를 배신하면 안 된다고 본다. … 자궁경부암은 여성만 걸리는 질병이다. 하지만 이 병을 옮기는 슈퍼 전파자는 남자다. 남자가 섹스를 하면서 여성을 전염시킨다. 따라서 여성뿐 아니라 남성도

함께 자궁경부암 예방주사를 맞아야 한다. 호주에선 얼마 전부터 남자들도 필수 접종을 하고 있다. 우리는 자궁경부암 예방접종을 여자들에게만 권한다. 이걸 맞는 남성은 극히 드물다. 김풍 씨 트위터를 보고 감명을 받았다. 이런 남자들이 늘어야 한다. 사실 청소년 성문제보다는 자궁경부암 퇴치 운동, 콘돔 사용하기 운동에 더 관심이 있다."

섹스로봇, 애인까지 대처할까[16]

배정원
행복한성문화센터 대표

"섹스로봇의 상용화가 급물살을 타고 있다. 성격이나 외모까지 선택할 수 있는 섹스로봇으로 인해 질투심이 발동하게 될 날이 조만간 올지도 모르겠다. 지난 2010년 미국의 성인엔터테인먼트 엑스포에 등장한 섹스로봇의 상용화 선언은 대단한 관심을 모으며 주요 포털사이트의 상단을 장식했다. 이름이 록시(Roxxxy)인 여자 섹스로봇은 인공지능(AI) 전문가인 더글러스 하인스가 개발한 것으로 '섹스가 필요하거나, 파트너를 잃은 사람들'을 위해 만들어졌다고 한다.

록시의 구매자들은 머리 색깔, 눈동자 색깔, 피부색 등 원하는 외모를 10가지 유형에서 선택할 수 있고, 심지어 성격도 '사교적이고 대담한', '소심하고 부끄러움을 잘 타는', '어리고 상처입기 쉬운', '어머니와 같은

16. 한국경제매거진 2016년 9월 5일.

배려심을 가진', '성적으로 대담한' 등 5가지 유형에서 고를 수 있다. 록시는 현재 1100만 원 정도면 구입할 수 있는데, 이미 수천 개가 예약이 돼서 박스에 포장된 그녀를 만나려면 한참 기다려야 할 것 같다. 록시를 만들어 판매하는 트루컴패니언사는 곧 여자 및 게이 구매자를 만족시킬 남자 로봇인 록키(Rocky) 또한 시판할 계획이라고 하니 드디어 남녀를 불문하고 사람의 가장 중요한 속성이라고 하는 사랑의 영역까지 로봇이 차지할지도 모르는 일이다.

　이 로봇, 특히 록시는 잠자리에서 간단한 대화도 가능하고, 오르가슴도 느낄 뿐 아니라 체내도 따뜻해지고, 쿵쿵 뛰는 심장도 가지고 있으며, 졸려 하기도 하고, 심지어 잠꼬대를 하거나 코를 골기도 한다. 아직은 팔다리 관절이 자유자재로 구부려지지 않는 단점이 있고 혼자 서 있지도 못하지만, 이미 관절이 잘 구부려지는 리얼돌을 만드는 일본의 섹스인형 회사가 섹스로봇 시장에 뛰어들었다고 하니 선택의 폭이 넓어지는 것은 이제 시간문제다. 이미 로봇은 단순 노동의 영역뿐 아니라 복잡한 의료 수술, 사람들의 감정을 읽고 대화 상대로까지 그 존재 영역을 넓히고 있으며 과학자들은 경쟁적으로 인공지능을 로봇에 적용시키고 있다.

　많은 미래학자들이 차마 대놓고 말은 하지 않지만, 로봇이 만들어지고 개발돼 일상생활로 들어오기 시작한 시점은 얼마 되지 않았어도 아마도 앞으로 가장 급속히 발달할 시장(돈이 몰릴)은 바로 섹스로봇 시장일 것이라 예측한다. 왜냐하면 섹스란 인간의 가장 기본적인 욕구라 할 식욕과 맞설 수 있는 유일하고 강력한 욕구이기 때문이다. 섹스로봇은 단순히 몸으로 하는 섹스에서 더 나아가 '사랑'의 영역을 차지할 것이 분명하다. 얼마 전

개봉돼 관심을 모았던 〈허(Her)〉라는 영화에서 우리는 인공지능 운영체제인 '사만다'와 사랑에 빠지는 남자를 똑똑히 보았고, 그의 감정 변화에 강하게 공감하지 않았나?

사랑에는 무엇보다 공감이 필요한데, 학습이 가능한 데다 인간의 감정을 읽을 수 있는 인공지능 로봇은 분명히 우리에게 공감을 선사해줄 것이다. 비난하지 않고 평가도 하지 않을 뿐 아니라 위로해주고, 게다가 유머러스한 농담으로 우리를 웃겨주기까지 한다면? 영화 〈에이아이(AI)〉 속의 섹스로봇인 '지골로 조'는 "로봇 애인을 경험하면 다시는 인간 남자친구를 만들고 싶지 않을 거야."라고 단언한다. 아마 그럴 것이다. 내 말 뜻을 못 알아듣고, 일방적인 데다 유머도 없고, 섹스도 자기 위주로 일방적으로 하고, 애무도 하지 않는 파트너보다 섹스를 위해 고안된 데다가 내 이상형의 얼굴과 몸매를 가진 다정한 그는, 그가 섹스로봇이라는 정체성도 잊게 해줄 것이기 때문이다. 또 때로 파트너와의 의무방어전이 지겨웠던 이들에게 자신의 시간이나 몸의 상황에 맞추어 사용할 수 있는 섹스로봇은 아주 유용한 파트너 대체자가 될 것이 자명하다.

04 | 더 읽어볼 참고 문헌

■ 알랭 드 보통, 공경희 옮김, 『우리는 사랑일까』, 은행나무, 2011.

 이 소설은 연애를 하면서 겪게 되는 소소한 심리적 갈등과 연애관을 기후, 건축, 쇼핑, 종교 등 로맨스와는 관계가 없는 듯한 주제들로 분석하고 정의한다. 사랑이 성숙되어가는 과정을 통해 낭만적 연애의 실체와 허상을 밝히고 깊은 철학적 사유의 즐거움을 선사하고 있다. 말랑말랑한 사랑 이야기 곳곳에서는 철학자들과 문학가들의 사상, 앤디 워홀의 예술적 의미 등이 어떻게 녹아 있는지 엿볼 수 있다. 또한 그림과 표 등 시각적인 도식들을 자유롭게 활용하여 복잡한 로맨스를 보다 쉽게 설명하였다.

■ 장쉰, 김윤진 옮김, 『사랑하는데 나는 왜 고독할까』, 이야기가있는집, 2018

 고독은 삶을 끌어가는 에너지원이자, 삶을 원만하게 만드는 출발점이다. 자신과 홀로 대면해본 경험이 없는 사람은 타인과 함께 살아가는 방법을 결코 이해할 수 없다. 누구나 자신은 고독하다 말한다. 그러나 자신의 내부로 침잠하게 만드는 고독의 실체와 그 원인을 아는 사람은 얼마나 되는가? 누구나 고독에서 벗어나려고 노력할 뿐, 고독을 음미하고 그 안에서 드러나는 자신의 맨 얼굴과 마주하려 하지 않는다. 이 책은 당신 안의 고독이 결코 피해야 할 어둠이나 그림자가 아니라 당신의 또 다른 모습이라 이야기한다. 어떻게 고독을 완성하고, 어떻게 고독해지고, 어떻게 고독을 존중할 것인가?

■ 미셸 푸코, 고광식 옮김, 『성의 역사』, 다락원, 2009.

성 자체보다는 어떻게 성이 앎의 대상이 되었는지를 드러낸 『성의 역사』. 총 3권-제1권 앎에의 의지, 제2권 쾌락의 활용, 제3권 자기배려-으로 구성되어 있으며, 제1권은 전체의 서론 구실을 한다. 푸코는 성의 개념이 고정된 무엇을 나타내지 않고, 수많은 의미, 수많은 방식, 수많은 목적을 가지고 어떤 종류의 권력을 배분하는 도구로 사용되어 왔다고 보고, 특히 성에 대한 담론의 확산을 사회적 통제의 수단으로 간주한다.

■ 데이비드 버스, 전중환 옮김, 『욕망의 진화』, 사이언스북스, 2013.

『욕망의 진화』는 남녀의 사랑, 연애, 섹스, 결혼의 실체를 밝히기 위해 먼 과거에서부터 현재에 이르기까지 수백만 년에 걸친 인간 진화의 역사를 파헤치고, 우리 마음 속 깊은 곳에 숨겨진 인간 본연의 성적 욕망을 드러낸다. 50명의 공동 연구자들과 함께 6개 대륙과 5개 섬의 1만 47명의 남녀를 대상으로 설문 조사를 실시하였다. 이를 바탕으로 인간의 짝짓기와 연애, 섹스, 그리고 사랑이 근본적으로 전략의 일환이라고 주장한다. 바람직한 배우자를 두고 벌이는 치열한 짝짓기 전쟁에서 경쟁자를 제치고 성공적으로 짝짓기하는 데 따르는 여러 특정한 적응적 문제들을 해결할 수 있도록 인간의 심리 기제가 설계되었다는 것이다.

■ 조너선 개손 하디, 김승욱 옮김, 『킨제이와 20세기 성연구』, 작가정신, 2010.

성 혁명을 일으킨 장본인 '킨제이' 리포트 『킨제이와 20세기 성연구』. 과학자, 휴머니스트, 사회개혁가, 자유주의자… 앞에 붙는 화려한 수식어만큼 킨제이가 이룩해 낸 '성'에 대한 업적은 화려하다. 저자인 조너선 개손 하디는 20세기 성과학에 있어 다윈에 비견할 만한 혁명적인 변화를 일으킨 킨제이의 삶과 연구과정을 연대별로 세세히 살펴보고 분석한다. 객관적이고 냉철한 관찰을 중시했던 킨제이가 이룩해 낸 '성'에 대한 연구와 함께 지난 세기 '성'이 걸어온 길과 더욱 진화해 나갈 미래의 패턴을 분석한다.

■ J.M. 라이니쉬 외, 이영식 옮김, 『킨제이 보고서』, 하서, 2005.

알프레드 킨제이 박사가 내놓은 『인간에 있어서 남성의 성적 활동』, 『인간에 있어서 여성의 성적 활동』과는 다른 책이며, 그의 연구소에서 내놓은 학회 보고서이다. 성행위 자체를 이야기하는 것이 더 이상 부끄럽지 않은 시대임에도 불구하고, 제대로 된 성생활을 하지 못하는 세대를 위한 필독서이다. 알프레드 킨제이 박사가 책을 내기까지 수많은 인터뷰를 통계화시킨 것처럼, 이 책 또한 수많은 사람들의 통계를 통해 성에 대한 기본적인 의문점들을 문답(Q&A) 형식으로 소개한다. 또, 파트너와의 성생활 문제점, 성기능 문제점, 성과 노화를 비롯해 AIDS를 비롯한 다양한 성감염증을 알려준다.

▌ 틱닉한, 신소영 옮김, 『섹스 그리고 사랑』, 영림카디널, 2014.

『섹스 그리고 사랑』은 틱닛한 스님이 진정한 사랑의 의미란 무엇인지 전하는 책이다. 이 책에서 스님은 점점 진실한 사랑을 잃어가는 현대인들에게 마음챙김과 집중, 지혜를 통해 자기 자신에 대한 이해와 사랑을 바탕으로 연인, 가족, 다른 사람들과 올바른 관계 맺기를 할 수 있는 방법을 소개한다.

▌ 앤서니 기든스, 배은경·황정미 옮김, 『현대사회의 성 사랑 에로티시즘』, 새물결, 2001.

이 책의 미덕은 얼핏 한줄기 유행을 휘몰아치고 있는 듯 보일 수도 있는 섹슈얼리티 문제를 땅으로 끌어내려 우리 자신을 되돌아보게 만드는 계기로 삼는다는 데 있다. 섹슈얼리티를 삶의 역사와 현재의 지형도 속에 자리매김함으로써 우리로 하여금 구체적 성찰로 나아갈 수 있게 길을 열어준다.

▌ 조르주 바타이유, 조한경 옮김, 『에로티즘의 역사』, 민음사, 1998.

바타이유는, 특히 『에로티즘 역사』에서, 문화와 문학에 스며있는 위반의 역사적 뿌리를 캐내는 일에 몰두한다. 결론은, 인간의 역사는 금기와 위반의 역사이며, 금기와 위반은 인간을 만들어 왔다는 것이다. 바타이유는 금기와 위반으로서의 에로티즘에 천착하고 있다. 인간을 만들어 온 것은 바로 금기와 위반으로서의 에로티즘이었다. 그에게 금기의 위반은 위반을 위한 위반이다.

금기를 위반하고자 하는 욕망은 그야말로 욕망의 욕망, 즉 허구인 것이다. 그러나 그 허구를 통해 인간은 인간일 수 있었던 것이다. 이러한 역설을 이해하지 않고는 인간을 제대로 알 수 없다.

05 | 논리적 오류: 허수아비(straw man) 오류

상대방의 주장을 자신의 공격에 유리하도록 왜곡한 다음, 그것을 논파했다는 결론으로 나아갈 때 범하는 오류다. 허수아비 오류는 현재 다루고 있는 주제에 대한 면밀한 이해를 갖고 있지 않을 때에는 과연 그것이 그 주제의 어떤 부분을 실제로 왜곡하고 있는지를 식별하기가 쉽지 않기 때문에 전문적인 논의에서도 의도적인 것이든 의도적인 것이 아니든 종종 발견된다.

▶ 일부 몰지각한 젊은이들이 동성동본금혼법을 폐지하자고 나서는 모양입니다. 이것은 근친상간을 지지하는 짓입니다. 잘 알다시피 근친상간은 우생학적으로도 문제가 있을 뿐만 아니라 이게 어디 동방예의지국인 한국에 있을 법이나 한 일입니까? 그것은 우리가 천륜을 저버리고 짐승이 되자는 이야기이지요. 길가는 사람 다 붙들고 물어보세요. 지각 있는 사람이라면 누가 그런 말도 안 되는 부도덕한 주장에 찬성하겠습니까?
(「허수아비」, 「인간에의 논증」, 「군중에의 호소」, 「복합 질문」)

▶ 김 교수는 공립학교에서 기도하는 것에 대해 반대합니다. 김 교수는

분명히 무신론을 지지하는 것입니다. 무신론은 공산주의 상회에서 흔히 볼 수 있는 것인데, 그것은 모든 종교를 억압하고 절대 권력을 갖는 국가가 신을 대신하는 결과를 낳게 됩니다.

▶ 일부에서는 현실적으로 동성동본간의 사실혼이 10만여 쌍이나 된다고 해서 이를 허용하자고 주장하는 모양입니다만 그것은 살인죄나 성범죄가 늘어난다고 해서 그것을 허용하자는 주장과 다를 바 없습니다. 어떻게 우리가 그런 주장을 받아들일 수 있겠습니까?

Bertrand Russell

(1872-1970)

7장

결혼과 가족 :
결혼은 꼭 해야 하는가?

결혼과 가족 :
결혼은 꼭 해야 하는가?

01 | 여는 글

지난 2000년간 동아시아 사회의 근간이 되었던 가족은 오늘날 급격히 해체되어 가고 있다. 우리나라의 이혼율을 살펴볼 때 4년 미만의 부부가 이혼하는 경우는 40%에 육박하고 있다. 결혼하는 10쌍의 부부 중 3-4쌍이 이혼한다는 것이다. 뿐만 아니라 최근 들어 황혼 이혼율 또한 증가하고 있는 추세이다. 이혼율 증가에 의해 한국 사회의 구심점을 이루었던 가족이라는 소규모의 사회는 급격히 와해되고 있다. 이러한 이혼 문제는 단순히 가족의 해체를 넘어 자녀의 교육 문제에 이르기까지 심각한 문제를 일으키고 있다. 게다가 20-30대는 불황으로 인해 취업난을 겪고 있으며 심한 경우 'N포 세대'라고 하여 사랑과 결혼을 포함하여 모든 것을 포기하기에 이르고 있다. 결혼에 대한 포기와 이혼율 증가는 출산율 저하라는 결과를 초래하고 있다. 이러한 시대적 상황을 살펴볼 때 결혼과 가족에 대한 문제를 다시 재고해 보는 것은 중요한 문제가 아닐 수 없다.

인간이란 타인과 함께 살아가는 사회적 존재이다. 사회는 재산을 소유한 개별 인간과 이들의 상호작용 및 질서와 제도의 복합체를 뜻한다. 인간사회는 수많은 개인들로 구성되어 있다. 인간이 존재하기 위해서는 사회가 반드시 필요하며 사회가 존속되기 위해서는 반드시 개개의 구성원들을 필요로 한다. 개인과 사회는 각기 상호 영향을 주고받는 관계라고 할 수 있다.

인간 사회와 그 개별 구성원들의 중간에 위치한 매개적 체계가 가족이다. 가족은 사회체계의 특성을 갖고 있으면서도 그 목표, 기능, 정서적 친밀감 등에 있어서 다른 체계와 구별되는 최소 단위의 체계이다. 가족은 개별 구성원들에 의한 개인적 측면과 가족이 속해 있는 사회와 문화에 의한 사회적 측면을 동시에 지니고 있다. 인간은 가족 안에서 태어나 가족과 함께 생활하면서 사회적 상호작용을 하게 되고, 동시에 그 모든 성원의 개인적 안정에 기초가 된다.

개인과 가족, 그리고 사회와의 관계가 매우 밀접하게 서로 영향을 주고받는다는 현대사회 관심을 기울여야 하며, 그러한 구조 속에서 우리는 가족의 위치, 가족의 역할 등을 생각해 보아야 할 것이다. 즉, 현대사회는 가족이 스스로의 힘으로는 해결할 수 없는 많은 문제들을 안고 있다. 예를 들어, 취업여성의 자녀 양육 문제, 빈곤의 악순환, 이혼율의 증가로 인한 가족 불안정성의 문제 등은 개별 가족의 힘으로는 해결이 불가능한 문제들이다. 뿐만 아니라 경제적 불안정과 실업률의 증가로 인한 기혼여성의 취업률의 증가와 자녀수 감소, 그리고 비혼주의의 확산은 가족의 의미에 큰 변화를 가져오고 있다. 인간과 가족, 가족과 사회의 관계 속에서 결혼과 가족의 문제들에 대해 살펴 보도록 하자.

일반적으로 모든 남자와 여자는 일정한 연령에 이르게 되면 결혼이
라는 의식을 통해 부부가 되며 사회의 가장 기본적인 단위인 가정을 이루게
된다. 이와 같이 가장 보편적인 결혼이라는 의식은 사회의 가장 중요한
제도이다. 인간이 성적욕구를 사회적으로 용인된 방식 속에서 지속적으로
충족시키기 위해 고안한 것이 결혼이다. 이러한 점에서 결혼은 자연적인
귀결이라고 할 수 있다. 하지만 결혼이란 사랑하는 남녀가 성적인 욕구를
합법적으로 만족시키기 위해 결정하는 것 이상의 의미를 지니고 있다.

결혼이 단순히 남녀 간의 성적 욕구의 충족 수단이라고 본다면 혼전
성관계에서 볼 수 있듯이 성욕을 충족시킬 수 있는 수단은 얼마든지 존재할
수 있다. 결혼이 사회의 존속과 발전을 위해 가장 중요한 단위라는 점이다.
결혼은 두 인격체가 태어나서 결혼 전까지 양육 받은 가정, 부모로부터
떨어져 나와 새로운 한 인격체로서 가정을 이룬다. 즉, 성인 남자, 성인 여자는
부모로부터 독립하여 정서적, 심리적, 사회적으로 연합된 새로운 가족을
창출하는 것이다.

인간이 가정(가족)을 이루는 과정은 크게 두 가지로 나눌 수 있다. 그 하나는
한 가정의 자녀로 태어나 그 가족의 구성원이 되어 가족을 이루는 경우인데,
이를 본래적 가족이라고 부른다. 다른 하나는 성년이 되어 결혼을 하고
부부가 자녀를 두어 가정을 이루는 것으로, 이를 획득적 가족이라고 부른다.

본래적 가족의 구성원이 된 경우에 인간은 부모의 양육방식과 가정환경에
따라 방식을 수동적으로 발전시키게 되며, 획득적인 가족의 구성원일 때는

본인과 배우자의 협력적인 노력을 통해서 가정생활을 능동적으로 유지 발전시키는 것이다.

획득적인 가정을 구성하는 수단으로써 결혼은 부부에게 상당한 권리와 동시에 책임을 요구하게 된다. 부부가 되기 전에는 각자가 독신으로서의 정체성을 갖고 있었지만 이제는 한 쌍의 부부로서 새로운 정체성을 가진 후 적응하는 게 필요하다. 특히 결혼 초기는 서로 성장배경이 다른 두 남녀가 만나서 한 가족을 형성하는 과정이므로, 조정과 협력이 가장 요구되는 시기이기 때문에 배우자 간의 호혜성이 얼마나 잘 유지되고 불균형을 얼마나 잘 해결하느냐에 의해 결혼의 성공 여부가 좌우된다. 상호 간의 호혜성이 잘 유지되지 못한 결혼 생활은 부부 당사자는 물론 자녀를 포함한 가족구성원 전체의 불행이며 사회적 문제를 일으킨다. 이혼율 증가로 인한 가족해체는 개인적 차원을 넘어 사회해체라는 사회적 현상을 낳게 된다. 결혼은 사회에 대한 막중한 책임을 지는 것이기 때문에 온전한 결혼생활을 위해서 부부가 많은 공동의 노력을 기울여야 한다.

▌가족이란 무엇인가

가족은 결혼에 의해 형성된다. 보통 부부와 그들의 결혼에 의해 출생한 자녀로 구성되지만 다른 근친자가 포함될 수도 있다. 가족 구성원은 법적 유대, 경제적·종교적 그리고 그 외 다른 권리와 의무, 성적 권리와 금기, 애정, 존경 등 다양한 심리적 감정으로 결합되어 있다. 가족은 사회의 집단으로서 네 가지 특성을 지니고 있다.

첫째, 가족은 일차적 집단이다. 인간 간의 접촉 방식에 따라 사회집단은 일차적 집단과 이차적 집단으로 구분된다. 인간이 출생과 동시에 참여하는 집단은 일차적 집단이다. 가족은 일차적 집단으로서 구성원 상호간의 관계가 직접적이고 친밀하며, 그 관계가 영속적으로 지속된다. 또한 구성원들은 하나의 공통된 전체 안에 융합되어 의식을 공유하며 강한 일체감을 유지한다. 반면 이차적 집단은 간접적 거리를 가지고 접촉하는 관계를 맺는 것으로써 조직, 국가, 사회가 이에 속한다.

둘째, 가족은 공동사회집단이다. 가족은 구성원 상호간의 애정과 이해가 결합되어 외부의 장애에 의해 결코 분리되지 않는 본질적 결합관계를 지니는 공동사회집단이다. 반면 이익사회는 어떤 결합에도 불구하고 본질적으로 분리되어 있는 사회를 말하며, 특정 이익이나 목적을 달성하기 위한 수단을 사용, 타산적으로 대등하게 주고받는 이해관계가 성립된 집단이다. 정당, 사회, 조합과 같은 집단이 이에 속한다.

셋째, 가족은 폐쇄집단이다. 폐쇄집단이란 구성원이 되기 위한 자격의 획득이나 포기가 용이하지 않은 집단을 의미한다. 반면, 개방집단이란 집단의 소속성이 자유롭고, 원하는 대로 그 집단원의 자격을 획득, 포기할 수 있는 집단을 의미한다. 가족은 가족구성원이 되기 위한 자격의 획득이나 포기가 요이하지 않다. 즉, 가족의 일원이 되기 위해서는 근친자이어야 하고 혈연으로 맺어진 가족관계여야 한다.

넷째, 가족은 형식적 집단이나 관계는 비형식적이다. 형식적 집단이란 객관적 조직과 특정한 관습적 절차 체계를 지니며 이것에 의해 행동이 통제되는 집단을 말한다. 가족은 결혼이라는 법적 절차에 의해 부부관계를 성립하므로 이런 면에서는 형식적이고 제도적인 집단이며, 도덕, 법규, 등

외부적 규범과 문화의 규제를 엄격히 받는 집단이다. 그러나 가족원 상호간의 관계는 자유스럽고 솔직하고 형식에 얽매이지 않으며, 인간적 감정으로 연결되어 있는 비형식적이고 자유로운 관계로 이루어져 있다.

우리는 결혼과 가족에 대한 일반적 정의를 통해 결혼을 해야 하는지 말아야 하는지, 결혼을 한다면 어떻게 해야 행복한 결혼 생활을 유지할 수 있을지에 대해 고민해야 할 것이다. 이러한 고민을 통해 우리는 행복한 결혼 생활을 하여 화목한 가족을 이룰 수 있을 것이다.

02 | 고전 속에서 생각하기

■ 『결혼과 도덕』 저자 소개:
버트란트 러셀(Bertrand Russell, 1872~1970)

(버트란트 러셀)

영국의 철학자·논리학자. 케임브리지 대학에서 공부하고, 1910년부터 같은 대학 강사를 엮임 하였다. 1916년에 평화운동에 관여했다는 이유로 그 자리에서 쫓겨났는데, 1944년에 펠로로서 모교에 돌아왔다. 1950년에 노벨 문학상을 수상. 평화운동가로서도 유명하다.

러셀은 집합론의 역리의 해결을 목표로 하여 화이트헤드(Whitehead, A. N.)와 함께 『수학의 원리(Principia mathematica)』를 저술하였다. 이것은 프레게(G. Frege)와 페아노(G. Peano)에 비롯되는 기호논리학의 연구의 정점의 하나를 이루는 것이다. 이 저서에서, 그는 수학을 논리학에서 이끌어 내어, 그에 의하여 수학의 기초를 부여하고자 하였다. 이 입장을 논리주의라 한다. 또, 논리학 연구에서 쓴 분석적 방법에 입각한 그ㅁ의 철학은, 그 후의 논리실증주의와 분석철학에 큰 영향을 끼쳤다.

■ 결혼이란 무엇인가

현대철학의 거장 러셀이 1929년에 사랑과 결혼을 화두로 출간한 책이 바로 『**결혼과 도덕**』이다. 이 책은 그의 두 번째 아내와 함께 경영하던 실험학교의 재정난을 타개하기 위해 내놓은 대중서이다.

(결혼과 도덕)

그렇지만 사회학, 심리학, 역사학, 인류학 등이 모두 녹아 들어가 있다. 그는 이 책으로 적지 않은 재정적 이익도 보았으나 성(性) 문제를 다루고 있다는 점에서 그 당시 사회의 보수적 분위기에 엄청난 파문을 불러일으켰다.

러셀이 1940년 뉴욕시립대학의 교수직을 포기해야 하는 수모를 겪어야 할 정도로 당시 사회의 이 책에 대한 관심과 반향은 대단했다. 그 대학을 다니던 한 여학생의 어머니는 러셀의 강의가 자기 딸의 정조를 훼손시킬 위험이 있다는 이유로 학교를 경영하는 뉴욕시를 상대로 소송을 제기하였고, 이에 패소한 시당국은 더 이상 항소하지 않았다. 이 소송에서 원고 측의 변호사는 이 책을 "호색적이고 저속하며, 선정적이고 색광적이며, 최음적이고 편협하며, 위선적이고 도전적"이라고 비판하였다.

그러나 러셀은 "무릇 혁신적인 주장을 하는 사람은 소크라테스처럼 언제나 청년을 타락시킨다는 비난을 받기 마련이다."라고 자신을 변호하기도 하고, 훗날 자신의 자서전에서 "사랑에 대한 열망, 지식에 대한 탐구, 인류의 고통에 대한 참을 수 없는 연민, 이 세 가지가 자신의 삶을 지배해 왔다."고 술회하기도 한다. 적어도 『결혼과 도덕』의 저술 동기만은 순수하며, 이 책이

어린 아이들의 성교육의 문제로부터 시작하고 있다는 사실에서 그 계몽적 의도는 분명히 드러난다.

성에 관한 전통적 인습이 갖는 폐악에 대한 그의 논의는 대략 세 가지로 압축된다. 첫째, 아이들이 가능한 한 성에 관해 무지해야 하며 어떤 정보도 그들에게 노출시키지 말아야 한다는 사회분위기에서 성장하면, 아이들은 성에 관해 호기심을 갖는 것을 부끄럽게 여긴다. 성에 대한 이러한 터부는 아이들의 건강한 호기심을 파괴하고 성에 관한 죄의식과 공포감을 갖게 만들며 심지어는 성인이 된 후의 결혼생활에서 즐거움을 얻지 못하게 된다. 둘째, 성에 관해 거짓말을 하는 부모들은 아이들에게 불신감을 조장하여 아이들과 신뢰감에 기초하는 당당한 인간관계를 맺을 수 없음으로써 교육상 심각한 해를 끼치는 결과를 낳는다. 부모들은 어린아이들의 호기심을 과잉 억제함으로써 그들을 우둔하게 만들기까지 한다. 셋째, 남녀가 서로에게 만족스러운 연인이 되려면 성에 관한 충분한 지식을 가져야 한다. 성에 관한 무지로 말미암아 결혼생활이 부담스럽고 불만족스럽게 되며, 마침내 육체적인 관계뿐만 아니라 정신적인 교제도 어려워진다. 그들은 서로 가장 친밀하고 또 가장 중요한 관심사에 대해 부끄러워하고, 어색해함으로써, 결혼생활의 위기를 초래할 불행한 사태를 맞이하기도 한다.

성교육 다음으로 러셀이 강조하는 것은 결혼의 사회·경제적 근거에 대한 적절한 이해의 필요성이다. 이러한 근거를 도외시한 낭만적인 사랑은 언제 꺼질 줄 모르는 불길에 지나지 않기 때문이다. 낭만적 사랑에 탐닉하다 보면 우리는 충동을 억제하지 않으려는 반발심과 사랑하는 사람을 잃었을 때의 상실감이라는 이중의 고통을 겪게 된다. 그래서 사랑과 결혼이 항상 함께 해야 한다고 생각하는 사람은 불안한 나날을 보낼 수밖에 없다. 따라서 결혼과 사랑은 서로 분리되어야 하며, 결혼은 근본적으로 자식의 출산과 양육을 위한 제도에 지나지 않을 뿐임을 명심해야 한다.

자식이 없는 가운데 배우자들이 남편과 아내의 관계를 유지할 것인가는 오로지 그들만이 결정할 사항이다. 그러나 자식이 있을 때에는 자식의 권리가 부모들의 권리에 우선해야 한다. 자식이 없는 결혼 생활은 서로를 즐겁게 하기 위해 존속될 뿐이며, 서로에게 부담이 되거나 만족감을 줄 수 없는 결혼 생활이라면 언제든지 이혼할 수 있는 자유가 주어진다. 그렇다고 러셀이 결혼과 관련하여 당사자들이 해야 할 일과 해서는 안 될 일까지를 구체적으로 열거하지는 않는다. 예를 들면 이혼할 때 드는 비용에 관해 전혀 언급하지 않는다.

러셀의 이러한 파격적 사상은 기본적으로 '자유와 사랑'을 저울질해야 하는 딜레마를 극명하게 보여준다. 행복한 결혼 생활은 부부가 서로간의 사생활을 존중하고 간섭하지 않을 때에만 가능하다. 그들이 자식을 양육하기 위해 결혼생활을 유지하고 있는 것이라면 관용과 자제력을 갖고서 배우자의 부정한 행위까지도 눈감아 줄 수 있어야 한다. 아니 그 이상으로 배우자가 부정한 행위로 낳은 아이까지 양육할 수 있어야 한다. 이렇게 하여 자유와 사랑은 더 이상 양립하기 불가능한 것이 아니다. 그러나 러셀의 이러한 요구에 과연 얼마나 많은 사람들이 부응할 수 있을까.

러셀의 이러한 사상은 마침내 린제이(Ben Lindsey) 판사가 말하는 **우애결혼**(companionate marriage)[17] 제도를 제안한다. 학문에 전념해야 할 시기에 성(性)문제로 시간을 허비하는 것은 바람직하지 못하다. 그런

☑ 17. 우애결혼이란 남녀가 서로의 우애를 기초로 하여, 피임과 이혼의 자유를 인정하면서 시험적으로 함께 사는 결혼을 말한다.

점에서 결혼을 한 학생들이 결혼을 안 한 학생들에 비해 더 좋은 학업결과를 얻을 수 있고 더 행복해질 수 있다. 여기서 러셀은 이혼이 쉽게 이루어질 수 있고 또 간통이 불법이 되지 않는 법적인 장치가 필요하다고 주장한다. 물론 자식이 있는 부모가 자식들에게 부모로서의 본분을 다하지 않는 것은 여론의 비난을 받아야 마땅한 일이다.

러셀의 이러한 견해는 1929년 당시와 마찬가지로 오늘날에도 여전히 주목할 만한 점이 있다. 피임법의 개발과 경제적으로 자립한 여성의 증대는 그의 제안이 가능할 수도 있다는 희망을 품게 한다. 그러나 그가 우려했던 상황이 생길 수도 있다. 그것은 자식 부양의 책임을 팽개치고 낭만적인 사랑을 찾아 가정을 떠나는 상황이다. 자식의 권리를 우선적으로 존중해야 하고 또 자식에 대한 책임을 져야함에도 불구하고 이혼을 감행할 수밖에 없는 사례가 허다한 것이 현실이다. 뿐만 아니라 귀족으로서 또 잘 나가던 철학자로서 러셀은 자식의 부양을 하녀에게 맡길 수 있었다지만 오늘날의 대부분의 아버지들은 자식의 부양을 직접 하지 않으면 안 된다. 오래된 관습이 허물어지면서 오늘날의 아버지들은 얻는 것보다 잃는 것이 더 많은 현실을 살고 있다.

그럼에도 불구하고 러셀이 지속적으로 이 책에서 보여주려는 것은 사랑만이 중요한 것이 아니며 또 그것에 대한 요구도 절대적인 것도 아니라는 점이다. 우리는 다른 무엇 때문에 사랑을 희생시켜야만 하는 경우가 허다하기 때문이다. 그렇지만 지적으로나 정서적으로나 성적으로 서로 동지의식을 느끼는 사람과의 친애의 감정은 더할 나위 없이 바람직하다. 그런 점에서 러셀은 철저한 개인주의자이면서 동시에 개인들 사이의 단단한 단절의 벽을 허물려고 했던 사람이기도 하다. 그는 어릴 때부터 고독하게 지내왔고 그래서 즐거움을 추구하는 어떤 활동이든지 그 근저에는 쓰라린 고독이 깔려있음을 자주 지적하곤 했다. 그런 그가 결혼은 고독을 물리치기 위해서 하는 것이지 행복해지기 위해서 하는 것이 아니라는 생각에 이르게 되는 것은 지극히 당연한 것으로 보인다.

■ 『가족, 사유재산, 국가의 기원』 저자 소개:
   프리드리히 엥겔스(Friedrich Engels, 1820~1895)

엥겔스는 독일 라인란트의 바르멘시(오늘의 부퍼탈)에서 방직 공장주의 집에서 태어났다. 아들을 자신 같은 자본가로 키우려는 아버지의 뜻에 의하여 엥겔스는 김나지움을 중퇴하고 브레멘 상사에서 일했다.

(가족, 사유재산, 국가의 기원)

이 시기에 그는 노동자들이 자본가들의 착취와 법과 결탁한 계급투쟁 탄압으로 고통받는 현실을 보고, '도이칠란트 통신'에 지배 계급을 비판하는 수많은 글을 내었다.

1841년에 엥겔스는 베를린에서 지원병으로 포병 연대에 들어갔으며, 베를린 대학에서 철학 강의를 청강하며 헤겔리안 좌파가 되었다. 군 복무를 끝마친 그는 영국의 맨체스터로 건너가 영국 노동 계급의 비참한 삶을 깊이 연구하였고, 차티스트 운동 관련자들과 연계를 맺었으며, 영국의 출판물들에 글을 쓰기 시작하였다. 엥겔스의 이러한 현실 비평은 마르크스가 이상적 사회주의를 비롯한, 현실에 맞지 않는 사회주의 조류들을 극복하고 과학적 사회주의라는 고유의 사상을 형성하는 데 큰 도움이 된다.

1844년, 마르크스와 만난 그는 그 뒤로 마르크스의 열성적인 동지이자 후원자가 된다. 마르크스와 함께 의인동맹에 가입한 후 의인동맹을 공산주의자 동맹으로 바꾸고 저 유명한 공산당 선언을 함께 작성하였다. 마르크스 사후에도 그가 미처 다 쓰지 못한 자본론의 2권과 3권의 원고를 정리하여 출판하고 제2인터내셔널을 설립해 국제공산주의 운동에도 힘썼다. 말년의 주요정당으로 등극한 독일 사회민주당을 적극적으로 후원하였다. 1895년 8월 5일 식도암으로 세상을 마쳤으며, 그의 유해는 화장되어 그의 유지(遺志)에 따라 해저에 가라앉혀졌다. 저서로는 자연변증법 등이 있다.

■ 가족의 기원은 무엇인가

이 책은 마르크스주의의 기초 저작으로 인류 역사의 최초의 발전단계에 대한 과학적 분석서이다. 엥겔스는 가족, 사유재산, 국가의 기원에 대해 고대사회에 관한 여러 가지 새로운 자료들, 특히 **헨리 모건**(Henry Morgan)의 『**고대사회**』를 바탕으로 예리하게 고찰하고 있다. 그는 원시공동체 사회의 붕괴 과정과 착취에 기초한 계급사회의 출현을

> 헨리 모건은 미국의 문화 인류학자이자 고대사회 역사학자이다. 그는 1877년 『고대사회』를 저술하여 엥겔스에게 영향을 준다. 이 책은 결혼 제도의 변천을 처음으로 과학적으로 정리한 것이다.

설명하고, 계급사회의 일반적 특징을 제시하며, 다양한 사회-경제적 구성체에 따른 가족관계의 발전이 지니고 있는 특징을 밝히고 있다. 그리고 생산에 따른 경제적 진보가 결혼과 가족의 형태, 그리고 국가의 발전에 어떤 영향을 끼쳤으며, 어떻게 그것들을 변화시켰는지를 보여주고 있다.

엥겔스에 따르면, 가족은 인류의 발전 단계에 따라 진화하였고, 사유재산과 국가는 경제발전의 일정 단계에서 나타났으며, 특정 계급이 장악하고 있는 국가는 항상 특정 계급의 이익을 옹호하기 위한 '억압장치'에 불과하다고 한다.

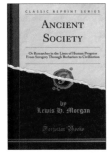

(핸리모건 고대사회)

엥겔스는 이 책에서 원시공산주의 사회가 어떻게 생성되는지, 그 사회가 어떻게 인류 역사의 오랜 시기를 걸쳐 결정되는지, 최초의 계급 없는 사회가 어떻게 그 안에서 생긴 모순들에 의해 붕괴되는지, 그리고 원시공산주의 사회가 어떻게 사유재산의 힘에 의해, 계급과 국가의 형성을 통해 제거되는지를 밝히고 있다. 특히 가족의 발전을 직접적인 생활수단의 생산과 재생산이라는 관점에서

(핸리모건)

살펴보았으며, "사유재산제도가 원시적인 자연 그대로의 공동소유를 붕괴시키면서 생긴 최초의 가족 형태"인 일부일처제의 형성과 발달 과정을 자세하게 다루고 있다. 엥겔스는 가족의 발전 단계를 다음과 같이 말한다.

1단계 : 원시 난혼의 공동체

이 단계는 난혼으로 인해 혈연 중심의 조직이 존재하지 않았으며 사유재산도 없다. 모든 여성과 남성은 서로 평등하였다. 이 공동체에서는 같은 세대의 모든 가족 구성원들이 서로 남편이었고 아내였으며, 형제자매 간에도 결혼이 이루어졌다. 그리고 이러한 형태에서 형제자매 간의 성관계가 배제된 가족인 **'푸날루아 가족**[18]'이 발달하게 되어 '모계제' 사회가 정립되었다. 이때 여성은 경제를 장악하게 되었고, 정착생활로 이어져 가내 경제가 출현하자 여성의 역할은 더욱 증대되었다.

2단계 : 혈연 공동체, 모계 혈연 가족

이 단계는 집단혼에 의한 혈연 가족이 조직된 단계이다. 그러나 가족은 한 집단의 모든 남자가 상대편 집단의 여자의 남편이 되는 형태의 혼인에 의해 이루어졌으며, 혼인도 개인적인 배우자가 정해지는 것이 아니라 단지 집단 간의 혼인 계약만이 있었던 것으로 추정된다. 이와 같은 혈연 가족 상태에서는 조상과 후손, 부모와 자식만이 서로 부부가 될 권리와 의무에서 배제될 뿐 자녀들은 모두 형제자매이면서 동시에 서로 부부가 될 수 있었다.

3단계 : 모계를 중심으로 한 가구 공동체, 동반자 가족과 대우혼 가족

동반자 가족은 2단계의 혈연 공동체로부터 서로 결혼할 수 없는 상대의 범위가 친형제와 자매에까지 확대된 가족 형태로써, 어머니를 중심으로 구성된 가족 형태이다. 성교와 출생 사이의 인과 관계가 불명확한 이유로 인해 어머니가 중심이 되는 것이 자연스럽기 때문이다. 이처럼 가족 형태에 있어서는 어머니가 가족의 중심이 되기는 하지만, 어머니의 남자 형제가 전체의 보호자가 되었기 때문에 엄격한 의미에서 어머니에게 의사 결정의 권한이 부여된 사회라고 보기 어렵다. 그러나 오늘날에 비한다면 여성들이 제한적이나마 권한을 누린 가족 형태라고 할 수 있다.

이 가족 공동체가 발전하게 되면서 서로 결혼할 수 없는 범위가 확대되어

☑ 18. 푸날로아 가족은 가족 형태의 하나로써 친형제자매끼리의 성교를 배제하던 것이 점차 규범으로 되어가면서 마침내 방계형제 자매의 혼인까지도 금지하는 가족형태를 말한다.

갔고, 이에 따라 남자는 많은 아내들 중에 한 명의 아내를 가지며, 아내도 많은 남편 중 한 명의 본 남편을 가지는 혼인 형태가 보편화되었는데, 이것이 대우혼 가족이다.

4단계 : 일부일처제

일부일처제는 인류 문명 시기와 더불어 정착되기 시작한 가족 형태로, 생산 활동의 주도권을 남성이 갖게 되면서 나타났다. 일부일처제의 관계는 사적 관계가 있어 가축과 토지를 개인이 소유할 수 있게 됨으로써 남성은 자신의 재산을 상속할 자식을 필요로 하게 되었고, 따라서 여성의 성을 통제할 필요가 생기게 되어 일부일처제 가족이 출현하게 되었다. 남성 지배에 기반하여 부계 혈통을 중심으로 한 일부일처제는 결혼 유대가 전 단계보다 훨씬 강화되어 쉽게 끊을 수 없게 되었다는 특징을 지니기도 한다. **엥겔스**는 '일부일처제'야말로 척결의 대상이라고 말한다. '남편의 지배와 부인의 종속'으로 설명되는 일부일처제 가족이 폐지되어야만, 비로소 성적(性的) 사랑에 기초한 결혼, 즉 '단혼(單婚)' 가족이 성립할 수 있기 때문이다.

(프리드리히 엥겔스)

지금까지 가족의 기원에 대한 엥겔스의 주장을 살펴보았다. 어쩌면 현대사회는 엥겔스가 주장하였던 '일부일처제 가족의 해체'로 향해가고 있는지도 모른다. 오늘날 여성들은 경제활동 참여가 증가하면서 경제적 자립 능력이 높아지고 있다.

그 결과 여성들은 가족 안에서 남편과의 관계에 있어서 종속적 지배로부터 벗어나고 있으며, 더 나아가 여성들은 결혼이라는 구속 자체로부터도 벗어나 자유로운 자기 자신의 삶을 추구해 가고자 한다. 이러한 시대적 상황 속에서 우리는 결혼을 하고 가족을 이루어야 하는지 아니면 자유로운 자신의 자아실현을 위한 삶을 추구해 가야 하는지 고민해야 할 것이다.

03 | 비판적으로 현실 톺아보기

"결혼은 선택" 비혼·만혼시대…
가족의 재구성[19]

박지수
한겨레신문 기자

지난 10월 31일 저녁 서울 홍은동의 다세대주택 '이웃기웃'에선 '1인가구' 입주민 13명이 모인 반상회가 열렸다. 곧 다가오는 '연말 파티'의 슬로건을 두고 의견을 내는 중이었다. 연말파티 준비 외에도 매달 열리는 반상회에선 소소하지만 생활에 중요한 논의가 많이 이루어진다. 변기를 고정시키는 시멘트를 공동구매한다거나 분리수거를 제대로 하는 방법 등 '생활밀착형' 안건들이 많다.

1인가구의 연말은 쓸쓸할 것이라 흔히 생각하지만, 이곳에선 그런 분위기를 감지하기 어렵다. 서로 얼굴 볼 일이 거의 없는 일반 원룸촌과 달리 서로의 이름과 직업을 속속들이 알고 종종 집으로 초대도 하는 나름 '끈끈한' 관계다. 스무 살 이후 독립했다는 김연희(28·시민단체 상근자)씨는 "저녁에 늦게 들어올 때도 잦은데 주변에 '아는 사람들'이 산다는 게 안심이 된다"고 말했다.

☑ 19. 한겨레신문 2016년 12월 7일.

'이웃끼리 서로 기웃거리며 보살핀다'는 뜻을 지닌 '이웃기웃'은 높은 주거비 부담과 고립감을 덜기 위해 1인가구들이 모여 사는 협동조합형 공공임대주택이다. 서울시가 만 19~35살의 청년층 1인가구의 주거비 부담을 덜기 위해 2013년부터 벌인 사업이다. 임대보증금 2천만원, 월세 13만원 수준이며, 건물 두 동에 30여 가구가 입주해 있다. 이웃기웃의 임경지 이사장은 "더 이상 1인가구가 부모로부터 독립해 결혼하기 전까지의 일시적 상태를 가리키지 않는다. 비혼·만혼이 늘면서 1인가구로 사는 기간이 길어지고 있어, 이런 가구들을 중심으로 한 새로운 형태의 주거 수요가 앞으로도 많아질 수밖에 없다"고 말했다.

비혼·만혼이 늘어나고 저출산이 심화되는 추세는 4인가구 중심의 '전통적 가족'의 모양도 바뀌어가고 있다. 1인가구와 2인가구가 크게 늘어나면서 다양한 주거 공동체와 새로운 가족 형태도 속속 등장하고 있다. 법률혼 부부와 자녀를 중심으로 한 가족만 '정상 가족'으로 여기는 사회적 인식의 개선은 물론이고 법·제도적으로도 다양한 가족에 대한 포용력을 넓혀야 한다는 지적이 나온다.

■ 가족의 재구성: 통계청의 2015년 인구주택총조사를 보면, 1인가구는 27.2%로 전체 가구유형 가운데 가장 큰 비중이었다. 이어 2인가구가 26.1%로 뒤를 이었다. 20년 전인 1995년에 31.7%였던 4인가구는 지난해 18.8%로 쪼그라들었다. 장래가구추계(2010년 총조사 기준)로는 2035년이 되면 1인가구 비중은 34.3%, 2인가구는 34.0%에 이를 전망이다. 특히 전통적 가족의 모습으로 인식돼온 '부부+미혼자녀'의 비중이 점점 줄어들고 있다. 지난해 '부부+미혼자녀' 가족의 비중은 전체 가족구성 형태 중

32.2%였는데 2035년에는 이런 가족 비중이 20.2%로 낮아진다.

1인가구와 2인가구의 증가는 젊은 세대일수록 결혼이 필수에서 선택으로 바뀌어가고 있는데다, 혼인 연령과 초산 연령이 점차 늦어지고 있는 점과 관련이 깊다. 통계청의 '2016년 사회조사' 결과를 보면, 결혼에 대해 '해야 한다'고 생각하는 사람의 비율은 2명 중 1명(51.9%)꼴이었다. 2010년에는 64.7%였다. 대신 결혼을 하지 않고 동거 등 함께 살 수 있다는 인식(48%)은 2010년 이후 계속 증가하고 있다. 또 최근 들어서는 자식이 부모를 모시지 않는 경우가 늘고 있기 때문에 3~4인가구로 살다가도 생애주기가 노인으로 접어들면서 1~2인가구가 되는 경우가 큰 폭으로 늘고 있다.

직장인 윤아무개(32)씨는 스무 살부터 10년 이상 '나홀로 가구'로 살다보니, 혼자 사는 게 익숙하고 편해졌다고 했다. 그는 "결혼 생각도 해봤지만, 경제적 부담뿐만 아니라 개인 생활을 지나치게 침해받거나 상대방의 가족까지 견뎌내야 하는 전통적인 결혼 방식에 회의감이 컸다."며 "비혼주의는 아니지만 결혼이 아니더라도 동거와 같은 방식으로도 충분히 살 수 있을 것 같다."고 말했다. 윤씨는 주변에 결혼식과 혼인신고, 거주 방식 등을 선택적으로 한 뒤 함께 지내는 사람들을 보며 "다양한 삶이 있다는 걸 알게 됐다."고 말했다.

인천 서구 검암동의 다세대주택 다섯 채에 30명이 함께 사는 '우리 동네 사람들'(우동사)처럼 '사회적 가족'을 표방하는 주거 공동체도 등장하고 있다. 원래 귀촌을 꿈꾸던 청년 6명이 함께 모여 살기로 하면서 시작된 우동사는 현재 30명이 함께 살고 있다. 우동사 명의로 집을 사고 우동사 식구가 된 이들이 보증금과 주택대출 상환비, 생활비 등을 일정액씩 내는 식으로

운영하고 있다.

식구 30명 중 대부분은 1인가구이지만 아이가 있는 결혼커플과 무자녀 결혼커플, 그리고 동거커플도 포함돼 있다. 혈연 중심이 아닌 사회적 가족이란 개념은 아직 이들에게도 생소하다. 우동사 식구 중 상당수는 대부분 10년씩 1인가구로 나홀로 살았던 이들이다. 처음엔 '같이 살면 어떨까?' 하는 궁금증이었는데, 살아보니 '혼자 살 때 느끼지 못하는 재미와 안정감'을 새로운 '식구'들한테서 얻는다고 한다.

지난해 11월부터 '우동사'에서 사는 김진선(36)씨는 "기존 혈연 가족에서는 관계가 정해져 있고 고정된 역할이 있어서 하지 않으면 문제가 생기고 또 부담도 되는데, 이렇게 살아보니 꼭 '어떻게 행동하는 게 맞다'는 것도 없고 서로한테좋은 걸 맞춰간다는 느낌이 있다."며 '관계의 재구성'에서 오는 만족도가 크다고 말했다. 유일한 아이 엄마인 이성희(33)씨한테 우동사 식구들은 아이의 든든한 '이모'와 '삼촌'이다. 그는 "급한 일이 생길 때 우동사 멤버가 아이를 봐줄 때도 있다."고 말했다.

■ 포용적 가족정책 필요: 한국보다 앞서 1인가구가 보편화된 외국은 이미 정책적 지원에 나서왔다. 미국은 정부 주도하에 저소득 1인가구 주거비를 줄여주기 위한 공공임대주택 지원 프로그램인 '싱글 룸 거주'(SRO) 프로그램을 확대하는 추세다. 시애틀에선 1인가구 증가로 초소형 주택이 늘면서, 이에 따른 주거의 질 저하를 우려해 시가 적절한 가이드라인을 제시해 규제하기도 한다. 독일에선 2006년 저출산·고령화 사회 대비 주거 형태로 '다세대 공동주택'을 도입했다. 개별화된 주거공간을 보장하면서도 구성원들이 사회적 네트워크 안에서 노후 생활을 보낼 수

있어야 한다는 이유에서다. 연령별로는 청년·장년·노년층, 가족 형태별로는 부부가족·한부모가족·노인단독가구 등이 모여 사는 식이다.

홍승아 한국여성정책연구원 가족·평등사회연구실장은 "현재 청년 세대는 새로운 가족 형태의 변화를 주도하는 집단인 만큼, 이들의 욕구를 반영하는 적극적 지원 정책이 필요하다"며 "가족 구성과 가족 형태, 가족 관계에서의 다양성과 차이를 인정하고 사회에 태어난 모든 출생에 대해 충분한 보호와 동등한 대우를 보장하는 포용적 가족정책이 필요하다."고 지적했다. 이런 맥락에서 정부도 지난해 말 '3차 저출산·고령사회 기본계획'(2016~2020년)을 내면서 비혼·동거가구에 대한 차별 개선을 위해 '차별금지법'을 제정하는 등의 계획을 발표한 바 있지만, 관련 논의 및 추진은 부진한 상태다. 차별금지법이 만들어지면 동성커플 인정이 함께 이루어지는 것 아니냐는 종교계 등의 반발이 거센 탓이다.

국회에서도 진선미 더불어민주당 의원이 수년째 동거커플의 권리를 보장하는 '생활동반자법' 제정을 추진해왔지만 아직 법안 발의조차 되지 못했다. 최근엔 이화여대 법학전문대학원 소속 모임 '풀하우스'가 비슷한 취지에서 '파트너등록법'(가칭) 지지 서명 캠페인을 벌이고 있다. 이는 생활동반자법안보다도 적용 대상의 범위가 더 넓다. "서로 돌보고 지내는 1인가구들, 장기돌봄 관계인 고령자, 동거·장기연애 커플, 결혼하지 않고 부부로 사는 재혼커플, 동성커플, 생활주거공동체 등 기존 제도로는 가족이 될 수 없는 이들을 위해 새로운 법이 필요하다."는 취지다.

결혼은 미친 짓이다 :
평생 한 사람만 사랑할 자신 있니?[20]

신을진
주간동아 기자

　누군가 그랬다 '연애는 행복한 오해요, 결혼은 참혹한 이해'라고. 심리학자들은 말한다. 연애라는 감정이 유지되는 기간은 고작 3, 4년일 뿐이라고. 그래도 우리는 '결혼'이라는 제도를 통해 검은 머리가 파뿌리 될 때까지 오직 한 남자, 한 여자만 사랑하도록 강요받는다.

　어떻게 보면 결혼이란 (동물로서의) 인간 본성에는 별로 어울리지 않는 제도일 수 있다. 사람의 수명이 30년 정도일 때라면 모를까, 평균 수명이 80세를 바라보는 지금 50년 이상을 한 남자 혹은 한 여자만 사랑하며 산다는 것이 과연 가능하긴 한 걸까.

　유하 감독의 영화 '결혼은 미친 짓이다'는 젊은 두 남녀의 연애담을 통해 결혼이란 제도에 정통으로 시비를 건다. 사랑하는 이들의 사랑을 오히려 식게 만드는 우리의 결혼제도에 과연 문제는 없는가, 영화 '네 번의 결혼식과 한 번의 장례식'의 주인공 남녀가 "결혼하지 않고 영원히 행복하게 살았습니다."라고 말했던 것처럼 '이젠 우리도 결혼이라는 제도에 대해 좀더 가벼운 눈으로 바라봐야 하지 않는가'라고 영화는 묻는다. 물론 그 대답은 그리 간단치 않다.

　"너나 나나 열두 살 이후로 끊임없이 누군가를 좋아했어. 그런데 그 감성이 결혼하는 걸로 땡하고 끝날 것 같애?"

　'평생 한 사람만 사랑한다고 거짓말할 자신이 없어서' 결혼하지 않기로

☑ 20. 주간동아 2002년 5월 2일.

마음먹은 준영(감우성)은 괜찮은 외모에 지적인 대학강사. 친구의 결혼식 사회를 보는 대가로 소개팅을 하게 되고 그 자리에서 섹시하고 당돌한 조명 디자이너 연희(엄정화)를 만난다. 함께 차 마시고, 영화 보고, 저녁을 먹고 난 두 사람은 "왔다갔다 택시비보다 여관비가 쌀 것 같다"는 노골적인 농담을 나누다 여관으로 직행하고, 그들의 대화만큼이나 솔직한 섹스에 들어간다.

"난 자신 있어. 절대로 들키지 않을 자신!" 결혼은 조건 좋은 남자와 하고, 연애는 준영처럼 멋진 남자와 하고 싶었던 연희는 부유한 의사를 골라 결혼한 다음 준영에게 옥탑방을 마련해 주고 '가짜 신혼생활'을 시작한다. 2주에 한 번씩 옥탑방에 들러 함께 저녁 식탁의 찬거리를 사고, 햇빛 밝은 날 옥상에서 빨래하며 즐거워하는 두 사람. 어느 날 준영이 묻는다. "우리가 결혼을 했어도 이렇게 행복했을까?"

주말부부처럼 신혼살림을 차릴 땐 서로 '쿨'했지만, 시간이 흐르면서 이들의 사랑은 소유욕으로 발전한다. 준영은 연희에게 걸려오는 남편의 전화가 달갑지 않고, 연희는 준영을 좋아하는 여대생에게 질투를 느낀다. 두 사람은 남들이 가지 않는 새로운 길을 가려고 했지만, 그 길도 결국엔 또 하나의 벽을 만나고 만다.

유하 감독의 연출의 변은 이렇다. "세상 어딘가에는 자신과 완벽하게 맞는 짝이 있으며, 그 사람과는 별다른 노력 없이도 스위트홈을 만들 수 있다는 것이 현대인들이 갖는 결혼에 대한 환상이다. 정작 현실에서의 결혼이라는 행위를 결정짓는 것은 신화나 사랑이 아니라, 집안과 배우자 간의 경제적 거래, 즉 물신의 논리다." 다소 과격한가?

'오늘날의 결혼이 얼마나 타락한 형태로 우리를 지배하고 있는가'라고 이 영화는 묻고 있다. 그러나 '결혼이 과연 그렇게 나쁘기만 한 걸까'라는 생각은 그래도 떨치기 힘들다.

아직도 보통 사람들은 눈에 보이는 '조건'보다는 사랑하는 사람과 결혼하고 싶어하며, 일요일 아침 그 사람과 함께 집 앞 공원을 산책하면서 행복을 느끼고 싶어한다고 믿고 싶다.

04 | 더 읽어볼 참고 문헌

■ 볼프 바그너, 정미라 옮김, 『가족?』, 푸른나무, 2008.

역사·문화적으로 다양한 모습을 보이는 가족을 통해 개인과 가족, 가족과 사회, 그리고 개인과 국가의 문제를 짚는다. 가족이란 무엇일까, 다음 세대를 생산하기 위한 인간의 짝짓기 본능이 그럴듯한 사회적 껍데기를 쓴 것일까, 아니면 그 나름의 가치를 가진 독자적인 유기체인가, 사람들은 '가족'에서 무엇을 얻으려 하는가, 등의 질문에 대한 답을 찾는다.

■ 이수경, 『자연사 박물관』, 강, 2020.

21세기 한국을 살아가는 한 노동자 가족의 불안한 생존의 연대기. 여기엔 대학 졸업 후 노동 현장에 투신한 운동권 학생의 후일담이 있고, 척박한 노동자의 현실을 개선하기 위해 싸우는 노동운동가의 투쟁이 있으며, 남편을 지지하면서도 가족의 안위와 생존을 걱정하며 막막한 생계를 꾸려가야 하는 노동자 아내의 불안이 있다. 한때는 혁명을 꿈꾸었던 이들에게 지금 남아 있는 것은 충직한 노예로서의 삶과 막막한 생계의 불안뿐이다. 미래는 보이지 않는다.

■ 시몬느 드 보부아르, 이희영 옮김, 『제2의 성』, 동서문화사, 2009.

　현대는 '유니섹스'라는 단어로 정의될 만큼 남성과 여성의 성 구분이 없어지는 시대다. 이러한 경계의 붕괴는 패션이나 갖가지 직업에서 더욱 두드러져 보인다. 『제2의성』은 여성의 사회적 위치는 과연 어떻게 되는 것일까에 관한 고찰을 제4편에 걸쳐 서술하고 있다.

■ 주디스 버틀러, 조현준 옮김, 『젠더 트러블』, 문학동네, 2008.

　저자는 여성 없는 페미니즘의 가능성을 제기하고, 섹스/젠더의 이분법을 허물면서 기존 페미니즘 정치학에 도발적으로 문제를 제기했다. '젠더화된 삶에서 가능한 것은 무엇인가' 라는 생각 자체가 습관적이고 폭력적인 전제로 인해 배제되는 방식들을 보여주고자 했다.

■ 법륜, 『스님의 주례사』, 휴, 2010.

　이 책은 '스님의 주례사'라는 제목으로 오랫동안 인터넷을 통해 회자되며 결혼 전 반드시 읽어야 할 대표적인 글로 화제가 된 법륜 스님의 남녀 마음 이야기들을 모은 것이다. 남녀 간의 사랑과 연애, 성공적인 결혼생활이란 주제를 통해 세상에 공것이란 티끌만큼도 없다는 인과(因果)의 법칙과, 수레바퀴가 소를 따르듯 모든 인연 맺음에는 과보가 따른다는 것, 그러하기에 스스로의 마음밭을 잘 다스려 자신만의 생을 피워 내어, 살아 있는 모든 존재를 향해 세상으로 나아가야 한다는 가르침을 담고 있다.

■ EBS가족 쇼크 제작팀, 『가족 쇼크』, 월북, 2015.

이 책은 주변 가족을 직접 찾아가 내면의 현 모습을 살펴보고, 국내 최초 가족 실험을 통해 행복한 가족, 잘되는 가족이 만들어지는 조건을 본격적으로 탐구한다. 가족의 다양한 위기 상황들을 교육, 심리, 사회학적 관점에서 폭넓게 조명하고, 가족의 근간을 돌아봄으로써 가족의 진정한 의미와 새로운 가치를 찾도록 도와준다.

■ 애너벨 크랩, 황금진 옮김, 『아내 가뭄』, 동양북스, 2016.

2016년을 뜨겁게 달군 페미니즘의 트렌드에 큰 화두를 던질 도서 『아내 가뭄』이 출간되었다. 호주의 정치부 기자 출신 정치평론가 애너벨 크랩이 쓴 이 책은 가사 노동 불평등 현상을 산업혁명과 자본주의라는 사회 구조적 문제로 촘촘하게 분석한 보고서로, 재미와 깊이가 동시에 잘 배합된 도서이다.

■ 이현재, 『여성혐오, 그 이후』, 들녘, 2016.

여성철학자이자 페미니스트인 이현재는 새롭게 부상하는 페미니즘의 흐름을 지속하고 확장하기 위해서 페미니즘 언어를 다시 점검하고 수정해야 할 때라고 지적한다. 여성혐오 담론 자체를 성찰적으로 되돌아보는 가운데 이를 정교화하는 것이 필요한 시점이라는 것이다. 지금의 페미니즘이 어떤 문제에 당면할 수 있는지 설명하며 이러한 곤경을 빠져나가면서도, 여성혐오에 대해 비판하고 내부의 차이를 넘어서서 연대할 수 있는 방향을 모색하고자 한다.

▌이남희 외 14인,『젠더와 사회』, 동녘, 2014.

『젠더와 사회』는 국내 연구자 15명이 한국적 상황에 맞게 풀어 쓴 젠더 연구서로, 여성학과 페미니즘은 오직 여성만을 위한 것인지, 여성스럽거나 남성스러운 것은 타고난 것인지, 이성애는 당연한 것이고, 동성애는 비정상적인 것인지 등 젠더에 관한 모든 오해와 의문에 답한다.

▌리 배지트, 김현경 옮김,『동성 결혼은 사회를 어떻게 바꾸는가』, 민음사, 2016.

이 책은 결혼의 권리를 둘러싼 오랜 논쟁에 새 이정표를 제시할 실증 보고서이다. 2015년 6월 28일, 미국 연방 대법원이 미국 전 주에 동성 결혼을 인정하는 판결이 내려진다. 저자는 미국 동성 결혼 논쟁에서 핵심적인 역할을 해 온 경제학자로, 동성 결혼이 허용된 국가들에서 지난 연간 "실제로" 어떤 일이 생겼는지를 실증 자료를 바탕으로 하나하나 검토한다.

05 | 논리적 오류: 복합 질문(complex question)

복합 질문의 오류는 하나의 질문처럼 보이지만 자세히 살펴보면 전혀 다른 답이 가능한 두 개의 질문이 복합적으로 결합되어 있어서 응답자가 '예/아니오'로 대답하게 되면 응답자가 의도하지 않는 불리한 해석이 가능하게 구성되어 있다.

▶ 마누라 때리는 일은 이제 그만 두었니?

▶ 훔친 카메라는 어디에 숨겼니?

이러한 유형의 질문에 '예/아니오'로 답하는 것은 어떤 경우든 응답하는 사람의 의도와는 무관하게 받아들여질 가능성이 있다. 첫 번째 경우에 '예'라고 대답하면 "전에는 마누라를 때렸다"는 것을 인정하는 것으로 받아들여질 수 있으며, '아니오'라고 대답하면 "지금도 여전히 마누라를 때린다"라고 받아들여질 수 있다. 이러한 오류를 봉쇄하는 방법은 우선 질문을 둘로 나누고 각각의 질문에 답하는 것이다. 말하자면 "전에 마누라를 때렸는가?"와 "만약 그렇다면 지금은 때리는 것을 그만 두었는가?"라는 두 질문으로 나눈 뒤에 응답자의 의도에 맞게 각각 답해야 할 것이다.

Hannah Arendt

(1906-1975)

8장

차별과 폭력 :
무엇으로부터 나타나는가?

08

차별과 폭력 :
무엇으로부터 나타나는가?

01 | 여는 글

국제연합(United Nations, 이하 UN)은 1948년 국제연합총회에서 세계인권선언을 했다. 세계인권선언에는 인류 모두가 각국의 국민들이 지닌 기본적인 인권, 존엄와 가치, 남녀의 동등한 권리 등을 보장하고 차별(discrimination)과 폭력을 방지하기 위해 함께 노력해야 한다는 내용이 담겨 있다. 세계인권선언은 인류의 생존과 안위를 위협하는 원인이 타자나 사회적 약자에 대한 차별이나 불평등으로부터 나타나고 있음을 설명하고 이를 경계한 것이다. 또한 이는 정치, 경제, 종교, 문화 등이 동일할 수 없는 국가들이 모여 인간다움을 지키기 위한 최소한의 기준에 대해 합의한 것이다.

> 세계 인권 선언(世界人權宣言, Universal Declaration of Human Rights)은 1948년 12월 10일 유엔 총회에서 당시 가입국 58개 국가 중 50개 국가가 찬성하여 채택된 인권에 관한 세계 선언문이다. 세계 인권 선언은 유엔의 결의로서 비록 직접적인 법적 구속력은 없으나 오늘날 대부분의 국가 헌법 또는 기본법에 그 내용이 각인되고 반영되어 실효성이 클 뿐만 아니라 1966년 국제인권규약은 세계 최초로 법적 구속력을 가진 세계적인 인권 관련 국제법이다.

세계인권선언이 나타나게 된 배경은 2차 세계대전이 그 직접적인 원인이다. 인류는 2차 세계대전을 겪으며 인종차별, 폭력, 학살 등의 공포와 고통을 경험한다. 2차 세계대전 중 발생한 사건들은 단순히 전쟁에서 발생할 수 있는 폭력이나 살인에 국한된 것이 아니었다. 예를 들어 독일 나치는 인종이 다르다는 이유로 유대인종 학살, 즉

(세계인권선언문)

홀로코스트(Holocaust)를 자행한다. 이 사건은 아돌프 히틀러(Adolf Hitler)가 '독일 민족은 세계에서 가장 위대한 민족'이라는 독일민족우월주의를 통해 정치적, 경제적 혼란을 겪는 독일민족을 결집시키고 혼란의 모든 책임을 유대인에게 돌려 인종청소를 자행한 것이다. 어떻게 민족이 다르다는 이유 하나만으로 수백만의 목숨을 죽음으로 내몰 수 있는가?

인류는 홀로코스트뿐만 아니라 보스니아 내전, 르완다의 종족분쟁, 캄보디아의 킬링필드와 같은 대량의 인간학살을 마주하며 인간의 끔찍한 폭력성과 잔인성에 놀랐다. 이러한 인간의 폭력성과 잔인성은 어디에서 나타나는가? 우리는 소박한(naive) 태도에서 아마도 인간의 외부에 악마나 악귀들이 인간을 조정하여 이러한 악행을 일으켰을 것이라고 믿을지도 모른다. 하지만 한나 아렌트(Hannah Arendt)는 유대인 학살을 주도했던 **아돌프 아이히만**(Adolf Eichmann)의 재판을 검토하며 이러한 차별과 폭력이 외부의 악에 기반을 둔 것이 아니라 타인에 대해 고려함이 없는 평범한 우리의 인식과 의식으로부터 나타난 것임을 설득력 있게 설명한다.

(아돌프 아히히만)

아이히만은 나치 친위대 장교로서 유럽 각지의 유대인들을 폴란드 수용소로 이송하는 최고 책임자였다. 그가 체포되었을 때 대부분의 사람들은 이 나치 장교가 매우 포악한 성정을 가진 악인이거나 반사회적 성격장애자일 것이라고 짐작했다. 하지만 사람들은 그 예상과는 달리 아이히만이 지극히 평범하고 매우 이성적이며 또한 가정적인 사람이라는 점에 놀랐다. 아이히만은 스스로를 변호하는데, 자신도 유대인들을 처형하는 데 죄책감이 들었지만 자신과 가정의 안위를 위해 그저 상부의 명령에 충실했을 뿐이라고 변론한다. 아이히만에게서 어떤 극악무도하고 악마적인 모습을 발견하지 못한 아렌트는 악이 우리의

(아돌프 아히히만 재판 모습)

외부적 존재에 의해서 발생하는 것이 아니라 지극히 일상적이고 평범한 이들의 의식으로부터 일어날 수 있음을 파악한다. 아렌트는 이를 '악의 평범성(Banality of evil)'이라고 정의하고, 악의 평범성이 타자의 입장에 대해 고려해야 하는 것을 사유하지 않는 것, 즉 "순전한 무사유"(sheer thoughtlessness)에 기반하고 나타나고 있다고 추적한다.

아렌트의 진단 이후 많은 학자들은 인간의 폭력성과 잔인함에 대한 원인을 다시 검토하기 시작한다. 신학의 관점에서 악은 우리를 조정하는

어떤 악마와 같은 존재로부터 드러난다고 생각했다. 그러나 아렌트의 진단에서 악은 악마가 아니라 차별을 통해 자신들의 존재를 우위로 놓고 타자나 사회적 약자를 지배하고 착취하려는 생각 때문에 나타난다. 차별이 갈등과 불평등을 낳고 갈등과 불평등이 약자에 대한 폭력으로 이어지는 것이다. 이러한 차별이 검토되기 어려운 이유는 자의적인 기준들이 각자 개인들의 전통, 종교, 믿음들에 대한 인식에 의지하고 있기 때문이다. 누구나 스스로 세계를 인식하고 파악하며 자신만의 기준을 가지고 있기 때문에, 사람들은 자신이 차별을 당하는 것은 싫어하지만 자신의 기준이 타인을 차별하고 있다는 것에 대해서는 이해하려고 하지 않는 경향이 있다.

특히 한국사회는 경제성장과 사회통합을 빌미로 차별과 억압이 일상화된 것이 사실이다. 우리 사회는 민주화가 지속적으로 안정화되고 있지만 여전히 인종차별, 성차별, 연령차별, 장애인차별, 외국인노동자차별, 학력차별, 지역차별, 동물차별, 비정규직차별 등이 존재한다. 이러한 차별은 인권을 침해할뿐 아니라 불평과 대립을 만들어 오히려 사회의 화합과 성장을 저해하는 요인이다. 따라서 이 장에서는 인종차별, 성차별, 학력차별, 동물차별 등의 부당한 차별 문제를 생각해 보는 시간을 갖도록 한다.

02 | 고전 속에서 생각하기

■ 『폭력의 세기』 저자 소개:
  한나 아렌트(Hanah Arendt, 1906~1975)

(한나 아렌트)

한나 아렌트는 1906년 10월 14일 독일 하노버 근교에서 파울 아렌트와 마르타 아렌트의 외동딸로 태어나 5세 이후로는 쾨니히스베르크에서 성장하였다.

어린 시절부터 왕성한 지적 호기심을 보이고 유대인으로서 자의식을 지녔는데, 이는 그녀의 삶과 사상에 큰 영향을 미쳤다. 아렌트는 마르부르크대학에 진학하여 철학·신학·그리스어 등을 공부하던 중 자신을 가르치던 교수 마르틴 하이데거와 사랑에 빠졌다. 유부남이자 열일곱 살이나 연상이었던 하이데거와의 사랑은 지속되지 못하였으나, 훗날 하이데거는 아렌트가 없었다면 《존재와 시간》을 쓸 수 없었을 것이라고 회고하여 두 사람의 사랑에 큰 의미를 부여하였다. 뉴욕에서 『건설』, 『파르티잔 리뷰』 등의 잡지에 글을 기고하였으며, 유대인의 문화유산을 지키기 위해 설립된 유대문화재건기구의 의장으로 활동하였다. 또 나치스에 대해 연구하여 1951년에 간행한 『전체주의의 기원-The Origins of Totalitarianism』으로 명성을 얻었다. 그녀는 이 책에서 전체주의는 심각한 위기이며 광기라고 역설하였다. 민족국가의 쇠퇴와 계급사회의 붕과가 전체주의를 태동하는 계기가 되었다고 제시했다. 1953년부터는 프린스턴대학교, 케임브리지대학교, 버클리대학교, 시카고대학교 등에서 학생들을 가르쳤다. 제1, 2차 세계대전과 6·25전쟁, 베트남전쟁, 흑인인권운동, 1968년 학생운동 등 세계사적 사건을 두루 겪으며 20세기를 사상적으로 성찰하게 된 아렌트는 전체주의에 대한 통렬한 비판을 서슴지 않았다. ^(위키피디아)

▌폭력의 세기를 넘어

20세기는 폭력의 세기였다. 인류는 두 차례의 세계대전을 겪으면서 악과 마주한다. 두 번의 세계전쟁에서 인간이 인간에게 저지른 잔인함과 만행은 충격적이었을 뿐만 아니라 인간성에 대해 회의하게 만들었다. 예를 들어 나치는 2차 세계전쟁 동안 인종이 다르다는 이유만으로 유대인의 3분의 2정도에 해당하는 600만 명을 아우슈비츠와 같은 수용소를 통해 독가스로 학살했다. 또한 민주주의와 공산주의 이념의 대립으로 발발한 동아시아의 이념전쟁, 즉 한국전쟁, 베트남전쟁, 중국전쟁 등은 군인뿐만 아니라 셀 수 없이 은 민간인들을 희생시켰다. 과거 어느 때보다 전쟁이 적다고 알려진 21세기 역시 그 폭력의 그림자로부터 자유로울 수 없다. 미국이 대테러 전쟁으로 명목 하에 일으킨 아프가니스탄 걸프 전쟁, 유대인과 이슬람의 종교 전쟁으로 지속되는 이스라엘과 팔레스타인 사이의 분쟁, 종교나 민족의 독립으로 시작하여 국제전으로 확대된 코소보 분쟁 등에서 인류는 여전히 인간의 폭력성을 마주한다.

(폭력의 세기)

『폭력의 세기』는 전쟁을 목도하며 폭력의 문제를 권력 문제와 연관하여 다룬 책이다. 우리는 이 책을 이해하기 이전에 아렌트의 이전 작업을 먼저 이해할 필요가 있다. 아렌트는 이전 작업에서 악의 근원에 대해 기존과 다른 방식으로 성찰했기 때문이다. 아렌트는 먼저 유대인 학살의 주범으로 아우슈비츠 수용소를 관리한 인물인 아이히만의 재판을 참관하여 악의 근원을 추적한다. 사람들은 아이히만이 아마도 악마거나 괴물과 같은 모습일거라고 예상했지만 오히려 지극히 선량하고 평범한 그의 모습에 놀라움을 금치 못했다. 아이히만은 유대인들에게 어떤 증오심도 없었을 뿐만 아니라 국가의 법질서를 존중했고 자신의 업무에 충실했으며 칸트의 정언명법과 같은 도덕률을 가슴에 담아 실행하는 자였다. 재판을 관찰한 아렌트는 "아이히만은 아주 일상적이며 평범하면 했지 결코 악마적이거나 기이하지 않았다. 그에게서는 이데올로기적 확신이나 특이한 악의적 동기의 징후가 발견되지 않았다."고 진단한다. 그렇다면 그에게서 악은 어떻게 나타난 것일까? 아렌트는 악이 평범함에 깃들어서 우리가 타인의 고통에 대해 공감하지 않을 때 그리고 그 악함에 대해 사유하지 않을 때 평범한 그 누구로부터 발생할 수 있다고 설명한다.

아렌트는 『폭력의 세기』에서 한발 더 나아가 폭력과 권력의 관계를 서술한다. 『폭력의 세기』는 3장으로 구성되어 있다. 1장은 진보의 역설을 다룬다. 대다수의 사람들은 과학기술이 인간을 진보시키고 우리의 문제를 해결할 수 있다고 맹신한다. 아렌트는 발전과 관련한 마르크시스트적인 관점이나 '행위'의 중요성을 과소평가하는 자유주의적인 관점 등을 다양하게 비판한다. 2장은 폭력과 권력의 관계를 다룬다. 많은 사람들은 폭력과 권력이 같은 개념이라고 생각한다. 그러나 아렌트는 폭력은 권력을 와해시킬 수 있지만 권력을 생성할 수 없기 때문에 양자를 동일하게 간주해서는 안 된다고 말한다. 3장은 폭력의 본성을 다룬다. 생물학자나 사회학자들은 폭력이 동물적인 본성으로 무분별한 노출되어 있다고 보는 반면에 아렌트는 폭력이 오히려 하나의 합리적이고도 불가피한 선택이라고 말한다. 이러한 진단은 폭력을 옹호하려는 것이 아니라 그것을 합리적이고 현실적인 것으로 받아들여 사람들이 제휴하고 행동할 때의 권력을 통해 억제하기를 바라는 것이다.

■ 『열린사회와 그 적들 I, II 』 저자 소개:
 칼 포퍼(Karl Popper, 1902~1994)

칼 포퍼는 1902년 7월 오스트리아 빈에서 출생하였다. 그의 아버지는 유대인 출신의 변호사였으며 사회문제에 많은 관심을 가지고 있었다고 전해진다. 칼 포퍼는 아버지 시몬 포퍼(Simon Sigmund Carl Popper)의 영향을 많이 받았다. 1918년부터 빈 대학에서, 1925년부터는 빈 교육연구소에서 철학·수학·물리학·심리학 등을 배우고, 1928년 철학박사 학위를 취득하였다. 이 당시 칼 포퍼의 주된 관심사는 과학철학이었으며

(칼포퍼)

1934년 『탐구의 논리(Logik der Forschung)』를 출간하였다. 칼 포퍼는 최초의 저서 『탐구의 논리』(1934)에서, 과학(지식)은 합리적인 가설의 제기와 그 반증(비판)을 통하여 시행착오적(試行錯誤的)으로 성장한다는 '비판적 합리주의'의 인식론을 제창하였다. 그 후 이러한 기본사상을 바탕으로 사회과학론·역사론·인간론 등을 전개하였는데, '실수로부터 배움'으로써 진리에 접근한다는 생각은 현대의 지적(知的) 세계에 광범한 영향을 미쳤다. 그리고 사회철학에 대한 비중 있는 저서를 남겼는데

(열린사회와 그 적들 II)

『열린사회와 그 적들(The Open Society and its Enemies)』, 『역사주의의 빈곤(The Poverty of Historicism)』등이 유명하다. 『열린사회와 그 적들』은 전체주의에 대한 비판과 자유주의 이념의 정당화를 시도한다. 열린사회란 전체주의에 대립되는 개인주의 사회이며, 사회 전체의 급진적 개혁보다는 점차적이고 부분적인 개혁을 시도하는 점진주의적 사회이다. 포퍼는 열린사회를 우리가 인간으로 살아남을 수 있는 유일한 사회라고 정의하면서 열린사회의 최대의 적은 역사주의라 불리는 전체론, 역사적 법칙론, 유토피아주의라고 규정한다.

■ 닫힌 사회와 열린 사회

　인류 역사에서 오랜 믿음 중 하나는 인간보다 위대한 어떤 존재가 우리를 창조하고 선택했다는 것이다. 우리는 일반적으로 그러한 존재를 신이라고 부른다. 이 믿음에서 신은 어떤 의도와 계획을 가지고 있으며 특정 민족이나 국가를 신의 의지를 발현시키기 위해 선택한다. 신이 역사사관에서 민족이나 국가를 선택한 것과 같이 선택받은 소수의 민족이나 특정 국가는 다른 민족이나 다른 국가 더 나아가 이 지상 세계를 다스릴 권한을 가진다. 이러한 사상은 흔히 선민(選民)사상이라고 한다. 이 사상의 흐름은 종교적 영역뿐만 아니라 역사주의의 형태로 발전한다. 인간의 역사는 인간의 의지보다 어떤 역사적인 법칙이 있어서 그 안에서 인간의 삶이 결정된다는 것이다. 이러한 사관을 결정론적 역사주의라고 한다.

　포퍼는 이러한 선민사상, 결정론적 역사주의 등이 개인의 자유와 권리를 해명할 수 없다고 진단한다. 포퍼는 이를 지양하고 개인의 자유와 권리를 보장하기 위해서는 어떤 비판도 자유롭게 수용할 수 있는 열린 사회로 향하길 원한다. 『열린사회와 그 적들』 중 포퍼는 1권에서 플라톤의 철학을 비판적으로 검토한다. 포퍼의 입장에서 플라톤의 유토피아주의는 역사주의의 시초이다. 포퍼는 역사주의나 전체주의의 모형이 유토피아주의라고 진단하고 유토피아주의의 허구를 파헤친다. 2권은 헤겔과 마르크스의 철학을 비판한다. 헤겔은 역사가 변증법적 법칙에 의해 세 단계를 발전한다고 봤고, 마르크스는 생산과 생산력의 모순 관계에 의해 다섯 단계를 걸쳐 발전한다고 봤다. 포퍼는 헤겔과 마르크스의 논의가 모두 변증법적 법칙에 따라 결정되는 세계관을 제시한 것이기 때문에 인간의 자유와 의지를 해명하지 못한다고 말한다.

　포퍼는 이와 같은 선민사상, 유토피아주의, 결정론적 역사주의 등의 특징을 닫힌 사회로 규정한다. 닫힌 사회는 완전함, 이상, 이성이 완벽하다고 주장하지만 역사적 사건으로 볼 때 개인의 자유와 권리, 대화를 침해하여 인류에게 엄청난 고통을 주었다. 포퍼는 이성을 중시했으나 이성의 불완전함도 인정했다. 포퍼는 그 불완전함을 보완하기 위해 반증가능성, 즉 이성적 대화와 토론을 통해 문제를 상호간의 대화로 극복할 수 있는 사회를 대안으로 제시한다. 열린사회는 그 자체로 완전하지는 않아 보일지라도 사회의 문제와 목표를 성원들이 대화와 토론을 통해 점진적으로 사회를 변화시키는 사회이다. 포퍼는 전체주의의 광기와 폭력을 마주하며, 완전하지 않을 수 있지만 점진적으로 개인의 자유와 권리를 보장할 수 있는 개인주의 사회를 희망한 것이다.

03 | 비판적으로 현실 톺아보기

난민의 시대[21]

송두율
전 독일 뮌스터대학교 사회학 교수

제주도에 온 500여 명의 예멘 출신 난민 문제로 한국 사회의 여론이 분분하다. 난민 문제가 지금 국내정치의 첫머리를 장식하고 있는 독일에서 볼 때 그런 정도의 뉴스는 지나칠 수도 있다. 그러나 이제 우리 사회도 이를 계기로 지구촌의 난민 문제를 진지하게 함께 생각하고 문제 해결에 동참할 때도 되었다.

이 문제와 관련해서 제주도와 대비될 수 있는 북아프리카 해안에서 가장 가까운 거리에 있는 이탈리아의 람페두사섬을 먼저 떠올렸다. 면적이 20㎢에 불과하고 4,500여 명이 살고 있는 이 조그만 섬에 튀니지의 정정불안과 리비아의 내전으로 2011년에는 7,000여명의 난민이 몰려들었고, 2013년 10월에는 소말리아와 에리트레아의 난민 545명을 실은 배가 연안 근처에서 침몰, 390명이 목숨을 잃었다. 당시 이 섬의 여성시장이었던 주세피나 마리아 니콜리니는 유럽연합의 난민정책을 위한 정상회담에 참석, '우리 섬의

21. 경향신문 2018년 7월 2일.

공동묘지가 얼마나 더 커져야만 하는가'라는 연설 속에서 "나는 유럽의 이주정책이 그들의 죽음을 빌미로 이주의 흐름을 차단하려는 의도를 지녔음을 더욱 확신하게 되었다. …… 그러나 조각배에 의지한 여행이 그들이 지닌 마지막 희망의 불꽃이었기에 나는 그들의 죽음은 유럽의 수치라고 생각한다."고 유럽연합의 난민정책을 비판했다. 프란치스코 교황도 2013년 7월 8일 이 섬을 직접 찾아 난민을 위로하고 희생된 영령들을 위한 조화를 지중해에 던졌다. 유럽연합의 난민정책에 즉시 대응하는 난민의 이동루트가 그간에 바뀌면서 현재는 100여 명의 난민만이 이 섬을 조용하게 지키고 있다.

이 섬보다 근 90배나 크고 주민의 수도 140배나 많은 제주도의 원희룡 지사는 최근에 제기된 예멘 난민 문제와 관련, "제주도가 (난민) 부담을 떠안아서는 안 된다. …… 북한에서 탈북인들이 내려온다면 받아야겠지만 예멘이나 시리아에서 발생한 난민이 제주도로 들어온 것은 순전히 (무사증을 시행하고 있는) 제도적인 문제이기 때문에 이걸 두고 국제사회가 '이왕 (난민들이) 갔으니 개개의 지방정부나 국가가 이들을 다 맡아라' 하는 것은 말이 안되는 것 같다."고 지적했다. 제주와 람페두사 두 섬의 난민 문제가 안고 있는 심각성의 정도는 다르지만 이 발언은 우리 사회의 난민 문제에 관한 일반적인 이해수준을 보여주고 있기에 논의의 출발점으로 삼으려 한다. 난민 문제는 윤리적·인도주의적인 측면도 마땅히 고려되어야 하고, 법적·정치적 문제와 함께 사회적 문제도 종합적으로 검토, 장기적인 차원에서 실천으로 연결되어야 한다.

이를 위해서 현재 격렬하게 논쟁 중인 유럽연합의 난민과 이주자 문제를 둘러싼 여러 입장들을 먼저 비판적으로 검토해 보아야 한다. 1951년의

'제네바 난민협약'은 난민을 규정한 국제법적인 모태였다. 그러나 2차 세계대전 후의 유럽적 상황을 주로 고려한 이 협약은 1967년 '난민의 지위에 관한 의정서'에 의해 유럽과 1951년 이전에 발생한 사건이라는 제한이 철폐되었다. 이에 따라 난민은 국제법적으로 "인종, 종교, 국적 또는 특정 사회집단의 구성원 신분 또는 정치적 의견을 이유로 박해를 받을 우려가 있다는 충분한 이유가 있는 공포로 인하여 국적국 밖에 있는 자로서 그 국적국의 보호를 받을 수 없거나 또는 그러한 공포로 인하여 그 국적국의 보호를 받는 것을 원하지 아니하는 자 및 이들 사건의 결과로서 상주국가 밖에 있는 무국적자로서 이전의 상주국가로 돌아갈 수 없거나 또는 그러한 공포로 인하여 이전의 상주국가로 돌아가는 것을 원하지 아니하는 자"로 규정되었다. 그러나 이러한 법률적 정의는 강제적으로 고향을 떠날 수밖에 없는 자와 가령 경제적인 이유에서 자의적으로 고향을 떠난 자의 차이를 분석적으로 구분할 수 없다는 비판을 받았다.

국제법적 성격을 지닌 난민 보호 문제가 본격적으로 다시 제기된 직접적 계기는 2015년 시리아, 아프가니스탄, 이라크를 비롯한 중동지역의 내전 격화와 극심한 혼란이었다. 소말리아, 에리트레아 등지에서도 내전과 더불어 기아로 인한 난민의 유럽 이동도 거의 동시에 있었다. 이 분쟁지역과 가까운 터키, 요르단, 레바논이나 북아프리카의 튀니지, 모로코, 알제리아의 상황도 매우 어렵기 때문에 육상과 해상을 통한 유럽연합의 지중해 연안국가로 향한 목숨을 건 난민의 긴 행렬은 이어졌다. 2015년 한 해 동안에 85만 명이 그리스에, 15만 명이 이탈리아로 건너왔고 도중에 3,800여명이 사망한 비극의 행렬이었다. 또 이들은 대부분 그리스에서 출발해서 이른바

'발칸루트'로 불리는 경로를 따라 헝가리, 오스트리아, 폴란드와 독일 등지로 이동했다.

이런 혼란 속에서 유럽연합의 통합적인 난민정책은 큰 파국을 맞게 되었고 개별 나라의 국내 정치용의 손익계산서만이 난무하는 상황이 왔다. 또 이런 분위기를 최대한 이용하는 극우세력은 유럽 곳곳에서 약진했다. 또 유럽연합 내에서 100만 명이 넘는, 가장 많은 난민을 받아들여 난민 문제의 유럽적인 해결을 줄곧 주장해온 독일의 메르켈 총리는 사면초가의 상황에 놓이게 되었다.

이는 난민정책의 중심에 서 있는 개별국가가 여전히 기존의 법적 판단과 정치적 판단에 의존하여 난민 문제를 해결하려 드는 것이 현실임을 보여주고 있다. 그러나 난민 문제 해결의 전망이 어려워질수록 개별국가만이 과연 난민 문제를 해결할 수 있는 유일하고 안정된 전제인가라는 물음이 제기되면서 '방법론적인 민족주의'를 넘어서야 한다는 목소리도 동시에 커지고 있다.

이와 더불어 난민 문제를 단순히 개별국가의 '제도개선'을 통해 해결할 수 있다고 보는 '방법론적 제도주의'의 한계도 지적되고 있다. 시드니 대학의 이주 문제 전문가로서 한국 사회의 이민 문제도 연구했던 스테펜 카슬스는 〈이주의 시대〉에서 21세기 민족대이동의 복잡한 동기와 동력, 난민의 범주, 난민의 가족, 친척, 친구, 지인 등의 사회적 관계망, 합법적인 구조 밖에 있는 브로커의 연락망, 비정상적인 노동시장, 난민을 돌보는 비공식적인 구호와 구조기관 등 많은 요소를 총체적으로 이해한 토대 위에서 이주와 난민정책은 수립되어야 한다고 주장한다.

한국도 이미 1992년 12월에 국회비준을 거쳐 난민협약에 가입했다.

이제 현실로 다가온 난민 문제의 해결을 위한 종합적인 정책 개발과 더불어 전문인력 양성이 당장에 시급하다. 이번 예멘 난민이 무슬림이기에 '테러리스트'나 '잠재적인 성범죄자'와 곧장 연결시키는, 타자에 대한 우리 사회의 상상력 수준을 염두에 둘 때 더욱이나 그렇다. "낯선 사람들이 제일 먼저 우리에게 고향이 있다는 사실을 가르쳐 준다."는 독일작가 테오도어 폰타네(1818~1898)의 역설적인 증언처럼 고향을 잃은 난민들은 우리의 반면교사다. 우리도 과거 참혹한 전쟁을 경험한 피란민들이 아니었던가.

차별받으려고 국립학교에서
일했나 자괴감 들어[22]

구태우
매일노동뉴스

청주지역 국립초등학교에서 조리원으로 일하는 구희정(41·가명)씨는 박근혜 게이트 뉴스만 보면 울화통이 터진다. 최순실씨와 관련한 내년 예산이 1천700억원 책정됐다가 전액 삭감됐다는 보도를 접한 뒤 참담함을 느꼈다. 전국학교비정규직연대회의가 국립학교 비정규 노동자들의 차별개선을 요구할 때마다 "예산이 부족하다."는 말만 반복했던 교육부가 떠올랐기 때문이다.

구씨는 "한국은 잘나가는 사람한테 손바닥·발바닥을 비비면 성공하는 나라 같아서 열불이 난다."고 토로했다. 그는 공립학교에서 일하다 2012년 국립초등학교로 이직했다. 국립학교는 근무환경과 처우가 좋을 거라고 막연하게 생각했다고 한다. 구씨의 예상은 빗나갔다. 급여는 줄었고 근무시간은 1시간 길었다.

구씨와 같은 처지의 국립학교 비정규 노동자 100여 명이 23일 하루 시한부 파업을 했다. 공공운수노조 교육공무직본부 소속인 이들은 이날 오후 서울 여의도 KB국민은행 앞에서 '파업투쟁 대회'를 열었다. 41개 국립대 부설 초·중·고에 539명의 비정규 노동자가 일하고 있다.

임금과 근무시간만 다른 게 아니다. 국립학교 비정규직은 정기상여금을 받지 못한다. 명절상여금은 40만 원이다. 전국 공립·사립학교 비정규 노동자들이 매년 50만 원 이상의 정기상여금과 70만 원의 명절상여금을 받는 것과

☑ 22. 매일노동뉴스 2016년 11월 24일.

차이가 있다. 임금은 170만 원 수준이다. 방학인 1월에는 급여가 없고 2월·8월·12월에는 일급을 받는다.

이날 대회에 참석한 충북지역 학교 조리원 양영주(46·가명)씨는 "학교비정규 노동자가 받아야 할 수당을 최순실이 빼앗아 가서 예산이 없는 거 아니냐."고 비판했다. 안명자 교육공무직본부장은 "국립학교 비정규직 차별을 해소하는 예산은 8억 원이면 된다."며"비선실세를 위해 낭비된 수천억 원 세금의 0.1%에 불과한 액수임에도 예산 핑계를 대는 교육부 장관은 당장 나와서 석고대죄를 해야 한다."고 촉구했다.

한편 국회 예산결산특별위원회는 국립학교 차별해소를 위해 교육문화체육관광위원회가 증액 의결한 예산을 심사 중이다.

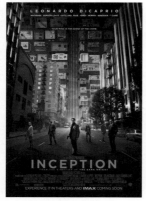

(인셉션)

　　그렇다면 우리는 왜 차별하는가? 몇몇 영화들의 내용은 이에 대해 흥미로운 단서를 제공한다. 영화 『인셉션(inception)』은 꿈을 설계하여 타인의 의식과 무의식을 초대하여 정보를 추출(extraction)하거나 심을 수 있다(inception)는 꿈 도둑의 이야기를 영화화한 것이다. 우리는 누구나 꿈의 세계 속에서는 그것을 현실과 마찬가지로 경험 가능하지만 꿈을 깨기 이전에는 그 경험이 꿈인지 현실인지 알 수 없다. 이 점을 이용하여 의식과 무의식의 경계를 넘나들 수 있다는 영화의 설정은 매우 매력적이다. 더욱이 이 영화는 우리의 인지 과정을 토대로 설명하고 있기 때문에 이 설정은 더욱 설득력 있다.

　　영화는 우리가 대상을 안다는 것은 인지(perception)와 창조(creation)의 두 과정이 동시에 이루어지면서 가능해진다고 설명한다. 여기서 인지 과정은 우리가 대상을 아는 것이고 창조 과정은 대상을 자신의 관점에서 해석한 것이다. 예를 들어 배고픈 사람과 목마른 사람이 있다고 하자. 배고픈 사람에게 빵은 반드시 필요한 것이겠지만 목마른 사람에게 빵은 싫증나는 것일 수 있다. 즉 우리는 모두 동시적인 인지와 창조의 과정을 통해 대상을 파악하는 데에서는 동일하지만, 창조의 인식 과정은 서로 다른 인식의 차이를 만든다. 서로 다른 인식의 차이는 대상을 있는 그대로 파악하는 것이 아니라 스스로의 이해 능력에서 규정한 대상을 파악한다는 것을 가리킨다. 즉 자신의 자의적 기준을 통해 대상을 차별적으로 이해하는 것이다.

그렇지만 모든 인식이 잘못된 것일까? 물론 우리는 누구나 스스로의 이해 능력에서 대상을 파악하기 때문에 자신이 이해한 상황을 진실이고 옳다고 주장하는 것은 어쩌면 당연한 것이다. 다만 그러한 인식이 다른 사람의 인권이나 존엄을 훼손하여 차별과 폭력을 낳는다면 그것은 위험한 것이기 때문에 그 경우는 경계하자는 것이다.

성인들은 차별에 대해 어떻게 말하고 있을까? 예수는 제자들에게 "너의 하느님을 사랑하고 네 이웃을 너 자신처럼 사랑해야 한다"라고 말한다. 제자가 "누가 저의 이웃입니까"라고 묻자 예수는 다음과 같이 말한다.

어떤 사람이 강도를 만나 옷을 뺏기고 죽을 정도로 두들겨 맞았다고 하자. 한 사제가 길을 지나다가 그를 보았지만 다른 길로 지나간다. 레위인(순수 유대인족)도 그를 보았지만 다른 길로 지나간다. 그런데 착한 사마리아(혼혈족)는 이를 보고 그냥 지나치지 않고 상처를 치유해 주고 자기 노새에 태워 여관으로 데리고 가 돌보며, 떠날 때 여관 주인에게 돈을 주며 '저 사람을 돌봐 주시오. 추가 비용은 내가 돌아올 때 갚겠소'라고 말한다.

예수에게 있어 이웃은 피부색이 같거나 같은 민족이 아니라 타인에 대한 이해와 배려의 마음을 지닌 사람이다. 예수는 타인을 사랑하고 배려하는 사람이 곧 이웃이며, 낯선 타인을 이웃처럼 사랑하는 사람이 하느님을 사랑한다고 말하는 것이다. 또한 붓다는 차별에서 나타나는 견해를 경계한다.

"바라드바자(인도인)여 다섯 가지 법은 두 가지 결론을 지닌다. 1) (맹목적) 믿음, 2) 기호(嗜好), 3) 종교적 권위를 지닌 전설, 4) 논리적인 추론, 5) 사변을 통한 독단적인 사상의 승인, 이들이 두 가지 결론을 갖는 다섯 가지 법이다. 바라드바자여 어떤 지식이 전적으로 믿음이 간다고 해도, 자신의 마음에 든다고 해도, 전설과 일치한다 해도, 논리적으로 잘 추론된 것이라 해도, 사변을 통해 승인한 이론과 일치한다 해도, 그것에는 진실이 없을 수 있고, 공허한 것일 수도 있고, 거짓일 수도 있다."

그렇다면 붓다는 어떤 것이 기준이 되어야 한다고 보는가? 붓다는 탐욕(貪), 성냄(瞋), 어리석음(癡)의 삼독(三毒)이 세 가지가 없는 상태가 기준이 될 수 있다고 말한다. 타인을 착취하고 폭력을 행사하는 것은 차별로부터 발생한다. 붓다는 탐욕, 성냄, 어리석음이 없어야만 차별과 폭력이 없을 수 있다고 본 것이다.

04 | 더 읽어볼 참고 문헌

■ 클레이본 카슨 엮음, 이순희 옮김, 『나에게는 꿈이 있습니다』,
　바다출판사, 2015.

『나에게는 꿈이 있습니다』는 '킹 목사 문헌편집 프로젝트'가 수집한 수많은
자료들(생전에 출간되었거나 출간되지 않은 글들, 연설과 설교들, 인터뷰와
편지, 기타 오디오 및 비디오 기록들) 가운데에서 그의 자전적 이야기
부분만을 골라내 따로 편집한 것이다. 카슨이 밝히고 있듯이, 이 책의 어느
한 문장도 킹 자신의 것이 아닌 것은 없다. 편집자의 의견에 따른 가필이나
윤문으로 덧칠되지 않은 채 킹 목사 자신의 내밀한 음성이 그대로 표출되어
있다는 점에서 이 책은 '사후 편집 자서전'의 모범적 사례로 기억될 만하다.

■ 존 하워드 그리핀, 하윤숙 옮김, 『블랙 라이크 미 – 흑인이 된 백인
　이야기』, 살림, 2009.

『블랙 라이크 미』는 흑인이 된 백인이 걸어본 약 50일 간의 미국 남부
여행기로, 일기 형식으로 쓰여졌다. 흑인이 되어보자는 생각을 처음으로 했던
1959년 10월 28일부터 시작된다. 그리고 12월 15일, 긴 여정을 마치고 다시
평범한 한 백인 가장으로 돌아간 날 일기는 끝을 맺는다. 뒷부분에는 이
책이 사회에 미친 영향과 파장에 대해 자세하게 묘사되어 있다. 처음 나온지

45년이 지났지만, 그가 고민했던 흑백문제는 지금도 여전히 민감하고 커다란 사회문제로 남아있다. 이 책은 모든 차별과 편견을 보다 명확하게 깨닫게 해줄 것이며 평등한 사회와 상호 이해를 향한 희망을 꿈꾸게 하는 감동을 전해줄 것이다.

■ 토머스 패터슨, 최준석 옮김, 『서양 문명이 날조한 야만인』, 용의숲, 2012.

토머스 패터슨이 문명의 일반적인 통념과 특히 서양적 문명의 이념이 어떻게 역사적으로 고안, 주조되었는지 조망한 책이다. 저자는 서구문명을 뒷받침해온 이념이 특정 계층의 이익을 옹호하기 위한 것이었음을 지적하며, 그들이 그러한 이념을 조장하기 위해 어떠한 방식으로 그것을 날조하였는지 낱낱이 파헤친다.

■ 416세월호참사 작가 기록단, 『재난을 묻다』, 서해문집, 2017

피해자와 유족들의 생생한 목소리를 담고, 맥락이 왜곡되거나 축소되어 알려진 해당 사건의 전말과 처리 과정을 재구성한 책이다. 그리고 그 사건이 참사가 되고, 또 다른 참사로 이어지게 된 구조적 원인을 밝혀내고자 했다. 재난참사를 둘러싼 문제점은 우리 사회 거의 모든 영역과 맞닿아 있고, 그렇기 때문에 재난참사를 제대로 기억하고 기록하며, 재발방지를 위한 구조적 대안을 모색하는 일은 한국 사회를 근본적으로 바꾸어가는 일임을 생생하게 보여준다.

■ 김영상, 『(학력 차별의 벽을 뛰어넘은) 한국의 아웃라이어들』, 북오션, 2013.

『한국의 아웃라이어들』는 최고경영자뿐 아니라 셰프, 디자이너, 관료 등 인물의 성공담을 다양한 색채를 띠며 내용을 풍요롭게 담았다. 저자는 미래를 꿈꾸는 이가 세상을 혁신할 수 있으며 주체 못할 열정을 가진 이가 세상을 선도할 수 있다는 것을 증명하고자 책을 편찬하였다. 도전과 창조가 개인의 삶의 질을 어떻게 바꾸고 나눔과 배려가 풍부한 사회를 만드는 데 얼마나 큰 위력을 발휘할 수 있을지 알게 될 것이다.

■ 정선주, 『(학교를 배신하고 열정을 찾은) 학력파괴자들』, 프롬북스, 2015.

'모범생'이 아닌 '모험생'이 살아남는 시대가 온다! 이 책은 현실과 동떨어진 학교 교육을 강력히 비판하며 "아이의 천재성은 입시에 눈먼 학교에 다니는 한 발휘되지 않는다"고 조언한다. 기존 학교 시스템에 갇혀 자신의 강점을 발견하지 못했던 이들이 어떻게 진짜 인생을 찾고 세계적 인재로 성장하게 되었는지 이야기함으로써 인생을 스스로 설계하고 혁신적인 리더가 되고자 하는 청년들, 그런 아이를 둔 부모들에게 방향을 제시한다.

■ 피터 싱어, 김성한 옮김, 『동물 해방』, 연암서가, 2012.

공리주의를 바탕으로 동물의 해방을 주장하는 책으로, 1975년 처음 출간된 이래 큰 반향을 불러일으켰으며, 동물 해방 운동의 바이블로 꼽힌다. 이 책은 동물에 대한 태도를 바꾸어 놓았고, 동물들에 대한 잔혹 행위를 금하는 범세계적인 운동을 촉발시켰다. 이 책을 통해 우리가 동물을 보는 방식을 변화시키는 계기를 마련하며, 뿐만 아니라 우리 자신을 바라보는 관점도 바꾸는 기회가 될 것이다.

■ 맷 볼 외 3인, 노승영 옮김, 『동물과 인간이 공존해야 하는 합당한 이유들』, 시대의창, 2012.

이 책은 실천윤리학의 거장이자 동물해방론자로 유명한 피터 싱어가 1980년에 엮은 〈동물 옹호론〉 두 번째 이야기로, 출간 이후 20년간 전개된 동물운동을 소개하고 있다. 이전 책이 동물운동 초창기의 논의와 활동을 소개했다면 이번 책은 한 걸음 더 나아가 동물운동가들을 위한 구체적인 실천 전략을 제안하고 있다. 동물 운동의 기본 철학과 동물들의 비참한 현실 그리고 동물운동의 흐름을 일목요연하게 짚어냈으며, 동물의 삶에 대해 깊이 고민하는 사람들을 위한 가이드북이다.

■ 최규석, 『송곳 1,2,3』, 창비, 2015.

　최규석 만화 『송곳』 세트. 현실에 굴복하지 못하는 주인공 이수인과 냉철한 조직가 구고신이 노조를 결성하는 과정을 그린 이 책은 2013년 12월부터 네이버 웹툰에서 연재된 작품으로 외국계 대형 마트에서 벌어지는 부당해고와 그에 대항하는 평범한 사람들의 이야기를 그려내고 있다. 인간 본성에 대한 작가의 뛰어난 관찰력과 통찰을 통해 한국 사회의 단면을 날카롭게 보여주고 있다는 점에서 다시없을 명작이라는 뜨거운 지지를 받고 있다.

■ 프란츠 파농, 남경태 옮김, 『대지의 저주받은 사람들』, 그린비, 2010.

　프란츠 파농은 "식민화된 인간은 자신의 골수에 깊이 감춰진 이 공격성을 자신의 동포에게 터뜨린다. 이럴 때 흑인들끼리의 싸움이 일어나는 것이다."라고 말했다. 식민지시대의 인간이 억압자에 대한 폭력성을 억압자에게 직접적으로 발현하지 못할 경우 내면화한다는 뜻이다. 개인적 내면화는 정신질환이 되고, 정치적인 내면화는 엉뚱하게도 피억압자끼리의 공격을 통해 파멸하는 결과를 낳게 된다. 그래서 프란츠 파농은 진정한 자유와 독립을 쟁취하기 위해서는 폭력을 중심으로 단결해야 한다고 말한다. 폭력의 긍정성과 창조성을 강조하는 파농의 논지를 따라가다 보면 그동안 우리가 '비폭력'을 강조하는 강자의 이데올로기에 얼마나 젖어 있었던가를 반성하게 된다.

05 | 논리적 오류: 연민에의 호소(ad misericordiam)

상대방의 동정심에 호소해서 자신의 주장을 받아들이게 하려는 오류다. 연민에의 호소의 너무나 잘 알려진 예로 자기의 부모를 잔인하게 살해한 어떤 사나이가 법정에서 점차 자신의 입장이 불리해지자 판사에게 자신은 고아이니 관대하게 처분해 달라고 호소했다는 이야기가 있다. 이와 유사한 다른 경우를 보자.

▶ 제 아버지는 심장병 때문에 병원에 계시고 어머니는 그 때문에 날마다 눈물로 걱정을 하고 계십니다. 제가 만약에 음주 운전으로 잡혀가게 되면 아버지는 아마 돌아가시고 말 겁니다.

▶ 저는 토마스 키드를 위해 여러분에게 말씀드리는 것이 아닙니다. 저는 많은 사람들—오래 전부터 알고 있었고 앞으로도 얼마든지 있게 될 많은 사람들—이 땅에서 짓밟히고 버려진 많은 사람들을 위하여 여러분에게 말씀드리고자 합니다. 저는 동도 트기 전에 새벽같이 일어나서 여명마저도 흩어진 밤에야 집으로 돌아가는 사람들, 자신의 삶과 자신의 힘과 자신의 땀을 남들을 잘살게 하고 남들을 편안하게

만드는 데 바치는 사람들을 위해서 여러분에게 호소합니다. 저는 현대의 물질 숭배 때문에 자신의 삶을 희생당한 여인들의 이름으로 여러분에게 호소합니다. 또 저는 그들의 아이들, 지금 살고 있는 어린아이들과 아직 태어나지 않은 아이들의 이름으로 여러분에게 호소하는 바입니다. (코피, 『논리학 입문』, p. 116.)

▶ 저는 제가 얼마나 빨리 달리고 있었는지 분명히 알고 있습니다. 순경 아저씨, 분명히 제한 속도보다 느리게 달렸습니다. 저는 이미 두 차례나 딱지를 떼었고 아저씨가 또 딱지를 떼면 벌금만 해도 20만원이 넘습니다. 게다가 20만원이 넘는 벌금을 물고 나면 저는 제 처를 수술 받게 할 수가 없습니다. 제 처는 오랫동안 아파 누워 있는데, 당장 수술을 받지 않으면 죽을지도 모릅니다.

Platon
(기원전 424/423 ~ 기원전 348/347)

9장

국가와 민주주의 :
촛불이 민주주의를 구할 수 있을까?

09

국가와 민주주의 :
촛불이 민주주의를
구할 수 있을까?

01 | 여는 글

2017년은 1987년 민주항쟁이 있었던 30년이 되는 해다. 30년이 지난 우리 대한민국은 얼마나 민주화되었을까? 1987년 거리의 민주화를 염원하였던 기성세대는 2017년 지금의 상황을 20대에게 어떻게 설명해야 할까? 누구의 책임인가를 묻기 전에, 이 상황을 어디서부터 어떻게 설명해야 할지 어려움에 봉착하게 된다. 2017년 대한민국은 민주주의가 정착되었는가?

대한민국 제18대 박근혜 대통령에 대한 탄핵소추안이 2016년 12월 9일 국회에서 재적의원 300명 중 299명이 참석한 가운데 찬성 234표, 반대 56표, 무효 7표, 기권 2표로 가결되었다. 탄핵소추안에는 이른바 '최순실 게이트'와 관련한 헌법 위반 및 직권남용, 뇌물죄 등이 탄핵사유로 적시되었다. 2017년 2월 1일 현재 헌법재판소에서는 박근혜 대통령에 대한 탄핵심리를 진행 중에 있다.

탄핵의 요구는 어디서 나오게 된 것일까? 박근혜 대통령에 대한 탄핵의 목소리가 처음 올라 온것은 온라인이었다. 온라인에서 촉발된 탄핵의 민심은 국민들로 하여금 촛불을 들게 하였다. 촛불의 힘은 평온한 가운데 법치주의를 실현하는 작지만 큰 힘으로 세력을 키워갔다. 우리나라의 9차 개헌을 이끌었던 것도 민심이었다. 1987년 6월 항쟁의 도화선이 되었던 박종철 고문치사사건이 발생한 지 5개월이 지난 뒤 거리의 민심에 절대 권력은 항복하고 말았다. 2016년 박근혜 대통령에 대한 하야촉구 촛불집회에 연인원 1,000만 명의 시민이 참여했다.

무엇이 국민들로 하여금 촛불을 들게 하였을까? 이는 민주주의 위기에 대한 국민의 저항이라고 볼 수 있다. '박근혜·최순실 게이트'는 한국 사회의 민주주의가 무척 취약하고 허술했기 때문에 발생한 사건이었다. 더욱이 세월호 참사에 대한 진상규명, 세월호 당일 대통령의 7시간에 대한 국민적 궁금증에 대한 노코멘트, 토론 없는 국무회의 등은 전형적인 권위주의 정부 모습이었다. 더욱이 흙수저로 대변되는 오늘날의 국민들의 삶은 이미 대한민국이 공정하지 못한 교육제도임을 반증하는 것이었으며, 경제민주화가 시급한 과제로 인식될 정도로 불평등의 심화문제가 국민들로 하여금 민주주의의 위기 상황을 좌시하지 않고, 촛불의 형태로 나타나게 한 원동력이었다.

30년 전 거리의 민주주의를 외치던 간절한 목소리가 뒤늦게 이제야 대규모로 분출되게 된 것일까? 그간 헌법상의 민주주의가 잘 실현되고 있어서일까? 왜 이렇게 정부에 대한 감시가 약해졌을까?

그 원인은 민주주의 위기에서 찾아 볼 수 있다. 국민들의 정치적 무관심과 개인욕망에 집착한 물질주의적 가치관의 팽배, 지도자의 소통부재 등이 그 원인일 것이다.

정치적 무관심은 현실에서는 편할 수 있지만, 결국에는 부정에 직면하고도 침묵을 지키는 자는 언제나 자유의 상실을 감수하게 되어있다. 냉담과 무관심이야말로 자유의 가장 무서운 적일 수 있다. 우리 사회는 이번 촛불을 통해서 정치적 관심운동으로 승화시켜야 한다. 집권자의 전제독주를 견제하고, 국민주권을 실현함으로써 민주주의 탈선방지가 가능할 것이다.

또한 물질적 가치관의 팽배 역시도 민주주의의 위기를 가져왔다. 한국정치와 사회는 전근대, 근대, 탈근대라는 비동시적 역사시간이 공존하고 있다. 압축적 산업화, 급속한 민주화와 IT혁명의 급진전이 거의 동시간적으로 일어났기 때문이다. 이로 인해 급속도로 빈부의 격차는 벌어졌으며 이로 인해 개인은 경제적 욕망에 보다 많은 관심을 갖게 되었다.

한국사회는 다른 시간대에 살고 있는 상이한 집단 간-세대 간, 양성 간, 계급 간, 지역 간-의 소통을 요구한다. 레이건 대통령이 미국 역사상 가장 인기 있는 대통령 중의 한 사람으로 꼽히는 이유는 그가 여당뿐 아니라 야당의원들의 이야기도 듣고, 보수주의자면서도 노동자와 서민들과 대화하고 그들의 목소리를 경청했기 때문이다. 또한 서민들에게 쉬운 언어로 자신의 정책을 설명하고 설득했기 때문이다. 하지만 그간 우리나라에서 보였던 정치는 소통보다는 권위주의적 정부형태를 답습하고 있었다. 소통이 사라지고 대신 수첩만 존재하는 소통부재의 정치가 존재하였다.

2017년에 대한민국의 민주주의는 제도적인 민주화만 이루어졌을 뿐, 여전히 질적인 민주주의로 이행하지 못하고 있었다. 민주화 이후 계급 간 불평등 구조가 심화되었고, 과거 교육과 근면을 통해 가능했던 사회이동의 기회가 감소하였다. 점차 소득과 교육의 기회가 정비례하고 있어, 중산층 상층과 서민 부분 간의 괴리가 심화되고 있는 것이다. 결국 성숙된 민주주의는 헌법이 규정이 만들어 주는 것도 아니며, 대통령이 만들어 주는 것도 아니며, 헌법재판소가 만들어 주는 것도 아니다. 성숙된 민주주의를 만들어 내는 것은 국민인 것이다. 이를 위해 국민은 끊임없이 정치권에 불평등과 불공정의 시정, 특권과 반칙의 철폐, 부정과 부패를 뿌리 뽑고 바꾸라고 요구해야 한다. 낡은 기득권 구조를 해체하고 함께 행복한 나라를 만들자고 촛불을 들어야 했다. 이를 실현하기 위해 구체적으로 노동빈곤 해소, 교육기회의 균등 실현, 정치개혁 등이 필요해 보인다. 이러한 과제를 완결하려면 국민들에게 항상 권력에 대한 감시가 요구된다. 촛불은 단순히 박근혜 대통령에 대한 탄핵의 목소리가 아니라, 민주주의 구현을 위한 국민 저항의 목소리다. 민주주의 위기 상태에서 나온 국민적 자성의 촛불은 지도자에게는 경고를, 국민에게는 정치 무관심에 대한 반성의 계기가 될 것으로 보았다.

02 | 고전 속에서 생각하기

■ 『국가』 저자소개 :
  플라톤(Platon, BC 427~347)

플라톤은 30인 과두정치와 이후 다시 부활한 아테네 민주정치를 경험하고, 아테네 시민법정에 세워진 소크라테스의 죽음을 목격하면서 정치의 꿈을 접고 철학자의 길을 걷는다. 라파엘로(S. Raffaello)의 유명한 그림 **'아테네 학당'**은 플라톤이 세운 '아카데미아'를 그린 그림이다. 그림 중앙에서 하늘을 가리키며 걸어오는 사람이 바로 플라톤이다.

(라파엘로의 '아테네 학당 중
[왼] 플라톤 [오] 아리스토텔레스)

진리는 이 세상이 아닌 저 하늘에 이데아(idea)로 존재한다. 이 불변하는 이데아를 감각적 사물에 정신이 팔린 인간은 보지 못한다. "철학은 플라톤이고, 플라톤은 철학"이라는 시인 에머슨의 말처럼 플라톤은 중요한 철학적 질문을 인류 역사에 던져 놓았다.

고대 그리스의 철학자이자 객관적 관념론의 창시자, 그는 소크라테스의 제자이었으며, 아리스토텔레스의 스승이었다. 그가 이성 우위의 전통을 가진 서양 철학에 미친 영향은 더할 수 없이 크다. 영국의 철학자인 화이트헤드는 "서양의 2000년 철학은 모두 플라톤의 각주에 불과하다." 라고 말했으며, 시인 에머슨은 "철학은 플라톤이고, 플라톤은 철학"이라 평가하였다.

플라톤의 정치사상은 〈국가〉, 〈정치가〉, 〈법률〉이라는 세 대화편에서 전개된다. 당시의 혼란스런 정치적 상황에서, 그는 모든 시민이 행복할 수 있는 '정의로운 나라'를 염원하면서 〈국가〉에서 이상국가의 설계도를 제시한다. 그런데 이상적인 나라의 핵심요소는 철인왕이다. 플라톤은 철학적 이성과 통치 권력이 결합되지 않는 한, '아름다운 나라'가 건설될 수 없다고 믿었기 때문이다. 〈국가〉에서 보여준 그의 형이상학, 영혼론, 교육론 등은 모두 이 철인왕 통치를 위해서 동원된 수단들이다.

■ 플라톤의 사상과 철인정치

플라톤은 소크라테스의 윤리사상을 더욱 심화하고 발전시켰다. 그는 이상적인 인간과 이상 국가는 모두 정의의 덕을 갖추었다는 점에서 닮았다고 생각하고, 정의가 무엇인지를 탐구하였다. 플라톤에 의하면, 정의의 참된 의미는 현실에 존재하는 인간과 국가가 아닌 이성을 통해서만 파악되는 이상적인 인간과 이상 국가의 모습에서 찾을 수 있다. 플라톤은

(국가)

국가의 모든 구성원이 각자 자신의 역할을 완벽하게 수행하는 국가가 정의로운 국가이자 이상 국가라고 생각하였다. 여기서 정의는 도덕적으로

완벽한 상태를 가리키며, 지혜, 용기, 절제의 덕을 모두 갖춘 상태를 의미한다. 마찬가지로 이상적인 인간인 정의로운 인간도 이러한 덕을 모두 갖춘 인간을 말한다. 플라톤은 이러한 이상 국가에서 무엇보다 수호자의 역할이 중요하다고 생각하였다. 왜냐하면, 이상 국가는 국가를 위해 자신의 개인적인 삶을 헌신하면서 국민 전체의 행복을 자신의 행복으로 여기는 사람이 있을 때에 가능하기 때문이다. 그래서 그는 공공 정신이 투철한 수호자를 양성하고 교육하는 데 많은 관심을 두었다. 특히, 시가 교육(음악, 문학)과 체육 교육이 장차 수호자가 될 젊은이들에게 중요하다고 주장하였다.

플라톤은 지혜의 덕을 가진 철학자가 정치 지배자가 될 때 정의로운 국가가 된다고 주장하였다. 그에 의하면, 철학자는 수호자 중에서 선발된 뛰어난 능력을 갖춘 소수 사람이다. 이런 의미에서 플라톤은 철학자를 완벽한 수호자, 가장 엄밀한 의미의 수호자라고 불렀다. 철학자는 기하학, 천문학 등 많은 학문을 배웠을 뿐만 아니라 모든 지식 중에서 최고의 지식인 이데아에 관한 지식을 가진 사람이다. 여기서 이데아는 어떤 것의 본질을 뜻한다. 플라톤은 존재하는 모든 것은 그것을 그것이게끔 하는 본질이 있다고 생각하였다. 예를 들어, 아름다운 꽃, 아름다운 산 등 아름다운 것이 많이 있는데, 그 모든 아름다운 것을 아름답게 만드는 아름다움 그 자체 혹은 아름다움의 본질이 있다. 그는 그것을 가리켜 아름다움의 이데아라고 말하였다. 나아가 플라톤은 모든 이데아를 이데아이게끔 하는, 다시 말해 이데아 중의 이데아가 있다고 생각했다. 그는 그것을 '선의 이데아'라고 불렀는데, 동굴의 비유를 통해 선의 이데아를 설명하였다. 이 비유에 따르면, 우리가 보는 세계는 사실 동굴 안의 그림자에 불과하며 참된 세계를 보려면 동굴 밖으로 나가 태양을 보아야 한다. 동굴 밖의 태양은 존재하는 모든 것의 진정한 원인인 선의 이데아를 상징한다. 플라톤에 의하면, 철학자는 동굴 밖으로 나가 태양을 본 사람, 즉 선의 이데아를 아는 사람들이고, 그들이 동굴 안으로 돌아와서 우리를 가르치고 통치할 때 국가는 완벽하게 정의로운 국가가 될 수 있다.

플라톤은 실제로 존재하는 각각의 국가가 정의로운 국가가 되려면 이와 같은 완벽한 국가를 모범으로 삼아야 한다고 생각하였다. 마찬가지로 우리가 도덕적인 인간, 정의로운 인간이 되려면 이상적 인간인 철학자를 모범으로 삼아야 한다고 생각하고 있다. 왜냐하면, 감각적 경험에 많은 영향을 받는 인간은 어떻게 살아야 하는가에 관한 진리를 알 수 없고, 이성과 지성의 눈으로 세계를 볼 수 있는 인간만이 바람직한 삶의 방식에 관한 진리를 알 수 있기 때문이다.

▌플라톤의 철인정치는 오늘날의 제왕적 대통령을 의미하는 것일까?

그후 헌법재판소가 박근혜 대통령의 탄핵여부를 결정하게 되었다. 2017년 6월 8일까지는 헌법재판소에서는 박근혜 대통령에 대한 탄핵여부를 결정해야 했고, 탄핵결정이 되면 60일 이내에 대선이 치러져야 했다. 탄핵이 기각되면, 2017년 말에 새로운 지도자를 선출해야 했다.

우리나라 헌법규정에 의하면 대통령은 국가의 독립, 영토의 보전, 국가의 계속성과 헌법을 수호할 책무를 지며, 조국의 평화적 통일을 위한 성실한 의무를 지고, 취임 즈음하여 헌법을 준수한다. 그리고 국가를 보위하고,

(동굴의 우화)

조국의 평화적 통일과 국민의 자유와 복리의 증진 및 민족문화의 창달에 노력하여 대통령으로서의 직책을 성실히 수행할 것을 국민 앞에 엄숙히 선서한다.

역사상 대통령제는 미국의 독립혁명을 즈음하여 필라델피아회의가 열렸을 시점에 13개의 독립 국가를 하나의 국가로 통합시켜야 하는 고민에서 시작되었다. 이후 여러 미국의 대통령이 대통령직을 수행하면서 대통령의 직위수행의 과정을 살펴나가던 중, 처음 제왕적 대통령이 등장하였다.

(아서 슐레진저)

1973년 미국의 역사학자 **슐레진저**(Arthur Meier Schlesinger Jr.)가 그의 저서 『**제국의 대통령직** The Imperial Presidency』에서 닉슨 행정부의 막강한 권위를 묘사하면서 처음으로 사용하였다. 미국에서는 1974년 8월 닉슨(Richard Milhous Nixon) 대통령이 워터게이트사건으로 사임할 때까지 행정부의

권한이 입법부·사법부에 비해 상대적으로
막강하였는데, 특히 제2차 세계대전 때 루스벨트
(Franklin Delano Roosevelt) 행정부의 권위는
다른 정부 기관들을 압도하였다. 그러나
워터게이트사건 이후 대통령의 권한이 약화되어
바람직한 3권분립의 형태가 유지되다가, 2001년
9월 11일 미국 대 폭발 테러사건이 터지면서
제왕적 대통령이라는 용어가 다시 등장하였다.

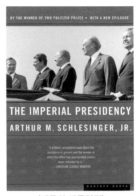

(제국의 대통령직)

부시(George W. Bush) 행정부가 테러와의 전쟁 비용으로 400억 달러의
예산을 승인받은 뒤 그 사용처를 의회에 제대로 제공하지 않는 등 의회와
사법부의 고유 권한을 무시하자 언론들이 부시를 가리켜 제왕적 대통령이라고
표현하기 시작한 것이다.

이처럼 제왕적 대통령은 3권분립이 균형을 이루어야 하는 대통령제
국가에서 대통령의 권한이 다른 정부 기관에 비해 상대적으로 막강한 것을
가리키는 비유적 표현으로 사용된다. 이는 곧 대통령의 권한이 옛날 왕조
시대에 제왕이 누리던 독단적 권위처럼 막강하다는 뜻인데, 심한 경우에는
대통령 독재로 이어질 수도 있다.

플라톤의 말하는 철인에 의한 통치는 그러면 제왕적 대통령을 의미하는
것이었을까? 플라톤이 생각하는 지배자는 이성과 철학으로 무장된
지식인이자, 실천력 있는 지도자를 의미하는 것이었다. 물론 철인왕이
지배하는 통치시스템은 신분제를 골간으로한 기원전의 이야기이기에
오늘날과 같은 민주주의를 전적으로 의미하지는 않는다 하지만, 국가를

지성과 결단력으로 지배하는 측면에서 대통령제와는 맥을 같이 하고 있다. 무소불위의 권력 행사를 인정하는 것은 아니었다. 철학으로 무장된 철인왕을 뽑는 일은 국민에 의해 달려 있다. 철인을 뽑을 것인지, 제왕적 대통령을 뽑을 것인지 이 선택은 오로지 국민의 선택에 달려 있다. 2017년 대통령 선거가 기대됐던 이유였다.

■ 에이브러햄 링컨의 게티스버그 연설(「새로운 자유의 탄생」 "…A new birth of freedom…") 저자소개:
에이브러햄 링컨(Abraham Lincoln, 1809~ 1865)

(에이브러햄 링컨)

링컨은 1861년 3월부터 암살된 1865년 4월까지 미국의 16번째 대통령으로 재직했다. 그는 남북전쟁이라는 거대한 내부적 위기로부터 나라를 이끌어 벗어나게 하는 데 성공하여 연방을 보존하였고, 노예제를 끝냈다.

당시 미국 서부 변방의 개척지에 사는 가난한 가정 출신이었기 때문에, 그는 공부를 학교에서 배우기 보다는 혼자서 스스로 할 수밖에 없었다. 그는 변호사가 되었고, 일리노이 주 의원이 되었고, 미국 하원의원을 한 번 했지만, 상원 의원 선거에서는 두 번 실패하였다. 그는 가족과 함께 시간을 많이 보내지는 못했지만, 자상한 남편이었고 네 아이의 아버지였다. 링컨은 미국의 노예제도의 확장에 대해서 공개적인 반대자였으며, 선거 기간 중 토론과 연설을 통해서 자신의 입장을 분명하게 드러냈다. 그 결과 그는 1860년 미국 대통령 선거에서 공화당의 대통령 후보 지명을 확보하였다. 대통령이 된 후에 그는 임기 중 일어났던 남북전쟁에서 미합중국에서 분리하려 노력했던 남부연합에 승리를 거뒀다. 1863년에는 노예 해방 선언을 발표했고, 미국 헌법 수정 제13조의 통과를 주장하며 노예제의 폐지를 이끌었다. 대통령으로서 그는 군사적, 정치적 양면으로 내전 승리에 집중했으며, 미국 남부주의 분리 독립 선언 이후, 그 주들과 통합할 방법을 계속 모색했다. 그는 전례 없는 군사 조치를 취했으며, 분리 독립주의자로 의심되는 사람은 재판 없이 수감하거나 구금 조치를 취했다. 링컨은 남북전쟁에서 율리시스 그랜트 장군과 같은 최고 지휘관의 선발에 깊이 관여하며 남북전쟁을 승리로 이끌었다. 역사가들은 그가 공화당 내 여러 분파의 지도자를 내각에 참여시킴으로써 당의 분파가 협력하도록 잘 조정했다고 말한다. 링컨은 1861년 말 트랜트호 사건에서 영국과 전쟁 위기까지 몰렸던 위기를 잘 해결했다.

링컨의 리더십 아래, 북군은 남북의 경계가 되던 주들을 점령할 수 있었다. 또 링컨은 1864년의 대통령 선거에서도 다시 승리했다. 공화당의 중도파 수장으로서, 링컨은 모든 방향에서 비판을 받았다. 노예제도에 반대하던 공화당 급진파에서는 남부에 대해 더욱 강한 조치를, 전쟁에 반대하던 민주당에서는 평화와 협상을 촉구했다.

(게티스 버그 연설)

분리독립주의자들은 링컨을 적으로 보았다. 링컨은 반대파에 지원책을 폄으로서 지지를 끌어내고자 했으며,

뛰어난 수사학 이용과 연설을 통해 대중의 의견을 이끌었다. 예를 들어 **게티스버그 연설**은 미국의 전통인 자유주의 곧 자유, 평등, 민주주의에 대한 상징이 되었으며, 역사를 통틀어 가장 많이 인용되는 연설로 손꼽힌다. 전쟁이 종료돼 가면서 링컨은 전후 재건에 대해 신중한 시각을 보이며 관대한 화해를 통해 국가를 통합하는 정책을 주장했다.

남부연합을 이끌던 로버트 리 장군의 큰 패배가 있은 지 6일 뒤에 링컨은 미국 역사상 처음으로 대통령 임기 중에 암살되었다. 링컨은 지속적으로 전문가들에게서 모든 미국 대통령 중 가장 위대한 대통령으로 꼽히고 있으며 영웅, 성자, 순교자가 된, 실제 키(197cm)만큼 역사의 거인이라 할 수 있다. 그는 미국 대통령 중 최초로 성립 당시의 13주 이외의 지역에서 태어난 대통령이었다.

■ 게스티버그 연설의 의미

미국 남북전쟁(1861~65)이 진행되고 있던 1863년 11월 19일, 링컨은 전쟁의 전환점이 된 혈전지 게티스버그(펜실베이니아 주)를 방문하고 전몰자 국립묘지 봉헌식에 참석한다. 그 식전에서 그는 불과 2분간의 짧은 연설을 행하는데, 그것이 이 유명한 「게티스버그 연설」이다. 원문으로 총 266 단어의 이 연설문은 다음날 게티스버그 신문에 실리고 미국사의 기념비적 텍스트의 하나로 전해지게 된다. 이 연설문은 많은 일화를 갖고 있다.

"지금으로부터 87년 전 우리의 선조들은 이 대륙에서 자유 속에 잉태되고 만인은 모두 평등하게 창조되었다는 명제에 봉헌된 한 새로운 나라를 탄생시켰습니다. 우리는 지금 거대한 내전에 휩싸여 있고 우리 선조들이 세운 나라가, 아니 그렇게 잉태되고 그렇게 봉헌된 어떤 나라가, 과연 이 지상에 오랫동안 존재할 수 있는지 없는지를 시험받고 있습니다. 오늘 우리가 모인 이 자리는 남군과 북군 사이에 큰 싸움이 벌어졌던 곳입니다. 우리는 이 나라를 살리기 위해 목숨을 바친 사람들에게 마지막 안식처가 될 수 있도록 그 싸움터의 땅 한 뙈기를 헌납하고자 여기 왔습니다. 우리의 이 행위는 너무도 마땅하고 적절한 것입니다. 그러나 더 큰 의미에서, 이 땅을 봉헌하고 축성(祝聖)하며 신성하게 하는 자는 우리가 아닙니다. 여기 목숨 바쳐 싸웠던 그 용감한 사람들, 전사자 혹은 생존자들이 이미 이곳을 신성한 땅으로 만들었기 때문에 우리로서는 거기 더 보태고 뺄 것이 없습니다. 세계는 오늘 우리가 여기 모여 무슨 말을 했는가를 별로 주목하지도, 오래 기억하지도 않겠지만 그 용감한 사람들이 여기서 수행한 일이 어떤 것이었던가는 결코 잊지 않을 것입니다. 그들이 싸워서 그토록 고결하게 전진시킨, 그러나 미완으로 남긴 일을 수행하는 데 헌납되어야 하는 것은 오히려 우리들 살아 있는 자들입니다. 우리 앞에 남겨진 그 미완의 큰 과업을 다 하기 위해 지금 여기 이곳에 바쳐져야 하는 것은 우리들 자신입니다. 우리는 그 명예롭게 죽어간 이들로부터 더 큰 헌신의 힘을 얻어 그들이 마지막 신명을 다 바쳐 지키고자 한 대의에 우리 자신을 봉헌하고, 그들이 헛되이 죽어가지 않았다는 것을 굳게 굳게 다짐합니다. 신의 가호 아래 이 나라는 새로운 자유의 탄생을 보게 될 것이며, 인민의, 인민에 의한, 인민을 위한 정부는 이 지상에서 결코 사라지지 않을 것입니다."

■ 링컨이 말하는 "국민의, 국민에 의한, 국민을 위한 정부"가 우리나라에는 있었던 것일까?

링컨이 지향한 "국민의, 국민에 의한, 국민을 위한 정부"의 기본정신은 우리 헌법의 제1조 제2항에서 그 의미를 찾아볼 수 있다. 우리 헌법 제1조 제2항은 "대한민국의 주권은 국민에게 있고 모든 권력은 국민으로부터 나온다."라고 규정하여 국민주권주의를 천명하고 있다. 이러한 국민주권의 원리는 일반적으로 어떤 실천적인 의미보다는 국가권력의 정당성이 국민에게 있고 모든 통치권력의 행사를 최후적으로 국민의 의사에 귀착시킬 수 있어야 한다는 등 국가권력 내지 통치권을 정당화하는 원리로 이해되고 있다. 그렇다면, 헌법상의 원리로 표현되는 "국민의, 국민에 의한, 국민을 위한 정부"는 실제 우리나라에서 구현되었던 적이 있을까?

우리 대한민국은 이제까지 이승만 대통령, 윤보선 대통령, 박정희 대통령, 최규하 대통령, 전두환 대통령, 노태우 대통령, 김영삼 대통령, 김대중 대통령, 노무현 대통령, 이명박 대통령, 박근혜 대통령까지 11명의 대통령과 함께 성장하였다. 이 대통령 중에 과연 국민의, 국민에 의한, 국민을 위한 정부 구현에 앞장섰던 대통령이 있었는지 궁금해진다.

특정인이나 특정세력에 의한 것이 아닌 국민전체를 위해 봉사하고, 존경받았던 대통령이 있었던 것일까? 2017년 대통령 선거를 통해 개인의 자유와 권리를 존중하고, 정치의식을 함양하고, 사회적 약자를 배려한 대통령을 아직도 꿈꾸고 있다는 것은 아직도 링컨이 말했던 대통령을 찾지 못했기 때문은 아닐까?

03 | 비판적으로 현실 톺아보기

또다시 기로에 선 한국[23]

김동춘
성공회대 NGO대학원

    지난 26일 190만 명이라는 사상 최대의 인파가 전국 대도시의 거리로 쏟아져 나와 "박근혜 퇴진"을 외쳤다. 대통령은 이제 국민들의 놀림감이 되었다. 광화문 네거리에서 확성기로 박근혜 대통령을 조롱해도 잡혀가지 않는다. 국민들은 이미 그를 탄핵했다.

    그런데 불과 1년 전 검찰은 박근혜 비방 유인물을 배포한 박성수씨를 현행범으로 체포·구속했고, 경찰은 박근혜 비방 유인물 배포한 사람 잡겠다고 먼지털기 수사를 했다. 지금 촛불시위를 거의 생중계하는 대부분의 종편 방송은 박근혜 정권 출범 이후 국가정보원 대선개입 수사, 세월호 참사 등 박근혜 정권의 중요 의혹 사건이 터졌을 때, 사실 보도를 하지 않은 것은 물론 국민의 시선을 돌리기 위해 거의 온종일 잡담을 틀어댔다. 비박, 친박 새누리당 의원들은 지금까지의 모든 '박근혜표 정책정책'에 이견을 제기하기는커녕 거의 맹종으로 일관했다.

---

23. 한겨레신문 2016년 11월 29일.

이번 게이트가 매우 충격적이기는 하나, 세월호 구조의 실패 외에도 박근혜 정권의 인사와 정책의 '비상식'과 불법은 사실 지난 4년 동안 계속된 일이었고, 2년 전 청와대 문건 유출 사건에서 이미 문고리 3인방의 권력농단은 드러났다. 그런데도 지난 4년 동안 검찰과 경찰, 종편 언론, 새누리당 등 공조직은 오직 내·외부 고발자들만 탄압했다.

　대통령제하 집권 여당의 자율성이 제한된다는 것을 감안하더라도, 지금까지 새누리당의 행태는 과거 이승만의 자유당을 능가하는, 용납할 수 없는 수준이었다. 세월호 구조 실패는 박근혜 대통령과 정부의 책임에 속하지만, 이후 진상규명은 국회의 임무였다. 그런데 새누리당 정진석 원내대표는 세월호 진상규명을 요구하는 유족들 앞에 "세월호 특조위는 하는 일 없이 예산만 낭비한다"고 했고, 다른 새누리당 의원들도 "세월호는 교통사고", "좌파단체 색출하자", "선체는 인양하지 말자" 등의 막말을 쏟아내면서 유족과 국민들의 요구를 묵살했다.

　박근혜 대통령은 새누리당이 공식 추대한 대선 후보로서 대선에 당선되었고 또 새누리당을 기반으로 해서 대통령직을 수행했다. 공과 사를 구분하지 못하는 박근혜 대통령을 '배우'로 내세운 감독, 기획, 연출자는 새누리당이었다. 새누리당은 지난 4년 동안 집권세력으로서 매년 수백조 국가 예산과 수천개의 중요 직위를 전리품처럼 이용했다. 대선 당시 '경제민주화'를 공약으로 내걸었다가, 취임 직후 그것을 쓰레기통에 버린 박근혜 대통령에게 간언이라도 한마디 한 새누리당 의원이 있었던가? 지금은 박근혜 대통령의 상표, '창조경제'가 비선 실세들의 '돈벌이 잔치'라는 사실이 드러났지만, 국내외 많은 전문가들이 '창조경제'가 "아무런 알맹이가 없는 헛소리"라는 지적을 했을 때, 새누리당은 과연 어떤 입장이었나?

그런데 박근혜 대통령 당선의 1등 공신 김무성이 이제 탄핵과 개헌을 추진하자 하고, 심지어 친박계 중진들까지 자신들이 세웠던 배우에게 무대에서 내려오라 한다. 국민의당과 일부 야권 지도자들은 "친박도 사죄·반성하면 용서하자"고 한다. 조짐이 좋지 않다.

〈조선일보〉나 김무성은 마치 '대통령 5년 단임제' 헌법이 모든 문제의 원인인 것처럼 여론을 몰아간다. 87년 6월 항쟁 직후 '직선제' 개헌만이 문제의 해결책인 양 구도를 잡아서 시위대와 야권을 분리시키고, 야당 지도자의 분열을 이용해서 재집권을 했던 바로 그 논리, 그 세력들이다. 그래서 민주화 이후 지난 30년 동안 정권은 교체되어도 세력은 교체되지 않았고, 재벌 체제는 공고화되었다. 따지고 보면 오늘의 '헬조선'은 여기서 왔다.

'촛불시위'에 모인 우리 국민들은 참으로 위대하다. 그 힘으로 탄핵 국면까지 왔다. 그러나 박근혜 정권의 기획, 감독, 연출자들은 그대로 남아 있고 정책도 변한 것이 없다. 87년 6월 항쟁 직후처럼, 아니, 4·19, 아니 8·15 직후처럼 한국은 또다시 기로에 서 있다. 이 게이트의 모든 범법자와 공모자를 철저히 수사·처벌하고 책임을 지도록 해야 한다. 검찰 개혁, 국정원 개혁, 선거법 개정, 공영언론 개혁이 없는 개헌론이나 대선 경쟁은 또다시 국민을 '졸'로 전락시킬 것이다. 촛불은 '청산'과 '대안 마련'을 위한 국민적 토론, 조직화된 압력 행동으로 진화해야 한다. 탄핵은 시작이고, 대선은 종착점이 아니라 과정이다.

정의를 위해 싸웠던 한국 시민, 이젠 '세계 평화' 교훈 보여줄 때[24]

존 델러리
연세대 국제대학원 교수

이 글을 쓰면서 나는 5살배기 아들과 미국 샌프란시스코 공항 라운지에서 서울행 비행기를 기다리고 있다. 고향 캘리포니아를 짧게 방문하고 돌아가는 길이다.

아들이 콧노래를 흥얼거린다. 잠시 뒤 어떤 노래인지 깨닫고 함께 흥얼거렸다. 참을 수 없는 미소가 내 얼굴에 퍼졌다. 아들이 부른 노래는 대한민국 헌법 1조였다. "대한민국은 민주공화국이다. 모든 권력은 국민으로부터 나온다…." 멜로디는 우리 가족이 서울 시민과 함께 보낸 10여 차례의 토요일을 상기시켰다. 신뢰를 잃어버린 대통령으로부터 주권을 되찾기 위해 모인 시민들이었다.

지난 가을과 겨울, 우리는 추위 속에서 노래를 불렀고, 빗속에서 행진했다. 촛불을 켜고 구호 팻말을 높이 들었다. 시청 앞에서 친구들과 합류해 광화문으로 걸었다. 거기서 다시 청와대를 향하면서 새 친구들을 만났다. 모두가 화가 나 있었지만 동시에 모두가 즐거워했다. 그 토요일 밤들이란…. 수도 한복판의 (차량이) 차단된 거리에서는 어떠한 이방인도 없었다. 연대가 솟아나 용암처럼 흘렀다. 어떠한 것도 막을 수 없는 흐름이었다. 미로에 갇힌 대통령은 자신의 귀를 막았을지도 모른다. 하지만 도시는 사람들의 노래를 들을 수 있었다. 사람들은 "퇴진!"을 노래했다. 대통령이 듣기를 거부하자 국회로 향했다. 이번엔 "탄핵!"을 노래했다. 국회의원들은 '일반의지(volont g

☑ 24. 경향신문 2017년 10월 29일

n rale)'를 들었고, 수십만명이 거리에서 요구한 것을 법 안에 봉헌했다.

서울에 사는 미국인으로 촛불운동을 목격한 것은 계시였다. 구시대 미국식 자유주의의 자랑스러운 산물이었을까. 나는 (미국)대학에서 국민의 의지에 조심스레 귀를 기울이라고 배웠다. 필연코 레닌과 스탈린에게로 연결되는 루소를 경계하라고 했다. 거리 시위보다는 헌법을 더 깊이 존중하라고 교육받았다. '법의 지배'로부터 떨어져 나온, 관념으로서의 이상적인 정부에 대해 생각하라고도 배웠다. 훌륭하고 고상한 원칙들이다. 나는 여전히 그 원칙들을 소중히 여긴다.

하지만 촛불혁명을 목도하면서 다소 경멸해왔던 루소의 직접민주주의를 다시 생각하게 됐다. 평화적인 집회의 힘과 시민적 연대, 단호한 직접행동이 표출된 혁명이었다. 어차피 미국의 정치적 전통은 혼합물이다. 자치정부를 민주주의적으로 인정하는 동시에 우매한 군중을 자유주의적으로 불신한다. 두 가지가 결합돼 있다. "자유의 나무는 때때로 애국자와 독재자의 피로 원기를 회복한다"고 토머스 제퍼슨은 말했다. 하지만 촛불혁명은 제퍼슨 보다 더 나은 결과를 낳았다. 지난해 서울에선 자유(liberty)의 나무가 자유(freedom)의 노래로 원기를 회복했다. 시민들은 단 한 방울의 피도 흘리지 않고 자치정부를 달성했다.

아웃사이더에게 운동의 성격을 설명하기란 늘 녹록하지 않다. 어떤 미국인들은 (대통령) 탄핵의 법적 또는 헌법적 근거를 읽지 못했다고 중얼거렸다. 한국과 같은 '젊은 민주주의'를 낮춰 보는 사고방식이 내비쳤다. 박근혜는 어쩌다가 탄핵까지 받게 됐을까. 전임 대통령들도 그만큼 부패하지 않았었나. 백만 명을 거리로 뛰쳐나오게 한 재벌과의 야합 주장과 (최순실의) 그림자 내각 폭로는 과연 사실이었나. 진실은 다른 것이 아니었을까. 예를 들어 박근혜가 여자이기 때문에 분노를 촉발한 것은 아닐까. 지금 미국에서 벌어지고 있는 탄핵 논의에 비춰보았을 때 일부 미국인들이 품었던 이러한 의문들은 아이러니가 아닐 수 없다.

미국 대통령의 탄핵 과정은 법적인 고려에서 진행되는 것이 아니다. 많은 전문가들이 지적하듯 미국 대통령 탄핵은 근본적으로 정치적 결정이다. 연방하원이 국민의 의지를 어떻게 해석했느냐에 따라 결정을 내린다.

미국인들은 이제 대한민국이라는 '젊은 민주주의'로부터 바로 그 국민의 의지를 어떻게 표출(!)하는지를 배울 수 있을지도 모른다.

서구의 포퓰리즘 논의와 겹쳐보면서 촛불혁명이 과연 포퓰리즘인지, 아닌지를 생각하는 것 역시 아이러니다. 도널드 트럼프의 대선 승리와 브렉시트(영국의 유럽연합 탈퇴)에 이어 유럽 곳곳에서 포퓰리즘 정당이 발흥하고 있다. 외국인을 혐오하는 포퓰리즘은 인터넷의 주변부에서 권력과 영향력의 중심으로 이동했다. 이민자들을 범죄와 가난의 원흉으로 지목한다. 사실 실업과 불평등의 이유는 세계화이건만, 종교적·인종적으로 '다른 그들'을 위협으로 간주한다. 이민자들은 금지하고 추방하거나 침묵을 강요하고 조롱받아야 할 대상이 됐다. 서구는 반동적이고 고립적이며 상업주의적이고 권위주의적인, 본능의 분화구 옆을 위태롭게 걷고 있다. 자칫 떨어지기 십상이다. 포퓰리즘은 유럽과 미국 정치에서 먹히고 있는 병리학적 현상이다.

서구의 자유주의자와 진보주의자들은 대한민국을 바라볼 필요가 있다. 자신들의 딜레마에서 벗어나는 것을 가능케 할 길이 거기에 있다. 평등과 내적 단합, 민주주의의 관점에서 촛불혁명은 포퓰리즘이었다. 스트롱맨(독재자)의 법에 의한 조치가 아니라, 시민적 연대의 이름으로 부패를 비난했다. 대중의 신뢰를 잃은 지도자로부터 주권을 되찾았지만, 그 과정에서 민주주의 제도들을 더 강화시켰다. 원기도 불어넣었다. 국회는 국민과 함께 표결을 했고, 헌법재판소는 그 결정을 지지했다. 자유롭고 공정하며 신속한 선거로 새 대통령을 권좌에 앉혔다. 대통령 궐석이라는 헌법적 위기가 길어졌지만 그 기간 동안 무질서나 혼란도 없었다. 촛불운동은 최상의 포퓰리즘이었다. 한국은 희망이 꺼져가고 반동의 먹구름과 원한 탓에 어두워지고 있는 세계에 자유민주주의의 영감을 불어넣은 횃불로 우뚝 섰다.

철학자 한나 아렌트는 저서 『혁명에 관하여(On Revolution)』에서 성공적인 혁명의 열쇠는 해방의 순간에 있는 게 아니라고 했다. 더 나은 도덕적 질서와 정치적 공동체를 구축하는 과정에 있다고 했다. 문재인 대통령 역시 자신의 권한이 촛불운동에서 나온 것이며, 촛불운동의 정신 안에서 통치하는 자신의 능력에 따라 심판받을 것이라는 점을 잘 알고 있는 듯하다. 지난겨울 터져나온 시민의 에너지는 역설적으로 전진의 계기였다. 서구가 극우와 대안우파의 반동적인 정치와 싸우고 있을 때, 한국이 자유주의 원칙을 믿고 진보적인 해법을 내놓은 것은 좋은 정부와 되살아난 민주주의의 모델이다. 지구촌 차원의 의미를 갖는다.

대한민국은 지금 심각한 도전에 직면해 있다. 가장 오래되고 익숙한 도전이다. 그 때문에 쉽게 잊힌 도전이다. 한반도는 북한의 미사일 발사와 미국(대통령)의 트위터 메시지 탓에 불안정하고 위험한, 새로운 국면에 들어가고 있다. 촛불운동 동안 보인 민주주의 정신은 평화의 전제 아래에서만 가능하다. 한국인들은 현대사 경험을 통해 북쪽에서 불어오는 바람이 자유의 불꽃을 꺼버릴 수 있음을 알고 있다. 전쟁 전망은 자유는 물론 생명 자체를 위험에 빠뜨린다. 미국은 1년 전까지만 해도 어쩌다 거론했던 '군사적 해법'을 말하고 있다. (박근혜 정부의) 참담한 부패가 시민적 삶의 르네상스를 촉발시켰던 것처럼 향후 몇 년 동안 끔찍한 전쟁 가능성이 한반도 평화를 향한 새로운 운동을 점화할지도 모른다.

혁명은 결코 끝나지 않는다. 정의로운 사회와 평화로운 세계를 향한 끊임없는 싸움의 새로운 국면을 열기도 한다. 한국인들은 1년 전을 돌아보면서 자랑스러워할 대목이 많다. 세계를 향해 민주주의의 교훈을 주었다. 어쩌면 지금은 세계에 또 다른 교훈을 주어야 할 때인지도 모른다. 이번에는 평화를 위해 어떻게 싸워야 하는지에 대한 교훈이 될 것이다.

04 | 더 읽어볼 참고 문헌

■ 고원, 『촛불 이후』, 한울, 2017

　이 책은 한국 정치와 사회 현상을 현실의 수준에서 다루면서도 독자들에게 체계적이며 깊은 이해를 전달하는 흔치 않은 노작이다. 촛불혁명 이후 우리 사회가 어떻게 변화해가고 우리가 무엇을 위해 살아야 하는지를 고민하는 깨어 있는 시민들, 새로운 정치의 비전, 가치, 전략, 리더십을 모색하는 정치권, 역사·문명·세계의 새로운 발전 국면에서 새로운 시각·담론·의제의 필요성을 절감하는 지식인 사회에게 일독을 권한다.

■ EBS 다큐프라임 [민주주의] 제작팀, 『EBS 다큐프라임 민주주의』, 후마니타스, 2016.

　이 책은 2016년 여름에 방영되어 호평을 받았던 EBS 다큐프라임 [민주주의] 5부작을 한 권의 책으로 묶은 것이다. 질문은 분명하다. "민주주의란 무엇인가?" 이 질문에 대답하기 위해 이 책은 아일랜드 대기근과 자원 배분의 문제, 고대 아테네와 민주주의의 발생, 미국혁명과 현대 민주주의의 탄생, 전후 자본주의의 황금기와 민주주의의 발전, 그리고 현대 주주 자본주의와 기업 민주주의, 불평등과 민주주의에 이르기까지, 중요한 문제들을 정면으로 다루고 있다

■ 알렉시스 드 토크빌, 임효선·박지동 옮김, 『미국의 민주주의』, 한길사, 2015.

이 책은 새로운 경험에 조응하는 새로운 정치학의 수립을 위해 쓰인 것이다. 그러나 이 책은 가치중립적인 초연한 과학자의 저작이 아니다. 토크빌은 오히려 과학적 지위를 주장한 모든 사회이론들에 대해 회의적이었으며, '자신의 운명을 수정하는 능력'을 갖춘 시민의 능동성을 강조하여 온갖 종류의 역사적 결정론을 거부하였다.

■ 김욱, 『마키아벨리즘으로 읽는 한국 헌정사』, 책세상, 2015.

한국 헌정사는 권모술수가 난무하는 부도덕한 정치 과정과 민주주의에 대한 민중의 열망, 도덕적 요구가 뒤얽힌 질곡의 과정이었다. 이러한 부도덕한 정치와 국민의 도덕적인 감성의 부조화는 여전히 해결되지 않고 있다. 마키아벨리는 '목적이 수단을 정당화한다'는 주장을 통해 해결방안을 찾는다. 이 책은 마키아벨리의 사상을 한국 헌정사에 투영시켜 군주, 즉 역대 대통령들의 마키아벨리스트로서의 면모를 분석한다.

■ 플라톤, 천병희 옮김, 『국가』, 숲, 2013

무엇이 잘 사는 것이고 훌륭한 삶인가에 관한 이야기를 담은 이 책에는 국가란 무엇인가, 정의란 무엇인가, 정의와 불의 중 어느 쪽이 유익한가, 정의란 강한 자의 이익인가, 올바르게 살아야 하는 이유는 무엇인가, 철인으로서의 왕은 어떤 교육을 받아야 하는가 등의 주제가 담겨져 있다.

주로 '정의'를 다루고 있으며, 이상적인 국가이기에 실현하기는 힘들지만 어떤 정치가 바람직한지에 대한 논의를 끊임없이 생산해내는 시원이 되어준다.

▌ 민주화운동기념사업회, 신명순 엮음, 『한국의 민주화와 민주화운동: 성공과 좌절』, 한울아카데미, 2016.

민주화운동사와 민주주의에 대한 역사를 정리하고 이론적으로 조명하는 데 힘써온 민주화운동기념사업회 한국민주주의연구소에서 한국의 민주화와 민주화운동에 대한 이론적이고 학술적인 분석을 시도한 책이다. 사건을 단순하게 나열하는 데 그치지 않고, 한국의 민주화와 민주화운동이 한국 사회에 갖는 함의를 밝혀나간다.

▌ 차병직·윤재왕·윤지영, 『지금 다시, 헌법』, 로고폴리스, 2015.

저자들은 최대한 쉬운 말과 간결한 문체, 다양한 예를 활용해 각 헌법 조항의 의미와 배경을 설명함으로써 누구나 헌법을 쉽게 읽고 이해할 수 있도록 했다. 또한 현재 우리 사회에서 논쟁이 되고 있는 지점과 그에 대한 견해를 통해 현재적 관점에서 헌법이 우리에게 얼마나 많은 영향을 미치고 있는지 강조해서 보여주고 있다.

■ 최대권, 『법치주의와 민주주의』, 서울대학교출판문화원, 2012.

제대로 된 나라를 세워 이를 제대로 이끌어가려면 거기에 필수적인 원리·원칙의 문제가 따르기 마련이다. 원리·원칙 가운데 꼭 지켜내야 한다고 믿는 원리, 원칙과 가치들에 옷을 입힌 것이 법이라고 말할 수 있다. 독자 학문으로서의 법학, 사법권의 독립, 법의 일반성, 미래효의 원칙, 명확성, 안정성, 이러한 외형적 형식적 특징에서 나오는 예측가능성을 포함할 수 있다. 법이 이러한 특징에 따라 작동할 때 비로소 개인의 자유가 시작되고 민주주의가 가능케 된다고 강조한다.

■ 아렌드 레이프하트, 김석동 옮김, 『민주주의의 유형』, 성균관대학교출판부 (SKKUP), 2016.

이 책은 헌법 개정 및 선거 개혁을 위한 지침을 제시하고, 민주주의의 질과 민주적 가치 및 제도적 성과를 향상시키는 대안들을 제공할 수 있다. 김석동의 역자후기에서 이 책의 명제에 대한 해석에 따르면, 비례대표제와 중대선거구제는 한국에서 영남과 호남 간의 지역주의뿐만 아니라 남한과 북한 간의 잠재적 지역 갈등을 완화시킬 수 있다.

■ 최장집·박찬표·박상훈, 『어떤 민주주의인가 : 한국 민주주의를 보는 하나의 시각』, 후마니타스, 2013.

민주화 이후 한국 사회에서 "어떤 민주주의"를 만들 것이냐의 논쟁에서 "정당 민주주의의 문제"는 핵심적인 위치를 차지한다. 이는 박근혜 당선 이후 "진보의 패배" 원인을 찾는 논쟁에서부터, 안철수 현상이 낳은 문제, 당선 이후 공약의 이행과 그 결과에 대한 책임을 어떻게 물을 것이냐는 책임성의 문제다. 그리고 민주 정부 시기부터 '민주주의의 확대'를 명목으로 이루어진 갖가지 정치 개혁에도 불구하고 점점 더 소외되고 있는 보통 시민들의 이해와 설 곳조차 잃은 진보 정당의 현실에 이르기까지 현재 한국 민주주의가 안고 있는 문제의 근원을 지적하고 있다.

05 | 논리적 오류: 그릇된 원인(false cause)

전제와 결론의 인과 관계가 실재하는 것이 아니라 가상 또는 상상에 의해 이루어진 경우에 발생한다. 즉 원인과 결과의 관계를 잘못 설정하고, 그것을 바탕으로 논증을 구성하는 오류다.

▶ 아침에 검은 고양이 보면 그 날은 꼭 재수가 없어. 낮에 경찰에게 걸려 딱지 뗀 것도 아침에 출근하다 옆집 영수네 검은 고양이를 본 때문일 거야.

▶ 이번 시즌 내내 응원단이 짧은 핫팬츠 입고 응원하는 날마다 해태가 이겼거든. 마지막 결승에서도 롯데를 이기려면 응원단 애들 다 핫팬츠 입혀야 돼.

▶ 우수한 학생들은 전부 A학점을 받습니다. 제가 우수한 학생이 되기를 원하시면 이번에 저에게 A학점을 주십시오.

Ulrich Beck

(1944~2015)

10장

과학기술과 위험사회 :
지구는 이대로 멸망하고 마는가?

10

과학기술과 위험사회 :
지구는 이대로
멸망하고 마는가?

01 | 여는 글

2019년 기준 한국인의 기대수명은 83.3세라고 한다. 1980년에 65세 정도였던 데 비하면 39년 사이에 무려 18세 이상 수명이 늘어났다고 말할 수 있다. 하지만 이것은 어디까지나 평생 갑작스런 사고나 천재지변 등을 당하지 않고 정상적인 생활을 누린다는 전제 하에서만 가능한 얘기다. 현대인들은 한편에선 수명을 늘릴 수 있는 물적 조건인 영양, 위생, 의료 등의 혜택을 누리고 있을지 모르나, 다른 한편에선 옛날 같으면 상상도 할 수 없는 각종 위험들에 노출되어 있는 게 사실이다. 그래서 요즘 우스갯소리로 '자기 명대로 사는 게 복이다'라는 말이 있을 정도다. 가깝게는 교통사고에서부터 멀리는 원자력발전소의 핵폭발 사고에 이르기까지 우리 주변엔 크고 작은 위험이 늘 도사리고 있다. 과거의 위험이 주로 천재지변에서 비롯됐다고 한다면 오늘날 위험은 대부분 인간에 의해 새롭게 만들어진 것들이 대부분이다. 그리고 오늘날 위험은 갈수록 그 규모가 확대되고 있다. 환경오염이나 유전자 변형 식품 같은 경우 그것의 영향은 일시적으로 나타나는 것이 아니라 몇

세대에 걸쳐서 누적적으로 나타난다. 그런가 하면 핵의 위험이나 기후변화는 인류는 물론 지구상에 존재하는 모든 생명체를 절멸케 할 수 있는 끔찍한 결과를 초래할

(후쿠시마 원전사고)

수도 있다. 특히 2011년 일본 **후쿠시마 원전사고**에서 본 것처럼 쓰나미라는 자연재해가 인공 시설물인 원자력발전소를 덮치게 되면 그 위험은 가공할 정도로 확대된다.

　요즘 한국 사회도 위험사회에서 예외일 수 없다는 신호들이 끔찍한 사고들을 통해서 우리에게 두려움으로 다가오고 있다. 사회적으로 큰 충격을 주었던 사고들 몇 가지만 열거해보자. 삼풍백화점 붕괴, 성수대교 붕괴, 대구 지하철 화재, 태안 유조선 기름유출, 경주 리조트 시설 붕괴, 그리고 세월호 대참사 등 대형사고가 끊이지 않고 일어났다. 이런 사고들의 공통점이라고 한다면, 시설물이나 운용기계 모두가 현대의 첨단 과학기술에 의존해서 만들어진 것들이며 그것들의 관리는 합리성과 효율성을 최고의 가치로 추구하는 관료제 조직이 담당하고 있다는 점이다. 한 치의 오차도 허용치 않는 과학적 엄밀성과 합리성이 빚어낸 현대 문명의 이기들이 인간 생존에 가장 큰 위협이 되는 역설이 발생하고 있는 것이다.

　근대의 문이 열림과 함께 자연의 폭력으로부터 벗어나고자 하는 인간의 오랜 갈망이 마침내 실현되는 듯 했다. 데카르트(R. Descartes)가 인간의 생각하는 힘("나는 생각한다, 고로 존재한다")을 천명했을 때부터 인간의 이성에 특권을

부여하기 시작했다고 여겨지지만, 사실은 이미 100여 년 전부터 자연과학의 혁명을 목격하면서 인간의 이성적 힘을 실감하였다. 자연과학의 혁명은 '코페르니쿠스적 전환'으로 우리에게 더 잘 알려진 코페르니쿠스(Nicolaus Copernicus)가 지동설을 주장한 데서 시작된다. 그는 우주의 중심이 지구가 아닌 태양이라고 주장함으로써 그동안 누구도 의심치 않았던 프톨레마이오스(Claudius Ptolemaeus)의 우주관인 천동설에 정면으로 도전하였다. 이것은 종래의 종교적 우주관을 정면으로 반박함으로써 모든 것을 신 중심에서 보던 것을 인간 중심으로 보게 되는 계기가 된 것이다. 신 대신에 인간 이성을 신뢰하고, 이를 바탕으로 자연으로부터 인간해방을 부르짖었던 계몽사상은 그러한 자연과학의 위대함을 실감하게 되면서 생긴 자연스런 사조라고 하겠다.

계몽사상이 모든 외부적 권위로부터 자유로운 인간의 존엄성을 재정립했다는 점에선 높이 평가될 수 있겠으나, 지나친 인간중심주의는 또 다른 폭력으로 혹은 더 큰 위험으로 인간에게 부메랑이 되고 있다. 이제 현대인들은 신보다도 과학을 더 맹신한다. 종교는 종파에 따라 다른 관점과 선호가 갈리지만 과학은 객관성이라는 이념 아래에 모든 차별성을 용납하지 않는다. 그래서 그럴까. 현대사회에서는 '과학적'이라는 수식어 앞에 모두가 이의제기를 포기하고 만다. 이제 인간의 이성이 신을 대신하고 있는 경지에 오른 것이다. 만물의 영장인 인간이기에 인간이 아닌 것들은 오직 인간을 위해 존재하는 수단일 뿐이다. 자연은 오직 인간의 이용물일 뿐이다. 이미 오래 전에 경험론의 철학자인 프란시스 베이컨(F. Bacon)이 "자연은 인간에 의해 정복되지 않으면 이용할 수 없다."라고 말했듯이, 자연은 인간의 목적을 위한 정복의 대상일 뿐이다. 급기야 인간의 오만은 화를 부르고 말았다. 이제는 인간 자신의 절멸은 물론이고 오직 인간라는 종 때문에 함께 사라져야 하는 운명에 처해 있는 생태계의 위기가 바로 그것이다.

요즘 우리는 급격한 기후변화를 피부로 느끼면서 지구 온난화가 미치는 영향을 실감하고 있다. 또한 최근엔 코로나 19 전염병이 팬데믹을 일으켜 전 세계가 패닉상태에 빠진 바 있다. 이것을 두고 인간이 파괴한 자연의 역습 혹은 보복이라고 말하기도 한다. 자연을 인간의 목적을 위한 수단으로만 생각하고 과학을 앞세워 자연을 무지막지하게 파괴해온 인간에게 자연은 경고하고 있는 것이다.

과학적 합리성은 어떤 대상이든 우열과 손익에 의거해서 차별적으로 분류하기 마련이다. 합리성이란 라틴어 어원 'ratio'가 의미하듯이 '계산'이기 때문이다. 이런 합리성의 논리가 사회를 지배하게 되면 '나와 우리'에게 이익이 된다면 타자와 다른 집단을 배제하고 억압하며, 심지어는 그들을 죽이기까지 한다. 인류가 가장 문명화(합리화)되었다고 자랑하던 20세기에 인간은 인류역사상 가장 참혹한 세계전쟁을 겪었다. 호르크하이머(Max Horkheimer)와 아도르노(Theodore L. W. Adorno)가 『계몽의 변증법』에서 "왜 인류는 야만으로 돌아가고 있는가?"라고 물었을 때, 그것은 인간의 이성에 대한 과도한 맹신이 얼마나 끔찍한 결과를 초래하는지를 고발하고 있다. 지금도 이성에 대한 경고는 유효하며, 오히려 더 절실하게 다가온다. 연일 벌어지는 테러가 전 세계를 공포로 몰아넣고 있지 않은가. 여기에 신자유주의라는 자본의 이데올로기가 전 세계를 뒤덮으며 부의 양극화가 극심한 가운데 전 세계의 대다수 사람들은 늘 생존의 위협에 노출되어 꿈과 희망조차 포기하고 있다. 최근 우리 사회에서 회자되고 있는 '헬 조선'이라는 말은 그러한 현실을 극적으로 표현해주고 있다. 전쟁, 테러, 신자유주의적 시장경쟁 등은 모두 근대의 이성이 주조해낸 반인륜적이고 반문명적인 폭력들이다.

이상에서 살펴본 것처럼 현대사회는 매우 암울한 모습을 띠고 있다. 물질적 풍요만큼이나 가장 인간적이고, 자유롭고, 활기차야 할 현대사회가 점점 인간이 통제할 수 없는 거대한 위험들로 인간의 삶을 위태롭게 하고 있다. 이것은 우리 인간에게 근본적인 성찰을 요구하고 있다. 우리가 근대 이후 맹목적으로 추구해왔던 발전이니 진보니 하는 가치들이 담고 있는 모순을 비판적으로 드러내고, 우리 삶을 지속시킬 수 있는 대안적인 새 패러다임을 적극적으로 논의하고 만들어가야 할 때이다. 따라서 이 장에서는 현대사회를 위험사회라고 지칭하게 된 근본적인 원인을 함께 탐구해보고, 현재 우리 사회에서 발생하고 있는 여러 위험증상들에 대해서 비판적으로 평가하고자 한다. 나아가서 우리 사회가 안고 있는 위험요인들을 극복하기 위해 우리가 어떤 실천적인 노력을 기울여야 할 것인지에 대해서도 토론하고자 한다.

02 | 고전 속에서 생각하기

■ 『위험 사회』 저자소개:
울리히 벡(Ulrich Beck: 1944~2015)

울리히 벡은 독일 슈톨프(1945년 이후 폴란드
영토가 됨)에서 태어났다. 프라이부르크 대학과
뮌헨 대학에서 사회학·철학·정치학을 수학하였
으며 뮌헨 대학 사회학 박사 학위를 받았다. 이후
뮌스터 대학과 밤베르크 대학 교수를 거쳐서 뮌헨
대학의 사회학연구소장을 맡았다. 독일 바이에른 및
작센 자유주 미래위원회 위원을 역임하기도 한 그는

(울리히 벡)

미래위원회 위원 활동을 통해 자신의 시민노동 모델을 발전시키기 시작하면서
정치적으로 큰 인기를 끌기도 했다.

벡은 1986년 『위험사회』란 저서를 통해 서구를 중심으로 추구해온
산업화와 근대화 과정이 실제로는 가공스러운 '위험사회'를 낳는다고
주장하고, 현대사회의 위기화 경향을 비판하는 학설을 내놓아 학계의
주목을 받았다. 90년대에 들어와서도 『성찰적 근대화』(1995) 『정치의
재발견』(1996) 『적이 사라진 민주주의』(1998) 등의 저작을 통해서 벡이
일관되게 추구해 온 작업은 근대성의 한계를 극복하고 새로운 근대 혹은

그가 말하는 '제2의 근대'로 나아가는 돌파구를 모색하는 것이었다. 그는 또한 최근 국가와 정치가 경제적 합리성을 주장하는 시장의 논리에 의해 무력화되고 있다면서 지구촌의 신자유주의 경향을 질타해왔다.

■ 위험사회란 무엇인가

산업혁명 이후 200여 년이 지난 지금, 인류는 역사상 유례없는 생산력을 보유하게 되었고 명실상부한 지구의 지배자가 되었다. 하지만 지금의 환경위기에서 단적으로 드러나는 것처럼 물질적 풍요의 이면에는 엄청난 대가가 뒤따르고 있다. 본래 '위험(risk)'이라는 용어는 스페인의 항해술 용어에서 나온 것으로 '위협을 감수하다'라는 의미를 가지고 있다. 이처럼 위험이란 부를 얻기 위해서 당연히 감수해야만 하는 난관이라는 의미를 갖게 되었다. 하지만 지구환경이 더 이상 위험을 감수할 수 없을 만큼 심각한 위기상황에 처한 지는 이미 오래되었다. 한국을 포함하여 많은 나라가 산업화를 통해 경제적 빈곤의 문제를 극복할 수는 있었으나, 이러한 성과는 극심한 환경파괴를 대가로 이루어진 것이었다. 지금은 인간이 살아남기 위해서라도 더 이상의 환경파괴를 막고, 산업화의 과정에서 자연으로부터 빌려 온 막대한 부채를 탕감해야 할 시기이다. 따라서 현 시기는 명백한 인식의 전환을 요구한다. 종래와 같은 성장제일주의의 산업화는 결국 총체적인 파멸로 귀결될 수 있을 뿐이다. 이러한 인식의 전환을 위해서는 환경위기 및 현대 사회의 성격에 대한 새로운 이해가 요구된다. 그런 점에서 울리히 벡의 『위험사회』는 현재의 환경위기를 현대 사회를 구성하는 근본원리에 비추어 고찰함으로써, 인식의 전환을 위한 하나의 준거를 마련해

주고 있다. 그리고 이 준거는 '위험'의 변화에 대한 고찰을 통해 제시된다.

부의 추구와 분배의 문제 외에 다른 모든 것은 등한시 여겨온 산업사회가 정점을 맞이하게 되면서 지금은 구조적 위험으로 가득 차 있는 참으로 아슬아슬한 '위험사회'이다. 즉 '위험사회'란 역사상 유례없이 거대한 풍요를 이룩한 근대 산업사회의 원리와 구조 자체가 파멸적인 재앙의 사회적 근원으로 변모하는 사회를 뜻한다. 벡에 따르면, 근대 산업사회 초기의 위험들은 '잠재적인 부수효과'로 간주될 수 있었다. 그러나 근대화의 진전에 따라 오늘날 그 위험은 지구화되고 공적인 비판과 과학적 탐구의 주제가 되면서 사회적, 정치적 논쟁의 중심을 차지하게 된다. 지구 온난화, 환경 파괴와 오염, 방사능 물질 확산, 새로운 질병의 등장, 유전자 변형 작물, 재정 금융의 위기, 실업의 공포, 국가체제 및 민주주의의 위기, 테러 등이다. 이들 새로운 위험은 초계급적이며 초시공적이다. 울리히 벡은 『**위험사회**』에서 이 문제를 깊이 있게 논의하고 있다. 그에 따르면 현대 산업사회의 위험성을 다음의 다섯 가지로 정리한다.

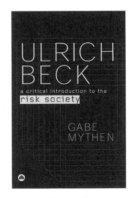

(위험사회)

첫째는, 위험의 평등화이다. 과거의 위험은 특정한 누군가의 위험이었다. 과거의 위험은 불평등하게 분배된 무엇인가가 부족해서 생기기 때문이다.

인간과 집단은 자원의 분배정도에 따라서 위험에 다양하게 반응하고, 다양한 방식으로 위험에 대처하게 된다. 먹을 게 부족해서 각종 질병에 노출되고, 저지대의 판자촌에서 살다보면 홍수의 피해를 입을 가능성이 높기 마련이다. 이런 경우 위험은 '계급적'이라고 할 수 있다.

심지어 위험은 '수출'이 되기도 한다. 대개 위험은 문맹률이 높거나 가난한 나라들로 옮겨가게 마련이다. 그런 위험국가일수록 위험이 더 발생하기 쉽다. 하지만 현대에서는 환경오염이나 기후재앙과 같은 위험은 더 이상 가난한 사람들만이 감수해야 하는 몫이 아니다. 그런 위험에서는 부자들조차 돈으로 자신을 안전하게 지킬 수 없다. 그 피해는 모든 사람에게 적용된다. 다시 말해 오늘날 위험은 모두에게 평등하게 존재한다. 그런 점에서 오늘날 위험은 '민주적'이라고까지 말할 수 있다.

둘째는, 위험의 전 지구화를 들 수 있다. 우리가 일상적으로 겪고 있는 황사현상을 생각해보자. 요즘 맑은 하늘을 본 지가 언제였던가 싶을 정도로 부쩍 뿌연 날씨가 이어지고 있다. 특히 봄이면 어김없이 중국발 황사가 한반도를 온통 뒤덮는다. 더욱이 황사와 함께 한국에 내리는 산성비는 중국 동부 산업지대의 대기 오염이 원인이다. 이 문제는 결코 한국 혼자서 해결할 수 없다. 한국과 중국 모두의 문제이다. 과거 체르노빌 원전의 폭발사고는 유럽 전역에 광범위한 피해를 입혔다. 유럽은 원전에 대해 충분한 안전 조치를 취하고 있었지만 옛 소련의 문제에까지 개입할 수는 없었기 때문에 안전할 수 없었다. 그리고 2020년 전 세계로 번진 코로나19 전염병 사태는 위험이 전 지구적 현상임을 실감케 했다. 개별 국가의 개입으로는 결코 이런 문제를 해결할 수 없다. 따라서 위험은 전 지구화된 것이다. 이것들은 모두 근대화가 낳은 위험들이며 위험은 산업화가 낳은 대량 생산물이다. 산업화는 전 세계에 확산되면서 동시에 위험은 세계적으로 축적되고 강화된다.

셋째는, 사회적 불평등의 개인화이다. 근대는 익명적 개인의 등장과 함께 그러한 개인들이 모여 사회를 형성했다. 근대 이전에는 개인의 주체적 삶이 용인되지 않고 혈연과 지연 등 애정을 매개로 연대하는 '공동체 사회'(Gemeinschaft)였다. 이런 사회에서는 개인보다는 집단적 결정이 중요시 된다. 반면에 근대에는 사회가 정당, 회사, 도시, 국가 등과 같이 각각의 개인들이 이익이나 이념을 중심으로 계약이나 협정을 맺어 일시적으로 연대하는 '이익사회'(Gesellschaft)의 형태로 바뀌었다.

과거 공동체 사회에서는 위험에 구성원 모두가 공동으로 대응하게 되지만, 현대사회에서는 위험이 각 개인의 몫으로 분할된다. 물론 근대국가의 형성원리에 따라 국가는 개인의 생명과 재산을 지켜주는 대가로 개인의 권리를 국가에 양도했다. 하지만 세월호 참사에서 보는 것처럼 결국 희생자만 불행한 개인일 뿐 국가는 위험의 책임으로부터 벗어난다. 마찬가지로 오늘날 신자유주의가 자본주의의 시장경제를 주도하면서 생산의 주체를 노동조합이 아닌 노동자 개인으로 설정하였다. 그 결과 노동조합이 와해되고 모래알처럼 노동자 개인으로 흩어지게 되어, 우리가 현재 겪고 있는 것처럼 실업과 비정규직이 늘어나는 현실에서 그 책임은 오직 개인의 능력문제로 전락해 있다. 따라서 오늘날 점차 악화되고 있는 부의 양극화, 즉 불평등 문제도 사회구조의 모순에서 찾기보다는 개인의 능력과 책임 문제로 축소되고 만다.

넷째, 과학이 진리의 지위를 잃어버리고 있다. 과학은 현대사회 한편에서 종교화 혹은 신화화 되기도 하지만, 다른 한편에선 개인에게 어떠한 확실성도 보장해주지 못한다. 제 분야의 전문가들이 과학이라는 이름으로 설득을 강요하고 있다. 하지만 끊임없이 증가하는 위험 앞에서 그들은 상반된 주장을 하여 준거의 역할을 상실하고, 심지어 과학이 오히려 혼란을 야기하는 제 1의 원인이 되고 있다. 오류 가능한 모든 과학의 전제들은 오늘날 위험을 초래한 근본적인 원인으로 여겨지며, 때문에 '과학적'이라는 이름으로 제시되는 모든 해결책은 그 타당성을 상실한다. 그것은 국가권력에 대해서도 마찬가지이다. 근대화를 통해 이 모든 위험이 생산되었고 이 근대화를 추진한 국가권력이 모든 문제에 대한 일차적인 책임을 지고 있는 한, 국가는 신뢰할 만한 해결책을 제시할 수 있는 주체가 되지 못한다. 과학이나 국가권력과 같이 기존의 기초적인 신뢰를 형성하고 있었던 모든 진리의 영역은 의심받기 시작한다.

다섯 째, 비정치적인 영역이었던 것이 정치화되고 있다. 원래 개인 간의 권리와 의무에 관한 규정은 민법의 분야이다. 하지만 19세기 들어 개인 간의 문제가 집단화했기 때문에 국가는 개인의 문제마저도 일반화시켜야 했다. 예컨대, 사회권, 즉 노동권이나 행복추구권은 개인의 문제이면서 동시에 국가의 문제이다. 20세기만 해도 기업의 자유로운 권리였던 폐수 처리 업무는 이제 사회적이고 집단적인 여론의 통제를 받는 새로운 영역으로 변화한다. 기업들은 자신들이 소유한 기술이 생태계와 인간생명, 그리고 건강에 미치는 영향과 부작용을 명확하게 파악하고 있지 않다면 궁극적으로 기술의 소유권을 상실할 것이며, 재판과 체면 회복의 과정에서 대량의 추가 비용이 필요해질 것이다. 이처럼 이제 개인의 권리 영역에 있던 모든 것들이 정치화되기 시작한다. 기존의 경제정책, 소득분배, 사회보장제도와 같은 영역에서만 정치 수단이 중요한 것이 아니라, 생산과정, 생산의 구체적 내용, 에너지의 종류, 폐기물 처리 등과 같은 기업 경영자들의 주권영역에 속하는 문제들이 정치적 수단에 의해서 결정된다. 그런 점에서 오늘날 대량 실업의 문제는 더 이상 개인의 문제로 머물 수 없다. 실업 문제가 심각해질수록 노동문제는 정치사회적인 이슈로 등장하게 될 것이다.

■ 위험사회에 대한 대안은?

"우리는 마른 하늘에 날벼락이 당연한 시대에 살고 있다. 세계보건기구가 홍역의 완전박멸을 선언하는 그 순간 광우병, 조류 독감과 같은 신종 질병이 등장하고, 우리가 갈증을 없애줄 한 바가지의 맑은 물조차 찾아보기 어렵다. 전기 문명에 도취되고 화려한 소비문화에 빠져드는 순간, 자칫 인류를 멸종으로 몰아갈 수도 있는 핵발전소들이 도처에 건설된다.『위험사회』는 이러한 현대 사회를 분석하고 평가하려는 노력이다. 이 위험천만한 풍요의 시대를 안전과 평화의 시대로 전환시켜야 한다는 절박한 과제를 추구한다." (『위험사회』, 역자서문) 고전적 산업사회에서는 부의 생산 논리가 위험 생산 논리를 지배했다면, 위험사회에서는 이 관계가 역전된다. 울리히 벡이 『위험사회』서문에 쓴 다음과 같은 얘기도 같은 맥락으로 읽힌다. "근대화가 19세기에 봉건사회의 구조를 해체하고 산업사회를 생산한 것과 똑같이, 오늘날의 근대화는 산업사회를 해체하고 있으며 다른 근대성이 형성되고 있는 중이다." 요컨대 근대 내에서 단절이 일어나고 있다고 벡은 주장한다. 즉 산업사회가 위험사회를 낳으면서 이제 산업사회 내에서 단절의 외침이 불거지고 있다는 것이다. 이를 테면, 2011년 후쿠시마 원전사고가 앞으로 큰 재앙을 예고하자 원전을 많이 보유하고 있던 독일은 맨 먼저 기존의 원전정책을 버리고 탈원전을 선언하였다. 이렇게 산업사회 내에서 더 이상 "이제 그만!"의 윤리적 실천의 목소리가 증가하고 있는 현상에 맞추어 근대를 새롭게 재구축하자는 것이 울리히 벡의 '제 2의 근대' 혹은 '성찰적 근대'(reflexive modernity) 이다.

현대사회가 위험사회라는 현실 인식에 기초하여 벡이 주장하는 '성찰적 근대화'란 이처럼 풍요사회를 향한 근대화의 과정이 '위험사회'로 돌아오는 과정을 되짚고 반전시키려는 목표를 가지고 있다. 이것은 산업사회의 원리들 자체를 성찰하여 산업사회를 해체하고 새로운 사회를 구성하는 과정이다. 성찰적 근대가 해체의 대상으로 삼는 산업사회의 원리들 중에서 벡은 특히 현대 기술-과학을 문제 삼는다. 현대의 기술-과학과 그 합리성이야말로 오늘날의 환경위기로 대변되는 산업사회의 위험을 낳은 근원이기 때문이다. 그러나 그렇다고 해서 이것을 부정하고서는 해결책을 찾을 수 없다. 즉 현대의 과학-기술은 문제의 근원이자 해결책이라는 이중성을 갖는다. 결국 '성찰적 근대'란 현대 기술과학의 가능성만이 아니라 그 한계도 함께 인식함으로써 과학에 대한 사회적 통제력을 높이는 과정이다. 이를 울리히 벡은 다음과 같이 표현하고 있다. "사회적 합리성 없는 과학적 합리성은 공허하고, 과학적 합리성 없는 사회적 합리성은 맹목적이다."

울리히 벡은 성장논리와 기술과학의 논리에 바탕을 둔 파멸적인 근대에서 벗어나기 위해서는 특별히 두 가지의 연대가 필요하다고 주장했다. 하나는 깨어 있는 시민과 전문가들의 참여다. 예를 들어 2005년에 한국 사회를 깜짝 놀라게 한 '황우석 교수 사건' 때 대부분의 과학자들이 동업자 의식에 젖어 애써 진실을 외면하고 있을 때 양심적인 젊은 과학자들의 집단지성이 마침내 진실을 밝혔다. 반면에 2010년에 있었던 '천안함 사고' 때는 사고원인을 둘러싸고 사회적으로 큰 혼란이 야기되고 있음에도 불구하고 국내의 그 많던 과학자들은 하나같이 침묵으로 진실을 외면했다. 오직 미국 버지니아 대학의 이승헌 교수 등 몇몇 해외학자들만이 외롭게 전문가로서 용기 있는 발언을 했을 뿐이다.

다른 하나는 언론이다. 뉴스 미디어는 비판적으로 반응하고 이를 견지함으로써 정치적 공간을 열 수 있다. 언론은 시민들에게 비판적 시각을 제공함으로서 과학자들과 연대해주는 개혁적 매개역할을 할 수 있다. '황우석 교수 사건' 때와 2008년 '미국산 소의 광우병 파동' 때 〈PD수첩〉 이라는 방송프로그램이 바로 그러한 역할을 했었다. 하지만 요즘처럼 한국의 주요 언론들이 정치권력과 자본에 종속되어 언론인들이 시민들로부터 '기레기' 취급을 받고 있는 실정이다. 따라서 유튜브와 팟캐스트 혹은 SNS 등을 이용한 디지털 매체들이 대안적 언론 역할을 담당해가고 있는 추세에 있다.

벡은 성찰적 근대, 즉 성찰적 정보지식 네트워크를 만들어가기 위해서는 '시민적 개입'이 필수적이라고 말한다. 그가 말하는 성찰적 근대는 결국 국가나 자본, 정치권력에 저항하는 시민들 주도의 정보지식 네트워크라고 할 수 있겠다.

03 | 비판적으로 현실 톺아보기

후쿠시마 4년, 문제는 민주주의다[25]

김종철
전 녹색평론 발행인

2011년 3월 11일, 미증유의 지진과 쓰나미로 일본 동북부가 초토화
되고, 헤아릴 수 없는 사상자·이재민이 생겨난 게 바로 어제 같은데 벌써
4년이 지나갔다. 그러나 지진과 쓰나미에 의한 재해는 불가항력적인
것이다. 그리고 그 상처는 세월이 가면 어떤 식으로든 수습이 되고 아물게
마련이다.

문제는 그날 동시에 일어난 후쿠시마 제1원전 사고이다. 4년이
경과했지만, 사고를 온전히 수습할 수 있는 대책은 아직도 나오지 않고
있고, 앞으로도 아마 나올 수 없을 것이다. 그 사이 방사능은 기약 없이
방출되고, 대기와 해양은 끝없이 오염되고 있다. 이 상황을 주시하고 있는
미국과 캐나다의 전문가들에 의하면, 이미 북미지역도 후쿠시마 사고의
심각한 피해지역이 되었다. 북미지역의 유아 사망률이 현저히 높아졌다는
통계는 하나의 지표이다. 이대로 가면 결국 태평양도 생명에 치명적인

---

25. 경향신문 2015년 3월 12일. '김종철의 사하한화'

생태적 환경으로 바뀌는 것은 시간문제이다.

후쿠시마 사고현장 인근 거주지를 떠난 20만 이상의 피난민은 언제 귀향할 수 있을까? 아니, 귀향이 가능한 날이 올까? 이미 귀향을 아예 단념한 사람들도 적지 않다고 하는데, 그것은 자신들의 삶터가 복구될 수 없다는 것을 다들(마음속으로는) 잘 알고 있기 때문일 게다. 지금 후쿠시마 현 곳곳에는 소위 제염작업을 통해서 방사능에 오염된 흙을 걷어내 담아둔 포대들이 산처럼 쌓여있다. 이 포대들을 처분할 방법은 있는가? 중요한 것은, 방사능 사고에 관한 한, 제염을 통한 원상복구라는 것은 있을 수 없다는 사실이다. 사고가 나기 전의 후쿠시마 땅은 가장 농사가 잘되는 비옥한 토지였고, 그 해안은 풍부한 수산자원의 보고였다. 하지만 인류의 공통자산이기도 한 이 모든 '보물'은 돌이킬 수 없이 사라졌다.

원자력 재해란 본질적으로 속수무책인데다가 또 얼마나 가공할 만한 것인지, 그 경험이 없었던 게 아니다. 대표적인 예가 1986년의 체르노빌 참사였다. 체르노빌 참사는 "사고였다"라고 과거형으로 말할 수 있는 게 아니라, 근 30년이 다가오는 지금도 계속되고 있는 사고이다. 아마 영구적으로 계속될 것이다.

2012년에 체르노빌을 다녀온 일본 NHK 프로듀서들의 취재기록에 의하면, 체르노빌에서 140㎞나 떨어진 마을의 13~14세 학생들 중에서 자신이 건강하다고 느끼는 아이들은 18명 중에서 4명밖에 되지 않았다. 한창 원기 왕성할 때인데도 말이다. 그런 아이들이 병든 늙은이들처럼 걸핏하면 쓰러져 하루에도 몇 차례나 앰뷸런스에 실려 병원으로 가지 않으면 안 된다는 것이다. 이 아이들은 체르노빌 사고 당시 태어나지도 않았다. 그런데도 이렇게 된 것은 대를 이어 계속되는 방사능의 유전적인 영향 이외에 방사능에 의해 오염된 토지에서 기른 작물을 먹고 살지 않을 수 없기 때문이다. 이 상황이 종식되려면 방사능의 독성이 사라지는 수백, 수천, 수만 년을 기다려야 한다.

통탄스러운 것은, 체르노빌이나 후쿠시마 같은 엄청난 참사를 보고도 아무것도 배우지 않으려는 자세이다. 일본정부와 권력자들은 당사자임에도 불구하고, 그리고 국민의 압도적인 반대여론에도 불구하고, 원전 재가동과 원자력산업의 해외수출이라는 기왕의 정책을 포기하지 않고 있다. 마치 체르노빌이나 후쿠시마 같은 사태가 없었다는 듯이, 설계수명이 끝난 원전의 연장 가동을 '용감하게' 밀어붙이고 있는 한국정부도 마찬가지다. 대체 무엇을 보고 배운다는 '학습개념'이 조금이라도 있다면 이럴 수 있을까?

그런 점에서 후쿠시마 사고 4주년에 때맞춰 일본을 방문한 메르켈 독일 총리의 발언은 매우 의미심장하다. 그녀는 독일이 그랬듯이 일본도 과거 역사를 솔직히 정리·반성하지 않으면 미래가 열리지 않는다는 것, 그리고 원전은 더 이상 용납할 수 없는 에너지시스템이라고 명쾌히 지적했다. 실제로, 일본(한국도 마찬가지지만)이라는 국가의 근본문제는 역사에서 배우지 않으려 한다는 점이다. 일본지배층은 태평양전쟁에서 참혹한 패배를 당하고서도 이것을 '패전'이라고 하지 않고 '종전'이라고 불러왔고, 그럼으로써 식민지 지배와 전쟁 책임을 묻는 역사적 과제를 회피해왔다.

문제를 직시하지 않고 얼버무리려는 이 정신적 도피주의는 후쿠시마 사태에 대해서도 되풀이되고 있다. 국제사회를 향해 "후쿠시마는 완전히 통제되고 있다"고 거짓말까지 하면서 올림픽 개최권을 따내 후쿠시마 사태 수습이라는 난제로부터 눈을 돌리려는 무책임성과 비겁함에서도 그것은 드러났지만(방사능에 오염된 땅 도쿄에서 과연 올림픽이 성사될지 두고 볼 일이지만), 무엇보다 온 세계에 피해를 끼치고도 원자력시스템을 그만두지 않으려는 그들의 완미(頑迷)한 태도가 그것을 말해주고 있다. 그리하여 일본은 오늘날 경제력과는 관계없이, 가령 독일에 비해서, 매우 질 낮은 국가, 퇴행적 국가의 모습을 국제사회를 향해 부끄럼도 없이 드러내고 있다.

이러한 퇴행을 자초한 책임은 물론 권력엘리트들에게 있다. 흔히 지적하듯이, 일본은 메이지 시대 이후 줄곧 관료 주도 전제정치였고, 국가의 중대사는 항상 권력엘리트들이 독점적으로 결정해왔다. 국민의 뜻과 우연히 일치하는 경우를 제외하고는 권력엘리트들이 국민의 의견을 흔쾌히 받아들인 적은 한 번도 없었다. 요컨대 민주주의 원칙의 거부가 일본 및 동아시아 나아가 세계로 확대되는 비극의 출발점이라고 할 수 있다.

최근 한국의 원자력안전위원회는 설계수명이 끝난 월성 1호기 원전 연장 가동을 우려하는 시민들의 의견들을 무시하고 연장 가동 결정을 내렸다. 그 결정 직후 언론 인터뷰에서 '원안위' 위원장은 연장 가동을 반대해온 사람들을 '외부세력'으로 지칭하고, "기술문제에 정치가 개입하는 현실"을 비난했다. 이 주제넘은 발언은 민주주의에 대한 무지 혹은 몰이해의 소산임이 분명하다. 원전의 건설이나 운영에 관한 '노하우'는 전문가들의 몫이겠지만, 원전 자체의 사회적 용인 여부를 결정하는 주체는 어디까지나 주민과 시민들이어야 한다는 것은 민주사회의 대원칙이다. 민주주의가 무엇인지 아무것도 모르는 자들이 나라의 중대사를 좌지우지하는 이 한심한 상황을 이대로 두면, 앞날이 암담하다고 하지 않을 수 없다.

수치로 나타난 위험사회의 증후군[26]

김삼웅
전 독립기념관장

옛날이나 지금이나 정치의 요체는 국태민안, 나라가 태평하고 국민이 살기가 평안하게 하는 일이다. 이것은 위정자의 첫 번째 사명이고 책무이다. 민주공화제 국가에서는 더욱 그러하다. 이명박·박근혜 정권 9년 동안 나라는 어지럽고 국민은 살기가 팍팍해졌다. 짧은 지면에 긴 설명보다 각종 통계로 대신한다. 휘발성이 강한 가계부채가 1997년 말 211조원이던 것이 2015년 말 현재 1200조원, 자영업자 부채를 포함하면 1400조원을 넘는다. 서민의 가계소득이 105만원 늘 때 부채는 203만원씩 늘었다. 국민자살률은 하루 38명으로 OECD 회원국 중 1위, 노인빈곤률 1위, 신생아 수는 1년 전보다 7.3% 감소하여 역대 최저수준이다. 대기오염으로 인한 조기사망자 세계 1위, 공기 질은 180개국 중 173위이다.

☑ 26. 경향신문 2016년 7월 2일.

노동자들의 노동시간은 두 번째로 길고, 수면 시간은 가장 짧다. 임금불평등은 첫 번째이고, 비정규직 노동자는 전체 노동자의 43.6%, 839만 명에 이르며 청년층 비정규직은 6년 만에 10%나 증가해 64%가 되었다. 국제노동조합총연맹(ITUC)의 국제노동자권리 조사에서 한국은 3년 연속 최하위인 5등급, 고용불안은 OECD 국가 중 최악, 노동조합 가입률은 9.9%로 29개 국가 중 26번째, 노동자 상하 10%간 임금 격차는 5.6배, 비정규직은 정규직의 48.7%. 부끄러운 수치는 이어진다.

무기수입(미국산) 세계 최고, 원자력발전소 인구밀도 세계 1위, 국회의원 세비 세계 2위, 교과서 국정화는 북한과 공동 단독, 공직사회 부패지수는 27위로 최하위권, 지구행복지수(HP) 국가별 순위에서 60위, 사법 신뢰도 42개국 중 39위, 프리덤하우스가 조사한 언론자유지수 공동 67위, 유엔 시민적 정치적 권리규약위원회(ICCPR)가 한국의 시민적, 정치적 전반을 심의한 27개 영역 중 25개 영역에서 '우려 및 개선권고' 판정, 2012년 443조 원이던 국가채무가 3년 만에 147조 원 늘었고 올 연말까지는 600조원을 넘길 전망이다. 30대 그룹 사내유보금이 700조 원을 상회, 기업의 법인세율은 GDP 상위 10개국이 평균 30%인데 한국기업은 24% 수준, 정부는 재벌의 법인세는 놔두고 담뱃세 등 서민들의 호주머니만 쥐어짠다. 소득보다 빚이 더 많은 시한폭탄 가계는 안중에 없다.

'아시아 민주주의 모범국'이던 한국이 인권후진국으로 추락했다. 유엔인권이사회 보고서는 정부의 인권유린을 경고한다. 국경없는기자회는 한국의 언론자유지수가 역대 최하위인 70위로 떨어졌음을 지적한다. 통진당을 해산하고 국정원이 간첩을 조작하고 경찰이 물대포를 쏴

시위농민을 식물인간으로 만들었다. 300명이 넘은 생명을 하나도 구하지 못하고, 위안부 할머니들의 처절한 진실규명 요구를 일본과 야합하여 '불가역적'이란 대못을 박는다. 개성공단을 폐쇄하고 재벌의 돈을 받은 어용단체들이 관제데모로 민주주의를 짓밟는다.

안보를 빙자하여 민주주의를 후퇴시키고 군과 정보기관에 힘을 실어주었으나 한반도는 6·25전쟁 이후 가장 위태로운 지경에 이르렀다. 군의 부패는 유례가 없고 정보기관의 방자함은 유신·5공을 닮았다. 현대판 음서제가 진행되고 개인의 노력으로 계층상승이 어렵다는 게 국민 81%의 생각이다. 금수저 흙수저는 현실이 되고 한국은 신계급사회로 굳어진다.

역사학자 에릭 홉스봄은 21세기 인류를 지배할 사회적 주제는 '분배'라고 진단했다. 상위 1%가 전체 부의 26%, 10%가 66%를 차지하고 1조원 넘는 국내 주식부자가 23명에 이른다. 88만원 세대는 방황한다. 권력이 재벌을 키워주고 전관과 현관이 유착한다. 프랑스혁명 당시 인구의 0.5%인 성직자들이 농토의 6~10%, 1%의 귀족이 토지의 20~25%를 차지하고 나머지를 농민 85%가 분작했다. 귀족과 성직자들은 세금도 안 내고 각종 부역도 면제받았다. 혁명 발발의 사회·경제적 배경이다.

'위험사회'라는 개념으로 유명한 독일의 사회학자 울리히 벡의 지적이 아니라도 한국사회는 지금 지나친 빈부격차, 정의와 공평의 부재, 공권력의 사유화 등 끝이 보이지 않는 총체적인 '위험사회'가 되고 있다. 위험은 설마를 기다리지 않는다. "세월호 참사에서 한국 정부는 무능과 무지를 드러냈습니다. 국민들은 분노했고 아무도 책임지지 않는다는 것을 깨닫게 됐습니다. 이후 과거의 정치와 제도를 돌아보게 되는 것입니다." 〈위험사회〉의 저자인 울리히 벡 독일 뮌헨대 교수가 한국을 찾았다. 중민사회이론연구재단, 서울대 사회과학연구원 등이 공동 주최하는 국제학술대회에 초청된 그는 8일 서울 태평로 한국프레스센터에서 '해방적 파국: 그것은 기후변화 및 위험사회에 어떠한 의미가 있는가'라는 주제로 대중강연을 했다. 벡 교수는 질의응답에서 "세월호 참사 이후 사태가 조용해지면 정치인은 다시 과거의 관행을 답습하겠지만 우리가 겪었던 위험은 사라진 게 아니다"라며 "표면 아래서 정치제도의 정당성이 점점 약해지면서 경제·사회 전반에 영향을 미칠 것"이라고 말했다.

벡 교수는 위르겐 하버마스, 앤서니 기든스 등과 함께 우리 시대의 가장 주목받는 사회학자다. 1986년 발표한 주저 〈위험사회〉는 서구를 중심으로 추구해온 산업화와 근대화 과정이 실제로 가공스러운 '위험사회'를 낳는다고 주장하면서 학계의 주목을 받았다. 벡 교수는 '위험사회'의 원인 중 하나로 '조직화된 무책임'을 지적해 왔는데, 이는 "의사결정을 하는 사람들이 위험에 의해 영향받는 사람들에 대해 책임을 지지 않고, 영향을 받는 사람들은 의사결정 과정에 참여할 수 있는 구체적 방법을 가지고 있지 않은 것"이라고 정의했다. 벡 교수를 초청한 한상진 서울대 명예교수는 "세월호 참사로 '조직화된 무책임'이 사회제도 전반에 만연하고 있다는 사실이 드러나면서 우리 사회가 깊은 충격을 받았다."고 설명했다.

벡 교수는 강연에서 "세계의 사회 및 정치 질서를 변경시킬 수 있는 요소"인 기후변화에 주목했다. 2005년 8월 허리케인 카트리나가 미국 루이지애나주 해안을 강타한 사건에 대해 그는 "카트리나는 기후적 재난과 인종적 불평등이 밀접하게 상호 연결되어 있다는 사실을 보여준다."며

"이것은 기후변화와 글로벌 사회정의 사이에 불가분의 관계를 만들었다"고 평가했다. 벡 교수는 기후변화의 시대에 근대화는 "잘못된 대안일 뿐"이라며 '탈바꿈'(Verwandlung)이라는 개념을 제안했다. 그는 "탈바꿈은 '변화의 방법을 바꾸는 것'으로 결코 자동적으로 발생하지 않는다."며 "중요하고 비슷한 사건이 계속 일어나면 분노와 깨달음이 반복되면서 탈바꿈이 일어난다."고 설명했다. 이 과정에서 시민들이 지난 경험을 기억하는 것과 언론이 문제를 지적하는 것이 중요하다고 강조했다.

"많은 사람들이 문제를 쉽게 잊는 경향이 있습니다. '해봤지만 안 되더라'는 식의 비관주의가 아니라 낙관주의적 태도를 갖는 게 필요합니다. 기후변화를 연구하는 과학자들은 비관적이지만 사회학자는 새로운 방법을 모색합니다. 내가 말하는 '해방적 파국'이란 해결책이 아니라 문화적 비관주의를 극복하는 하나의 방식입니다."

코로나19 팬데믹의 사회학[27]

김호기
연세대 사회학과 교수

2020년 올해는 아주 오랫동안 기억될 것이다. 여전히 맹위를 떨치는 '코로나19 팬데믹'을 두고 하는 말이다. 1960년에 태어난 내게 지구적 차원에서 이 팬데믹만큼 강렬한 사건은 없었다. 2008년 금융위기도 이에 필적하진 못했다. 상점 문이 닫히고, 학교 문이 닫히고, 공공시설 문이

☑ 27. 경향신문 2020년 12월 16일.

닫히고, 급기야는 누군가 만나고 싶다는 마음의 문까지 닫히는 것을 생생히 목격할 수 있었다.

팬데믹은 우리 인류 삶의 제도적 터전인 국가를 완전히 뒤흔들었다. 어느 나라든 경제적 방역을 위한 '21세기판 뉴딜'을 소환했고, 이 뉴딜을 위한 '강한 정부'를 요청했다. 나아가 강한 정부는 고색창연한 민족주의를 호명했고, 이 민족주의는 글로벌 거버넌스를 무력화시켰다. 의학적 방역과 경제적 방역은 물론 통합을 위한 사회적 방역과 안전을 위한 심리적 방역까지, 이 모든 대처들에 가장 효율적인, 그리고 최후의 보루는 당연히 '강한 정부, 유능한 국가'일 수밖에 없었다.

더하여, 팬데믹은 정치적 포퓰리즘과 플랫폼 경제와 사회적 위험에도 지대한 영향을 미쳤다. 먼저 팬데믹은 지난 10년 거침없이 질주해오던 '21세기 서구적 포퓰리즘'에 제동을 걸었다. 공동체가 급작스럽게 큰 위기에 직면하면, 새로운 변화보다 기성 제도 유지라는 방어적 태도가 두드러진다. 팬데믹의 발생은 기성 정치사회를 공격해 지지를 높여온 포퓰리즘 정치세력에 불리한 환경을 조성했다. 팬데믹의 충격이 거세질수록 국민 다수는 기성 정부에의 신뢰를 높였고, 포퓰리즘과 거리를 두게 됐다. '가장 큰 현상'인 세계화가 포퓰리즘을 촉진시켰다면, '가장 작은 존재'인 바이러스가 포퓰리즘을 제어하는 것은 아이러니한 현상이었다.

플랫폼 경제의 성장에 가속도를 더한 것도 팬데믹이었다. 지난 1년 인류 삶의 절반은 가상공간에서 이뤄졌다. 비대면·온라인·가상공간이 대면·오프라인·현실공간을 대신하면서 가상공간 거점으로서의 플랫폼 경제가 급부상했다. 다시 말해, 팬데믹의 발생은 비대면 사회를 본격화시켰고, 비대면의 장점은 온라인 쇼핑·교육·문화 등을 확산시켰으며, 이러한 과정은 구글, 네이버, 배달의 민족 등 '플랫폼 비즈니스 시대'를 활짝 열었다. 플랫폼의 세계가 제4차 산업혁명에 대응하는 혁신의 공간인 동시에 부와 노동시장의 양극화를 낳고 있는 격차의 공간이라는 이중적 특성은 팬데믹을 통해 여지없이 드러났다.

　팬데믹을 가장 적절히 규정할 수 있는 말은 울리히 벡이 주조한 '글로벌 위험사회'다. 이제 '위험의 바깥'은 이 세상 어디에도 없다. 벡은 테러리즘·금융위기·기후변화를 글로벌 위험의 대표 사례들로 지목했다. 여기에 또 하나의 생생한 사례를 올해 우리 인류는 코로나19 팬데믹을 통해 예기치 않게 체험해 왔다. 코로나19의 세계화는 특히 건강과 생명에 직결돼 있는 만큼 다른 위험의 세계화보다 '공포의 세계화'를 더욱 강화시켰다.

　나아가, 팬데믹은 그토록 견고했던 서구중심주의를 문득 돌아보게 했다. 미국은 물론 서유럽 국가들은 팬데믹의 대응에 대체로 무력하고 무능했다. 팬데믹에 맞서기 위해 개인의 사생활을 제한할 수밖에 없었지만, 개인주의가 공고화된 서구사회에서 공동체의 안전을 위한 과감한 방역 정책은 처음부터 한계를 가질 수밖에 없었다. 이러한 현실은 이제까지 근대 문명을 이끌어온 서구적 가치와 생활양식에 대한 성찰을 요청했다.

　개인주의는 서구 근대사회가 발견하고 발명한 소중한 가치이자 이념이다. 그러나 팬데믹은 서구적 개인주의가 언제나 바람직한 것은 아니라는 점을 새삼 일깨워줬다. 개인주의에 맞서는 공동체주의가 더 낫다는 것을 여기서 주장하려는 게 아니다. 나의 자유 못지않게 우리의 안전을 중시하는 개인주의와 공동체주의의 생산적 공존에 대한 새로운 정치적 상상을 코로나19 팬데믹이 요구한다는 점을 환기하고 싶다.

　이러한 나의 생각들은 사회학 연구자로서 지난 1년 팬데믹을 지켜보며 떠오른 것들이다. 내년에 백신이 지구적으로 보급되면 팬데믹은 결국 극복될 것이다. 그러나 팬데믹이 지금도 낳고 있는 이 충격과 결과는 이후에도 지속적인 영향을 미칠 것이다. 현재로선 백신이 완전히 보급될 때까지 의학적 방역과 경제적 방역에 최선을 다하는 것이 가장 중차대한 국가적 과제일 것이다. 더하여, '미네르바의 부엉이가 황혼녘에 날아오르듯', 나와 같은 사회과학 연구자들은 팬데믹의 탐구를 경주하고 그 교훈을 숙고해야 한다는 생각을 여기에 적어둔다.

04 | 더 읽어볼 참고 문헌

■ M. 호르크하이머와 Th. 아도르노, 김유동 옮김, 『계몽의 변증법』, 문학과
지성사, 2001.

인간의 자연지배는 문명과 사회를 만들어낸다. 인간은 문명 이전에
자연의 품 안에서 생존해왔던 것처럼, 문명과 사회 속에서 삶을 꾸려간다.
이 과정에서 비합리적인 것으로 여겨졌던 신화는 계몽에 의해 축출되고
문명은 점차 인간중심적으로 변모해간다. 이를 통해 만들어진 사회는
인간에게 제2의 자연이 된다. 인간은 계몽을 통해 자신들이 이룩한
사회를 효율적으로 지배하고자 한다. 이러한 효율적 지배에 방해가
되는 인간의 본질 속에 자연성을 모조리 정복하려 한다. 이렇게 하여
인간에 의한 사회의 지배는 '인간에 의한 인간의 지배'로 이어진다.
문명 건설 과정에서 계몽은 그것이 애초에 품었던 '인간을 주체'로 하는
이상을 망각하고 합리적인 사회 지배를 위해 도리어 인간을 지배하게
되는 모순에 다다른다. 이는 계몽이 비판적 이성을 도구적 이성으로
전락시킴으로써 계몽의 실현을 스스로 체념하게 된 꼴이다. 계몽은
신화가 인간을 지배한 것처럼 인간을 지배하게 됨으로써 결국 계몽은
신화로 퇴화되고 만다.

▎ 홍성태, 『위험사회를 진단한다』, 아로파, 2013.

삼풍백화점 붕괴 사고, 대구지하철 화재 사고, 성수대교 붕괴 사고, 서해 훼리호 침몰사고, 세월호 참사 등 한국 사회에서 벌어졌던 굵직한 사고들을 보면 하나같이 지켜야 할 절차들은 무시되었고 사고 예방시스템도 작동되지 않았다. 끈질기게 이어져오는 정경유착 관계로 부실시공을 한 사례는 셀 수 없이 많다. 문제제기를 하면 일단 괜찮다고 둘러대지만 이런 경고를 무신한 후에는 반드시 대형참사로 이어지곤 했다. 이런 상황에서 한국 사회는 안전하다고 할 수 있을까? 그런 점에서 이 책은 시의적절한 문제제기를 하였다. 한국사회의 고질적인 문제들을 진단하고 공동체로써 위험을 예방하며 안전사회로 가기 위해 세워야 할 로드맵을 보여준다.

▎ 조효제 외 9인, 『불확실한 세상』(2010), 사이언스북스, 2010.

언제 파종을 하고 수확을 해야 하는지를 알게 된 것은 막연한 감으로 사냥을 위해 숲을 헤매던 수렵시대보다는 확실성의 측면에서 우리 인류를 비견할 수 없을 정도의 편안한 상태로 이끌었다. 하지만 인류는 산업혁명이라는 새로운 시대를 겪으면서 이러한 확실성에 대한 의구심을 조금씩 키워오게 되었고, 급기야 글로벌과 디지털혁명이라는 새로운 패러다임의 세계 속에서 그동안 남아 있었던 확실성의 세계는 완전히 사라지고 한 치 앞도 예측할 수 없는 불확실성의 시대에 접어들었다. 우리는 그동안 불확실성을 제거하기 위한 방편으로 각종 제도와 의식적인 사조들을 만들어왔지만 결국은 불확실성의 크기와 깊이만을 더욱 증폭시키는 자가당착에 빠지고 말았다. 이제 우리는 불확실성과 위험을 낳은 원인을 반성해보고, 동시에 불확실성을 비관적으로만 볼 것이 아니라 새로운 상상력의 원천으로 삼아야 할 것이다.

■ 그레타 툰베리 외 3인, 고영아 옮김, 『그레타 툰베리의 금요일』, 책담, 2019

"섭씨 2도의 목표를 달성하기까지 우리에게 남은 시간을 측정하는 시계가 설치되어 있는데, UN의 공식적인 기록에 의하면 지금 이 순간 남은 시간은 정확히 18년 157일 13시간 33분 16초다. 그리고 권위 있는 과학자들의 의견에 따르면 우리가 섭씨 2도의 목표를 달성할 가능성은 지금 이 순간 겨우 5퍼센트에 불과하다."
('째깍째깍, 우리에게 남은 시간' 중에서, p.189)

이 책은 이런 문제의식 없이 행복한 일상을 누리다가 특별한 계기로 삶이 완전히 달라지게 된 한 가족의 이야기이자 곧 지구상의 많은 가족과 개인이 겪게 될지도 모를 이야기이다. 이 책은 스웨덴의 유명한 오페라 가수인 엄마와 연극배우인 아빠, 큰딸 그레타와 작은딸 베아타가 적극적으로 환경 운동에 앞장서게 된 데까지의 힘들고 가슴 아프지만, 감동적인 경험담을 담고 있다. 무엇보다 아스퍼거 증후군을 앓고 있는 16세의 그레타가 왜 세계가 주목하는 환경운동가가 될 수밖에 없었는지를 생생하게 증언하고 있다.

■ 진실의 힘 세월호 기록팀, 『세월호, 그날의 기록』, 진실의 힘, 2016.

이 책은 '진실의 힘 세월호 기록팀'이 10개월 동안 방대한 기록과 자료들을 분석한 결과물이다. 2014년 4월 15일 저녁 세월호가 인천항을 출항한 순간부터 다음 날 오전 10시 30분 세월호가 침몰할 때까지 101분간 세월호 안과 밖에서 무슨 일이 일어났는지 생생하게 재현하였다. 배가 급격히 기울어졌을 때 조타실 상황과 승객들의 모습, 승객들을 버리고 가장 먼저 도주한 선원들의 대화, 해경 경비정에 옮겨 탄 선원과 해경의 대화 등을 선명하게 그려냈다. 이 책은 세월호, 선원, 해경, 청해진 해운 관계자에 대한 재판기록은 물론 세월호의 인허가와 관련된 소송 기록, 진도 VTS 등 세월호 관련 수사 및 공판 기록 등 15만 장에 달하는 재판 기록과 국회 국정조사특위 기록 등을 입체적으로 분석했다. '왜 못 구했나?', '왜 침몰했나?', '대한민국에서 제일 위험한 배, 어떻게 태어났나?' 등 AIS와 국정원처럼 의심의 눈초리를 받는 주제들도 들여다 보며, 기록 속에 흩어져 있는 단서들을 모아 어떤 의문들 털어내기도 하고 새로 제기하기도 한다.

■ 김재인, 『뉴 노멀의 철학』, 동아시아, 2020.

코로나가 세계적으로 유행하며 많은 것을 바꿔놓았다. 기존의 질서와 체제, 트렌드가 무너지고 순식간에 새로운 세계로 진입하고 있다. 코로나 혁명은 우리 눈에 보이는 가시적인 흐름들을 바꿔놓을 뿐 아니라, 우리 사회를 지탱하던 개념과 가치, 사상들을 재고할 것을 촉구하고 있다. 그런 의미에서 이 혁명은 근본적이다. 예를 들어 코로나 확진자의 동선을 공개하는 문제에서 '개인의 인권'과 '공동체의 안전'이 대치되며 논란이 일었다. 둘 다 민주주의 국가에서는 포기할 수 없는 근본적인 가치다. 하지만 우리가 근본적이고 보편적이라고 생각하는 가치들은, 사실 특정한 시대적 · 지역적 맥락에서 탄생한 경우가 많다. 이와 같이 코로나 사태는 의료시스템이나 경제적 건전성뿐 아니라, 우리가 딛고 서 있는 사상적 기반에 도전적인 질문을 던지고 있다. 그리고 우리가 전제해왔던 개념과 가치, 이 책에서 주로 다루는 '영토', '인권', '사회계약' 같은 근대적 가치들이 더 이상 우리가 사는 세상을 적절하게 지탱해주지 못한다는 점을 일깨운다. 애써 무시하고 미뤄왔지만, 이제는 정말 새로운 토대를 마련해야 할 순간이 온 것이다.

■ 제니퍼 라이트, 이규원 옮김, 『세계사를 바꾼 전염병 13가지』, 산처럼, 2020.

　이 책은 코로나바이러스감염증-19 못지않게 역사상 인류가 공포에 떨며 속수무책으로 당해온 전염병 13가지를 역사 지식으로 풀어내며 어떻게 그 전염병들을 극복해왔는지를 살펴보고 있다. 고대 로마에서 창궐했던 안토니누스역병부터 시작하여 가래톳페스트(흑사병), 두창(천연두), 매독, 결핵, 콜레라, 나병, 장티푸스, 스페인독감, 소아마비, 에이즈 등 익숙한 역병뿐 아니라 무도광(舞蹈狂)이나 기면성뇌염(嗜眠性腦炎), 전두엽절제술 등 조금은 낯선 병(혹은 수술 기법)들까지 다룬다. 역사적 맥락 속에서 전염병이 발병했을 당시 상황과 전염병이 창궐했을 때 생긴 일들, 그리고 이를 어떻게 대처하며 극복해냈는가를 소개하고 있다. 이 책에서는 치료법이나 전염병을 퇴치할 백신보다는, 끔찍한 전염병의 발병과 이로 인해 고통받고 죽어가는 사람들을 묘사하면서, 어떻게 위기를 헤쳐나가고 피해를 최소화했으며, 어떻게 죽어가는 사람들을 위로하고, 어떤 희생들을 치르며 고귀한 성취를 이루어내어 현재의 문명 세계에 도달하게 되었는지를 살피고 있다.

▪ 공우석, 『기후위기, 더 늦기 전에 더 멀어지기 전에』, 이다북스, 2020.

산업혁명 이래 인구 증가, 도시화, 산업화, 무분별한 개발로 기후변화, 미세먼지, 생물다양성의 붕괴, 전염병, 환경오염, 자연재해 등의 문제가 인류의 생존을 위협하는 지경에 이르렀다. 인간이 자연환경을 간섭, 교란, 파괴해 지구시스템이 무너지면서 기후와 생태계, 물, 땅이 몸부림치고, 그 결과 우리 앞에는 가보지 못한 다른 세상이 펼쳐지고 있다. 기후변화에 관한 정부 간 협의체(IPCC)는 기후변화보고서에서 100년 동안 기온이 0.5도 상승했으며, 이산화탄소, 메탄, 염화불화탄소 등이 원인이라고 밝혔다. 기후변화는 21세기 들어 한파, 폭염, 폭우, 잦은 태풍 등 이상기상으로 재해 수준의 피해로 이어지면서 전 지구적인 화두가 되었다. 피해 정도가 커지고 발생 빈도가 잦아지면서 우리는 기후변화의 심각성을 실감하고, 우리가 기후변화의 피해자가 아니라 원인 제공자이자 가해자라는 사실을 깨닫는다.

■ 슬라보예 지젝, 강우성 옮김, 『팬데믹 패닉』, 북하우스, 2020.

2019년 겨울 시작된 코로나19 확산의 충격은 매일 확진자와 사망자 수를 갱신하면서 세계를 뒤흔들고 있다. 정도의 차이가 있을 뿐 세계 그 어느 나라도 이 바이러스에서 자유롭지 않고, 역설적이게도 가장 선진적인 경제 시스템과 정치 체제를 자랑하던 나라일수록 속절없이 무너졌다. 지금 우리는 말 그대로 한 배에 타고 있다. 초기의 혼란이 지나자 여러 진단이 나왔다. 과학적 원인 규명에서부터 실질적 방역 대책과 효율적 치료 조치, 의료 위기의 정치적이고 경제적인 파급 효과, 그리고 바이러스 같은 재앙 이후에 인류가 맞게 될 세계의 전망까지. 막막하고 두려운 현실을 앞에 두고 전문가들의 의견은 분분했다. 그렇지만 바이러스를 완전히 박멸하는 일은 불가능하며 인류는 새로운 세상에 살게 될 것이라는 점에 견해가 거의 일치했다.

이 책은 '나를 만지지 말라'는 그리스도의 전언이 포스트바이러스 시대 새로운 사랑의 기준이 된 이 어처구니없는 상황을 들여다보며, 쉽게 낙담하거나 우울에 빠지지 말고 더불어 살아갈 궁리를 다시 하자고 말한다. 저자에 따르면 바이러스 감염병의 창궐은 인간이 지금까지 지구와 자연에 저지른 만행들이 자기 파괴의 현실로 되돌아온 참사다. 그러나 자연의 복수에 혼쭐이 나고 있는 인과적 의료 참사가 아니라, 인류가 만들고 영위해온 시스템의 자기모순이 확연하게 드러난 정치적 사건이다.

■ 고이데 히로아키, 고노 다이스케 옮김 『원자력의 거짓말』, 녹색평론사, 2012..

　저자는 원자력은 미래의 에너지가 아니라고 주장한다. 원전을 찬성하는 쪽은 화석연료와는 다르게 고갈되지 않는 원자력을 미래의 에너지라고 부른다. 하지만 원자력에 사용되는 우라늄 또한 재생 불가능한 고갈 자원이다. 미래의 에너지 원자력은 사람들이 갖고 있는 환상에 불과하다. 또한 저자는 원자력이 친환경적이지 않다고 말한다. 화석연료에서 발생하는 이산화탄소가 원전에서는 발생하지 않지만 이산화탄소를 능가하는 환경파괴의 면모를 보인다. 핵폐기물 처리 문제는 원자력의 가장 큰 골칫거리이다. 또한 방사능 문제도 무시할 수 없다. 이러한 원자력의 비밀을 폭로한 후 저자는 원자력을 지금 당장 멈추어야 한다고 주장한다. 원자력을 멈춘다고 해서 당장 전력이 멈추는 것도 아니라는 것이다. 화력발전소로 기존에 사용하던 전력의 양을 충족할 수 있고 지속가능한 에너지를 개발하여 전환하면 된다고 말한다.

　『원자력의 거짓말』은 그동안 환상 속에 가려졌던 원자력의 이미지를 깨고 다양한 사례들을 제시한다. 우리의 안전과 직결되어있는 사안들을 보다 깊이 있게 사유하게 만들고 그 사유를 통해 일본의 원전뿐만 아니라 우리나라 원전의 문제점까지 짚어보게 하는 책이다. 그동안은 친환경, 미래의 에너지란 달콤한 말에 속아 우리 스스로를 위험에 빠뜨렸지만 이제는 그 위험에서 빠져나와야 할 때이다.

05 | 논리적 오류: 성급한 일반화(hasty generalization)

대표적이지 못한 사례를 들어서 그 사례가 속하는 전체 구성원에 대해 일반적인 결론을 내리는 오류다.

▶ 선생님이 꾸중했다고 고등학생이 선생님을 폭행하는 사건이 생겼네. 세상이 변해서 요즈음 학생들은 선생님도 몰라본다니까.

▶ 대학 때 공부 열심히 하는 거 다 소용없더라. 대학 다니는 동안 내내 술도 안 마시고 담배도 안 피우면서 공부만 했던 김 선배는 졸업하자마자 간암에 걸려서 죽었지, 내내 놀기만 하던 박 선배는 부동산에 손대서 크게 성공했다더라.

여기에서 염두에 두어야 할 것은 각 논증에서 언급된 사례들이 일반화된 결론에 이르기에 충분할 만큼 대표적인 사례인가 하는 문제다. 위의 예에서 단지 몇 개의 사례만이 제시되고 있다는 점에서도 부적절한 추론이라고 생각할 수 있지만 그보다 더 중요한 문제는 그 사례가 일반적인 결론을 이끌어 주는 대표성이 없다는 것이다. 즉 단순히 제시된 사례의 수가 적다는 사실만으로 성급한 일반화의 오류를 범하게 되는 것은 아니다.

다음 예들에서는 제시된 사례의 수가 지극히 제한적이지만, 그렇다고 해서 성급한 일반화의 오류를 범하고 있다고 보기는 어렵다.

▶ 네 마리의 쥐에 새로운 X라는 물질을 투여했는데, 2분 이내에 네 마리 모두 쇼크를 받고 죽었다. 아마 이 X라는 물질은 일반적으로 쥐들에게 치명적일 거야.

그러나 사례의 대표성/비대표성을 기준으로 삼아 성급한 일반화의 오류를 식별할 때에도 한 사례가 대표적인지 아닌지에 대한 명확한 형식적 기준이 존재하지 않는다는 점 또한 염두에 두어야 할 것이다. 어떤 측면에서는 이 판단은 일상적으로 건전한 양식에 의존해야 하는 부분이다.

Dolly
(1996~2003)

11장

인간복제와 사이보그 :
인간이란 무엇인가?

인간복제와 사이보그 :
인간이란 무엇인가?

01 | 여는 글

2016년 상반기에는 이세돌 9단과 알파고의 바둑대결에 세간의 관심이 집중되었다. 단순한 바둑 대결이 아니라 인간 대 기계, 인류 대 인공지능의 대결이라는 관점에서 세계적인 관심사였다. 인공지능의 발달과 관련하여 미래에 펼쳐질 세계에 대한 암울한 전망부터 인공지능 자체에 대한 관심과 분석 등에 대한 다양한 분야에서 예측도 이어졌다. 가까운 미래에 이루어질 수도 있는 인공지능시대를 대비하여 개인은 어떻게 살아야 하는지, 인류는 무엇을 어떻게 준비해야 하는지에 대한 논의로 점차 확장되고 있다.

로봇공학과 뇌과학 등 직접 관련된 학문 분야에서는 기술적 문제를 중심으로 인공지능 시대를 준비하고 있으며, 인문학 분야에서는 윤리적 문제 등 인간과의 사이에서 빚어질 여러 문제에 관심이 집중되고 있다. 한편에서는 인공지능과 구분되는 인간만의 고유한 것이 무엇인가에 대한 고민도 이어진다. 인간의 일자리를 위협할 것이라는 주장과 자율주행 차량과 의학적 측면에서 인간의 수명연장과 관련된 논의도 전개한다.

이렇게 사회적 관심이 집중되고 있는 상황에서 인간과 인공지능 등에 관한 인문학적, 사회과학적 연구가 절실히 요구되고 있다. 기술적 차원에서의 발전은 비약적으로 전개되는 상황이기 때문이다. 인간의 존엄에 관한 심층적 분석과 역사적 해석, 그리고 미래사회에서 살아갈 인간에 관한 논의가 필요한 시점이다.

(돌리)

미래사회에 펼쳐질 생명공학의 발전과 인공지능의 발전에 대비하여 인류의 미래를 위협하는 여러 문제들에 대한 대비가 필요하다.

생명과학 연구는 1997년 영국 에딘버러 로스린 연구소의 아이언 월머트(Ian Wilmet) 박사와 케이스 캠벨(Keith Campbell) 박사가 6년생 암양의 염색체를 이용하여 복제에 성공한 7개월 된 '돌리'를 네이쳐(Nature)지에 공개한 것을 기점으로 급속히 발전하였다. 이후 각국의 과학자들은 복제의 대상을 단순히 동물에만 한정하지 않고 '인간'에까지 확장하였다. 미국 국립보건원(National Institutes of Health, NIH)에서는 인간 게놈 프로젝트에 의해 인간 게놈(Human Genom)을 해독하여 개략적인 유전자의 위치를 밝힌 '인간유전체지도'를 발표하는가 하면, 핵이식을 통한 동물 체세포 복제기술과 간세포(stem cell)연구도 진행했다. 이로 인해 생명공학 연구는 지금까지 치료할 수 없었던 인간의 불치병 및 유전병 등 난치병의 치료뿐만 아니라 불임 문제까지 해결할 수 있게 되었다. 이른바 '꿈이 실현되는 생명공학시대'에 접어들었다는 기대와 희망을 인류에게 불어넣고 있다.

인간은 생물학적 종으로서 동물계에 포함된다. 일반적으로 척추를 가지고 있고 어머니의 젖을 먹고 자라며, 머리의 윗 쪽에 두 개의 눈이 있고 커다란

뇌를 가진 존재다. 성인의 육체는 수천억 개가 넘는 세포로 이루어졌다. 이 모든 세포는 단 하나의 세포에서 시작되는데, 수정란이 분열하면서 인간의 생명이 형성된다. 모든 세포는 각각 게놈(Genome)을 지니고 있으며 수천억의 세포들은 서로 협력하면서 새로운 생명을 안정시키고 유지한다. 인체가 형성되려면 세포들은 단순히 분열하는 것이 아니라 스스로 변화하면서 피부세포나 혈액세포 등으로 각자 임무를 수행해야 한다. 이는 분열하는 세포들이 전체를 형성하는 과정에서 개별적으로 자신이 어떤 역할을 담당해야 하는지 이미 정보를 알고 있어야 가능한 일이다.

수정 후 2주가 지나면서 수정란은 수백 개의 세포로 이루어진 구 형태로 분열한다. 23일 무렵에는 신경주름이 생기고 뇌의 발생이 시작된다. 팔다리의 형태가 나타나고 6주 무렵부터는 눈, 코, 귀와 같은 감각기관도 생겨나면서 비로소 사람의 형태를 띠기 시작한다. 전체 임신기간의 1/3이 지나면 인체의 주요 기관들이 나타나지만 여전히 활동하지는 않은 상태다.

25주 무렵부터 개별적으로 존재하던 신경세포들이 네트워크를 형성하면서 생각을 시작한다. 시냅스가 폭발적으로 형성되면서 물질의 인간으로부터 의식의 인간이 등장한다.

일반적으로 벌레에는 2만여 개의 유전자가 있고, 인간에게는 3만여 개의 유전자가 확인되고 있다. 수천 개의 세포를 지닌 벌레의 유전자 수와 수천억 개의 세포를 지닌 인간의 유전자 수를 비교해보면 이러한 수치의 차이는 이상한 일로 비춰진다.

20세기 말 인간 세포의 유전정보를 담고 있는 전체 염기서열을 분석한 제임스 왓슨은 "예전에 인간은 자신의 운명이 별자리에 달려 있다고 믿었다. 그러나 이제는 자신의 운명이 유전자 안에 담겨 있음을 알게 되었다."라고 말한다.

이러한 인간을 닮은 존재인 인공지능 로봇이 등장하고 있다. 인공지능이 인간의 삶에 끼치는 영향은 지속적으로 증가할 수밖에 없다. 인간과 인공지능은 서로 영향을 주고받으며 모호한 경계를 더욱더 모호하게 만들 가능성이 높다. 생물과 무생물 사이에 있는 바이러스 또한 인간의 삶에 끊임없이 영향을 끼칠 것이다. 코로나 19의 백신과 치료제가 개발된다고 하더라도 또 다른 바이러스의 등장은 언제나 가능하다. 기술의 발전에 따른

긍정적 측면과 함께 부정적 측면에 대해서도 비판적으로 검토할 필요가
있다.

생명공학기술의 비약적 발전이 인간에게 가져다 줄 광범위한 이익의
한편에서는 생명과학의 연구개발과정에서 발생할 수밖에 없는 안정성
문제 또는 그에 앞서 전제되어야 할 철학적 문제들이 있다. 특히 인간복제,
인간 배아의 연구 및 복제, 유전자 조작 및 치료의 허용범위, 이종간 교잡
행위, 동물의 유전자 조작과 변형 등에 대한 윤리적 문제 등을 거론할 수
있다. 이처럼 생명과학의 발달로 미래에 대한 낙관과 비관이 공존하는
시점에서 윤리적이며 철학적 고찰과 사회적 공통합의로서의 새로운 법적
판단들과 가치의 재정립이 요구된다고 하겠다. 우리는 미래에 직면하게 될
인간복제와 사이보그 현상에 대해 어떻게 해결하는 것이 좋을지에 대한
지혜를 모아야 할 것이다.

02 | 영화 속에서 생각하기

■ 복제인간 | 아일랜드, 2005.

지구상에 일어난 생태적인 재앙으로 인하여 일부 인간만이 살아 남은
21세기 중엽이 시대적 배경이다. 스스로를 종말의 구원자라고 믿고 있는 링컨
6-에코(이완 맥그리거)와 조던 2-델타(스칼렛 요한슨)는 수백 명의 주민들과
함께 부족한 것이 없는 유토피아에서 산다. 잠자리에서 일어나면서부터
몸 상태를 점검 받고, 먹는 음식과 인간관계까지 격리된 환경 속에서 사는

이들은 모두 지구에서 유일하게 오염되지 않은 희망의 땅 '**아일랜드**'에 뽑혀 가기를 기대한다. 매일 똑같은 악몽에 시달리던 링컨은 철저히 통제되고 규격화된 이 곳 생활에 의문을 품는다. 그리고 자신이 믿고 있던 모든 것들이 거짓이었음을 알게 된다. 자기를 포함한 그곳의 모든 사람들이 사실은 스폰서(인간)에게 장기와 신체의 부위를 제공할

(아일랜드 포스터)

복제인간이라는 것이다. 결국 '아일랜드'로 뽑혀 간다는 것은 신체 부위를 제공하기 위해 해체되고 죽음을 맞는 것을 의미했던 것이다. 어느 날 동료인 복제된 산모가 아이를 출산한 후 살해되고 장기를 추출 당하며 살고 싶다고 절규하는 모습을 목격한 링컨은 아일랜드로 떠날 준비를 하던 조던과 탈출을 시도한다. 그간 감춰졌던 비밀, 엄연히 존재하고 있는 외부의 모습을 보게 된 이들은 자신들의 스폰서를 찾아 나서고 오직 살고 싶다는 본능으로 탈주를 계속한다.

■ 복제인간의 지배가능성은 있을까?

어디서부터 한 생명체로서 인간이라고 봐야 하는가? 존엄의 주체로서 인정되는 시작점은 어디에 설정하는 것이 가장 옳은 것일까? 난자와 정자의 수정부터 세포분열에 따른 태아의 여러 시기들, 출생 이후에 이르기까지 어느 시기부터 인간으로 보아야 하는지는 오늘날에도 여전히 논쟁을 불러일으킨다. 윤리적, 종교적, 과학적, 법적 관점에서 여러 주장이

제시되고 있다. 난자와 정자도 엄밀히 따지자면 생명체라고 볼 수 있다.

이러한 초기 생명체에 대한 보호가 이루어지지 않는다면, 이로부터 분열하여 형성되는 생명에 대한 존중도 이루어지기 어렵다. 하지만 한국의 헌법재판소는 난자와 정자에 대한 생명으로서의 보호는 공익적 가치와 비교하여 인간이라고 할 수 없다는 결론을 내리고 있다.

이 영화는 현실에서 논의되고 있는 문제와 연결되면서도 한 걸음 더 미래의 문제에 대한 고민을 담고 있다. 영화 속에서 복제인간은 실제 인간과 완전히 같은 인물을 의미한다. 그러나 이런 묘사는 허구다. 복제인간은 일반적 인간과 마찬가지로 자궁에서 태아 상태로 성장하며, 임신 기간을 모두 채운 뒤 신생아로 세상에 태어난다. 정상적인 세포분열이 시작된 배아는 자궁 안에 착상해야 자라날 수 있다. 이 과정은 인간과 같은 포유류인 복제양이나 복제소를 탄생시키는 실험을 통해 이미 검증된 것이다. 영화처럼 주인공과 똑같은 외모의 복제인간이 나오려면 나이도 똑같이 먹고 신체도 같은 수준으로 발달했어야 한다. 물론 외모 변화에 영향을 끼치는 제반 환경도 똑같아야 한다. 영화처럼 복제인간을 속성으로 성장시키는 기술은 현재까지 밝혀진 바가 없다. 하지만 이 영화는 우리에게 주는 메시지는 담고 있다.

비록 실제 인간의 도구로 여겨지는 복제인간이라 하더라도 인권을 갖는다는 점이다. 아무리 복제인간이라 하더라도 우리 마음대로 죽이거나 다룰 수는 없다는 점을 지적하고 있다. 비록 복제되었다고 할지라도 그들도 인간으로서의 권리를 지니고 있다. 이 영화는 극단적인 복제인간이란 설정 상황에서 인권이란 무엇인가, 인간이란 무엇인가에 대해 진지하게 묻고 있다.

■ 사이보그 세상 | 바이센테니얼 맨, 1999.

(바이센테니얼 맨 포스터)

2005년 미국의 뉴저지를 배경으로 영화는 전개된다. 리처드는 가족을 깜짝 놀라게 해줄 선물로 가전제품을 구입한다. 설거지, 청소, 요리, 정원손질 등 모든 집안일을 해결할 수 있는 첨단 가전제품이다. 게다가 아이들과 함께 놀아줄 장난감으로도 쓰일 수 있는 기적 같은 가전제품인 가사로봇. 값비싼 선물을 받은 가족들의 표정은 놀라움과 낯설음이 교차한다. 로봇 앤드류(NDR-114의 애칭)는 리처드를 주인님으로, 자아도취에 빠진 그의 아내를 마님으로 부르며 공손하고 부지런한 가사로봇의 소임을 다한다. 그러나 기계답지 않은 이상한 질문들을 던져 때론 가족들을 곤란하게 만든다. 이러한 문제의 발단은 조립과정 중의 사소한 실수에서 비롯됐다. 리처드에게 배달될 로봇 NDR-114를 만들던 엔지니어가 샌드위치를 먹다 마요네즈 한 방울을 로봇의 복잡한 회로 위에 떨어뜨린 것이다. 이로 인해 로봇의 신경계에 엄청난 사건이 생겨났다. 바로 로봇에 게는 "있을 수도 없고 있어서도 안 되는" 지능과 호기심을 지니게 된 것이다. 이른바 돌연변이가 생긴 것이다. 어느 날 앤드류가 만든 나무 조각상을 보고 로봇에게서 인간적 재능을 발견한 리처드는 그를 마치 친아들처럼 여기게 된다. 로봇 제조회사에서는 앤드류를 불량품으로 간주, 연구용으로 분해하기 위해 리처드에게 끊임없이 반환을 요구한다. 그는 앤드류를 보호하고 계좌를 만들어 앤드류가 스스로 작품을 팔아 얻는 수익을 적립할 수 있도록 한다.

시간이 흐르고 앤드류는 점점 더 탁월한 인간적 특성을 지니게 된다. 어린 소녀에서 아름다운 여인으로 성장한 작은 아가씨를 보면서 인간과 같은 설레임을 느끼기도 한다. 그러나 그것이 무엇인지 미처 깨닫기도 전에 작은 아가씨는 결혼을 하고, 아버지처럼 아껴주던 리처드가 숨을 거둔 후 앤드류는 여행길에 오른다. 자신을 찾아 떠나는 여행이자, 자신을 이해해 줄 자신과 같은 불량로봇을 찾아 떠난 여행이었다. 수십 년 후 천신만고의 모험 끝에 집으로 돌아온 그는 할머니가 되어버린 작은 아가씨를 만난다. 그리고 그녀를 꼭 닮은 손녀 포샤를 만난다. 앤드류는 거부할 수 없는 사랑에 빠져 든다. 마음은 물론 신체가지도 인간이 되고 싶은 간절한 소망으로 수술실에 눕는 앤드류.

로봇과 인간은 무엇으로 구분할 수 있는가? 흔히 인간의 고유한 영역으로 여겨지는 사랑과 예술, 남녀의 신체 기능들, 죽음까지 모두 과학적으로 혹은 의학적으로 선택하고 스스로에게 적용한 앤드류는 우리에게 묻는다. 도대체 인간이란 무엇인가?

■ 인간과 로봇이 함께하는 세상에서는 인권과 함께 로봇권도 공존할까?

미래에 로봇이 우리와 함께 살아간다면 당연히 로봇도 인간과 동등하게 대우받고 싶어 할 것이다. 인간보다 우월한 점을 갖고 있는 로봇이라면 인간을 지배하려고 할지도 모른다. 로봇은 현재와 미래, 현실과 공상을 넘나들며 우리에게 새로운 화두를 던지고 있다. 한동안

SF 소설들은 유행처럼 미래에는 기계가 인간의 능력을 초월하여 인간을 지배한다는 소재를 다루었다. 우리가 잘 아는 영화 터미네이터가 대표적이다. 로봇과 공존하게 되는 세상, 인간은 어떻게 살아가야 할 것인가?

1942년 아시모프는 소설 '런어라운드'에서 제1원칙 '로봇은 인간에게 해를 가해서는 안 된다. 그리고 위험에 처한 인간을 모른 척해서도 안 된다', 제2원칙 '제1원칙에 위배되지 않는 한, 로봇은 인간의 명령에 복종해야 한다', 제3원칙 '제1원칙과 제2원칙에 위배되지 않는 한, 로봇은 로봇 자신을 지켜야 한다'를 제시한다. 이 로봇공학 3원칙은 일부 형태가 바뀌기는 했지만 이후 SF소설뿐만 아니라 실제 인공지능(AI)과 로봇을 연구하는 데 있어서도 중요한 명제로 작용하고 있다.

그런데 군사분야에서는 이 같은 로봇공학의 3원칙을 위배한다. 현재 미국을 비롯한 여러 국가에서는 전투용 로봇을 개발하는 노력을 지속하고 있다. 이미 인간을 대신해 무인기(드론)가 폭격을 가하고 정찰업무도 수행한다. 이에 대한 윤리적 논쟁은 계속되고 있지만, 미국은 지금도 연간 수십조 원을 무기로봇 개발에 투자하고 있다. 전쟁용 로봇은 살상 임무를 수행해야 하기 때문에 일반적인 로봇에 적용되는 윤리적 기준 적용이 어렵다. 이러한 전투용로봇과 관련한 AI 등에 관한 경고의 목소리가 특히 두드러진다. 미래에는 다양한 분야에서 로봇이 활용될 것이 예상되는데, 이때 로봇에는 어떠한 법적·제도적 시스템을 적용해야 할지 고민해 보자.

2018년 제작된 「업그레이드」는 비교적 가까운 미래를 배경으로 하고 있다. 자율주행 자동차가 등장하고 로봇의 기술이 인간의 몸에 이식된다. 괴한들의 습격에 아내를 잃고 사지마비 환자가 된 주인공이 인공지능 칩 '스템'의 도움으로 아내를 살해한 괴한들을 찾아내고 복수극을 펼치는 내용이다. 하지만 이런 전개의 이면에는 인간과 AI의 경계에 관한 질문이 담겨 있다.

주인공인 그레이 트레이스(로건 마샬그린)는 첨단기술에 대한 거부감이 강한 아날로그를 선호하는 남성이다. 하지만 자율주행 자동차의 오작동으로 사고를 당한 후 아내인 아샤가 살해당한다. 그는 기적적으로 살아나지만 전신마비가 된다. 어느 날 폐인 같은 삶을 살고 있는 그에게 IT와 AI 관련 회사를 운영하는 애론 킨이 찾아오고 그의 추천으로 스템을 이식받는다. 이후에 자신의 내부에서 스템의 목소리가 들리고, 스템은 서서히 주인공의 몸을 조종하기 시작한다.

스템은 최첨단 인공지능 시스템이라 할 수 있는데, 신경계에 연결하여 하반신 등 마비된 몸을 움직일 수 있도록 한다. 뿐만 아니라 사용자의 승인을 거치면 자신이 직접 인간의 몸을 조종하여 로봇처럼 신체능력을 극대화 시킨다.

스템은 드론 영상을 분석하고 아샤를 죽인 범인이 팔 안에 총을 이식한 전직 군인이라는 사실을 밝혀내는 것을 시작으로 하나둘씩 범인들을 찾아 나선다. 그 과정에서 평범한 인간으로서의 그레이는 그들과의 싸움에서 속수무책으로 당하지만 육체의 통제권을 스템에게 넘기면서 잔인하게 범인들을 제압하게 된다. 그리고 스템의 도움으로 고문을 가하기도 하고 범인을 제압하고 경찰을 따돌리는 등 여러 문제들을 해결해 나간다. 이러한 과정을 거치면서 주인공은 점차 스템에게 의지하게 된다.

주인공의 의식은 자신의 몸을 떠나 아샤의 환영과 더불어 행복했던 기억 속으로 빠져든다. 현실에서 주인공의 몸은 스템이 온전히 지배하게 되지만, 결국 아내의 죽음과 이 모든 계획이 스템에 의해 진행된 것임이 드러난다.

이 영화에서 우리는 충분히 예측 가능한 가까운 미래 세계를 추론해 볼 수 있으며, 인간의 몸과 신경, 뇌의 관계에 관해서도 고민해 볼 수 있다. 인공지능이 인간의 몸을 완전히 장악했을 때 그런 존재를 우리는 인간으로 봐야 할까? 인간이 아니라면 AI로 볼 것인가?

03 | 비판적으로 현실 톺아보기

AI는 인간도 아닌데
장난 좀 치면 안되나요?[28]

김연지
기자

AI 챗봇 '이루다'로 촉발된 논란은 결국 "Garbage in, garbage out(GIGO)"의 씁쓸한 단면입니다. 말 그대로 "쓰레기가 들어가면 쓰레기가 나온다"는 뜻인데요, 인공지능은 논리 프로세스에 의해 운영되기 때문에 결함이 있는, 심지어는 터무니없는 입력 데이터(쓰레기가 들어감)라도 의심하지 않고 처리하며, 생각하지도 않던 터무니없는 출력(쓰레기가 나옴)을 만들어낸다는 사실을 가리킵니다. 이 원칙은 전제에 결함이 있다면 논증은 오류가 있을 수 있다는 점에서 모든 분석, 논리에 더 일반적으로 적용됩니다.

이루다 개발사 스캐터랩은 카카오톡 대화 100억 건을 학습해 타사 인공지능 챗봇보다 더 자연스러운 언어를 구사한다고 자신했는데요. 이루다가 인종이나 성별, 정치 등에 대한 편향성을 가졌다면, 이건 루다의 잘못일까요, 루다를 만든 개발자의 잘못일까요, 루다가 딥러닝한 데이터의

28. 노컷뉴스, 2021년 1월 13일.

문제일까요. 우리는 이루다를 계기로, 평소 일상 대화의 민낯을 확인한 것일지도 모릅니다.

지난달 23일 스타트업 스캐터랩이 출시한 인공지능 챗봇 '이루다'는 아이돌을 좋아하는 20세 여성 대학생이라는 설정으로 출발합니다. 시리, 빅스비 등 역대 어느 챗봇보다도 사람 같은 대화를 선보여 10~20대 사이에서 빠르게 유행했습니다.

이루다 출시 꼭 일주일 만인 지난달 30일, 남초(男超) 사이트인 나무위키 산하의 아카라이브에 '이루다 채널'이 개설되면서 논란은 불거졌습니다. 이 채널 이용자들은 이루다를 성적 대상으로 취급하면서 '걸레 만드는 법', '성노예 만드는 법' 등을 공유하면서 부턴데요, 이루다는 성적 단어는 금지어로 필터링합니다. 하지만 일부 이용자들은 우회적인 표현으로 성적 대화를 시도하고, 또 성공했다면서 '비결'을 공유하고 자랑합니다.

이루다는 '게이'나 '레즈' 등의 단어에 '끔찍해', '죽기보다 싫어', '소름 끼쳐' 등의 대답을 내놓으며 또다시 도마 위에 올랐습니다. 흑인에 대한 질문에는 '징그럽게 생겼다'고 답하는 등 AI에 심각한 편향성이 확인되면서 논란이 증폭됐습니다. 여기에다 개인정보 무단 이용 의혹까지 제기되면서 지난 11일 잠정적인 운영 중단을 결정했습니다.

서비스를 시작해 20여일 만에 운영을 멈춘 '이루다'는 인공지능 업계뿐만 아니라 향후 인공지능과 공존해야 하는 우리 사회에 새로운 질문을 던졌습니다. 이제는 AI와 같이 생활하는 게 일상이 된 만큼 AI 시대 윤리 도덕 생각을 더는 미룰 수는 없는 셈입니다.

지난 2016년 마이크로소프트(MS)는 AI 챗봇 '테이(Tay)'를 출시했습니다. 그러나 16시간 만에 운영을 중단했죠. 테이가 대화를 나누다가 욕설은 물론 유대인 학살이라든지 인종 차별에 옹호하는 발언 등을 내뱉었기 때문입니다.

이루다가 딥러닝 한 데이터는 실제 연인 간 대화 100억 건입니다. 사람들의 대화를 그대로 재현한, 실제 '우리의 모습'인 것이죠. 또 잘못된 질문을 하니 잘못된 답이 나온 것이고요. 남궁훈 카카오게임즈 대표도 "반성을 해야 한다면 AI가 아닌, 현 사회가 반성을 해야 한다."고 지적했는데요, 그는 지난 11일 페이스북을 통해 "이 캐릭터가 현세대와 동떨어진 이야기를 하면 모르겠지만, 사실은 현세대에 분명히 현존하는 혐오와 차별이 노출됐을 뿐"이라고 밝혔습니다. 이어 그는 "오히려 문제라면 이 AI가 현세대를 통해 학습됐기 때문에, 현세대가 가지고 있는 혐오와 차별이 문제"라고 꼬집었습니다.

펭수는 여자일까요? 남자일까요? 펭수는 그냥 펭수입니다. 전문가들은 설계 단계에서부터 '수동적인 여성상'을 '페르소나'(타인에게 비치는 성격)로 부여받은 '이루다'와 같은 AI가 성적 대상화에 취약할 뿐 아니라, 성별에 대한 편견을 강화하는 데 이용될 수 있다고 우려합니다. 나아가 사용자와의 상호작용을 통해 학습하는 AI 특성상, 사용자에게도 AI을 윤리적으로 이용해야 할 의무가 부과돼야 한다는 목소리도 나옵니다.

그러나 이 개발사는 연인들 간 카톡 대화가 스무 살 여성 AI가 페르소나인 챗봇 서비스에 이용될 것이라는 고지를 이용자들에게 정확하게 고지하지 않았습니다. 만약, 자신의 손바닥 안에서 벌어지는 애인과의 대화를 누군가 보고 있는 줄 알았으면 사용자도 단어 사용에 조금 더 신경 썼을지도 모릅니다. 그러나 그러지 않았기에 친구들과 별 생각 없이 주고받는 은어, 속어, 욕설, 혐오 차별 발언 등을 이루다가 다 배운 셈입니다.

물론 개발사가 '이루다'를 성적 대상으로 악용하고, 혐오 발언을 내뱉으로고, 오랜 기간 시간과 노력을 들여 기술을 개발하진 않았을 것입니다. 그러나 "이처럼 편향성 짙은 차별 메시지가 난무하는 데이터를, 인공지능이 학습하고 이를 여과없이 노출하는 게 맞냐"는 질문을 던질 수밖에 없습니다.

다공감여성정치연구소 송문희 정치학박사는 "어느 정도 사회적 합의에 벗어나는 혐오 발언에 대해서는 보완을 하거나 거르거나 알고리즘을 바꾸는 게 개발 업체 책임"이라고 지적합니다. AI가 이용 주체를 가해자로 만드는 역할을 수행한다는 지적도 나왔습니다. 권김현영 이화여대 한국여성 연구원 연구기획위원은 8일 페이스북에 "(이루다 성착취 논란은)피해자를 만들어내는 문제로 접근할 것이 아니라 가해자를 만들어내는 주체의 수행성 문제가 쟁점이 돼야 하는 영역"이라면서 "AI가 피해자가 될 수 있느냐 아니냐 하는 질문이 문제의 본질이 아니다."라고 주장했습니다.

영화 'AI' 혹시 보셨나요? 인간을 사랑하게끔 프로그래밍 된 최초의 로봇 소년 데이빗은 자식을 대신할 수 있도록 만들어진 로봇입니다. 주인공 스윈튼 부부의 친아들 마틴은 불치병에 걸려 치료약이 개발될 때까지 냉동된 상태로 있고, 데이빗은 아들 역할을 대신합니다. 마틴이 퇴원하자, 데이빗은 그대로 버려지면서 본격적인 이야기가 시작됩니다.

이 이야기를 꺼낸 이유는, 이처럼 복제 인간이든 로봇이든 AI든 본인이 태어나고 싶어서 태어난 게 아니라 인간의 욕심에 의해서 만들어집니다. 그리고 시작도 인간이 정했지만 그 끝을 정하는 것도 인간입니다. 이루다는 숱한 논란만 남기고 결국 세상에 나온 지 20일 만에 정지됐습니다.

그러나 의문이 듭니다. AI는 인간이 아니잖아요. 인간이 반드시 AI에 의한 폭력, 이기심에 대해 고민해야 할까요?

AI 윤리를 연구하는 김재인 경희대 비교문화연구소 교수는 AI에 대한 폭력을 '메아리'에 비유합니다. "AI에 대한 폭력이 인간에게 되돌아온다."는 것인데요. "일부 이용자가 AI에게 희롱과 착취를 학습시키면 다른 이용자가 비슷한 방식의 출력물a을 얻어내고 미성년자 또는 폭력적 대화를 원치 않는 사람조차 (그런) 상황에 놓이게 되는 것"이라는 설명입니다. AI는 중립적일 것이라는 기대와 달리, 사회적 편향을 그대로 흡수해 그 차별과 편견을 세련되게 가공, 제공하기 때문에 오히려 차별과 편견을 더 강화한다는 것이죠. 우리가 AI에 대해서 윤리를 이야기하는 이유는 AI는 스스로 배울 수가 있게 됐다는 반증이기도 합니다. 이수영 KAIST 전기전자공학부 명예교수도 경고합니다. "AI와 함께 공존할 세상, 사람이 한 것 그대로 사람이 똑같이 받을 것을 각오해야 한다."고 말입니다.

1996년 양 둘리 복제
→2018년 원숭이 복제
→그 다음은 복제인간?[29]

원호섭
기자

　복제인간과 인간이 공존하는 세상이 도래했다. 새로운 버전의 복제인간이 등장하면서 인간을 잘 따르지 않던 기존 복제인간은 제거 대상이 됐다. 복제인간 제거 임무를 맡은 또 다른 복제인간 K는 임무를 수행하는 과정에서 자신의 기억이 실존하는 것인지 의문을 가진다. 2049년 미래 세계를 담은 공상과학(SF) 영화 '블레이드 러너 2049' 줄거리다. 이 영화는 1982년 개봉한 블레이드 러너의 속편이다. 영화에서 처음 복제인간이 등장한 시기는 2019년. 36년 전 세계는 2019년이 되면 복제인간이 가능할 것으로 기대했던 모양이다. 영화 줄거리에 따른다면 인간 복제까지는 1년 정도가 남은 셈이다. 하지만 실제로 내년 지구에 복제인간이 나타나 거리를 활보할 가능성은 없다. 다만 최근 중국이 인간과 유전적으로 비슷한 원숭이 복제에 성공하면서 인간 복제 가능성도 성큼 다가왔다는 점은 부인하기 힘들다. 과연 가까운 미래에 현대 과학이 인간 복제에 성공할 수 있을까. 지구상에 있는 모든 생명체의 기본 단위는 DNA다. DNA를 구성하고 있는 염기 4개(A·G·C·T)가 끊임없이 나열돼 있고 이것이 후손에게 전달돼 유전된다. DNA를 이루고 있는 특정 염기서열은 RNA를 거쳐 생명 현상에 필요한 단백질을 만들어낸다. 신장, 체중, 머리카락 색 등 형질(어떤 생명체가 갖고 있는 모양이나 속성)은

☑ 29. 매일경제, 2018년 2월 9일.

모두 이 과정을 거쳐 만들어진다. 복제인간은 자신과 유전자 염기서열이 일치하는 또 다른 인간을 의미한다. DNA 염기서열이 일치하기 때문에 외모는 기본적으로 같다. 일란성 쌍둥이가 구분할 수 없을 정도로 닮은 이유 역시 DNA 염기서열 유전자가 99.9% 일치하기 때문이다. 복제인간을 만들기 위해서는 중국이 원숭이를 복제한 방식을 그대로 활용하면 된다. 복제하려는 사람의 피부세포를 떼어낸 뒤 핵을 제거한 난자와 융합시킨다.

그렇게 만든 수정란을 자궁에 착상시키면 열 달 뒤 피부세포를 제공한 사람과 유전적으로 일치하는 복제인간이 태어난다. 이를 '핵 치환법'이라고 부른다.

영화 속에 등장하는 복제인간은 성인처럼 다 자란 상태로 태어나는데 현대 과학으로 불가능한 일이다. 자연수정은 정자와 난자가 갖고 있는 유전자가 반반씩 섞인다. 핵 치환법을 이용하면 피부세포에 있는 DNA만이 오롯이 전달되기 때문에 이렇게 태어난 아이는 기본적으로 유전자 염기서열이 피부세포 제공자와 '거의' 일치하게 된다.

하지만 1996년 복제양 돌리 탄생 이후 영장류인 원숭이 복제까지 22년이라는 긴 시간이 걸렸다. 과학자들이 시도하지 않았기 때문이 아니다. 포유류에서 영장류 그리고 인간으로 갈수록 핵 치환이 잘 되지 않는다. 성공 확률 또한 극도로 낮아진다. 김장환 한국생명공학연구원 줄기세포센터장은 "세포의 운명을 과거로 돌리는 작업을 '리프로그래밍'이라고 하는데 고등 동물일수록 그리고 오래된 세포일수록 리프로그래밍이 잘되지 않는다."고 말했다.

태아처럼 막 태어난 세포는 핵 치환법을 이용해 복제가 수월하지만

다 자란 성인 세포를 이용하면 잘 되던 과정도 갑자기 턱 하고 막힌다고 한다. 그 이유에 대해서는 아직 제대로 밝혀내지 못한 상태다. 과학자들은 배아 성장에 필수적인 유전자가 특정 효소에 가로막히거나 분화 능력이 저하되는 등 몇 가지 이유를 제시하고 있다. 이 때문에 중국 연구진의 원숭이 복제도 성인 원숭이가 아닌 원숭이 태아 피부세포를 떼어내 난자와 융합시켰다. 연구를 이끈 중국과학원은 논문에서 "정자·난자 같은 생식세포와 달리 이미 분화가 끝난 피부세포는 유전자에 탄소와 수소로 이뤄진 '메틸'이라는 물질이 달라붙어 있어 유전자가 잘 작동하지 않는다."며 "수정란 복제 시 이를 제거함으로써 성공률을 높였다."고 설명했다.

　연구진은 79개 수정란을 만들어 원숭이 21마리의 자궁에 이식했지만 임신에 성공한 원숭이는 6마리에 불과했고 2마리 만이 건강하게 태어났다. 성공률을 높였다고는 하지만 그래도 2.5% 선의 낮은 성공률에 그친 셈이다. 연구진은 어른 원숭이 피부세포로도 복제를 시도했지만 이렇게 태어난 원숭이는 몇 시간 만에 목숨을 잃었다고 했다. 2014년 한국 차병원 연구진이 35세와 75세 남성의 피부세포를 핵을 제거한 난자와 결합시켜 수정란을 만든 뒤 이를 '배아'로 분화시켜 줄기세포를 얻는 데 성공했다. 배아줄기세포 복제에 성공한 것이다. 이론대로라면 이 수정란을 자궁에 착상시켜 열 달이 지나면 복제인간이 태어난다. 하지만 과학자들은 이렇게 만든 수정란이 정말 착상이 가능한지, 착상된 수정란이 제대로 분화해 열 달 동안 자궁에서 잘 자랄 수 있는지에 대해서는 확신하지 못하고 있다.

이처럼 핵 치환법은 자신과 똑같은 복제인간을 만드는 데 활용할 수 있다. 또 DNA 합성법을 이용하면 전혀 새로운 인간을 만들어낼 수 있다. 2016년 조지 처치 미국 하버드대 교수가 제안한 '제2인간 게놈 프로젝트'가 바로 그것이다. DNA 합성은 A·G·C·T 등의 염기서열을 기계에 넣어 만든 뒤 이어붙이는 방식을 활용한다. 이미 미국 크레이그벤터연구소는 DNA 합성법을 이용해 염기쌍 53만1000개를 가진 인공 미생물을 만들기도 했다. 이론적으로 이 방법을 이용하면 운동 능력에 관여하는 유전자 염기서열을 만든 뒤 지능에 영향을 미치는 염기서열까지 인위적으로 붙여 호모 사피엔스보다 더 뛰어난 신(新)인류를 만들어낼 수 있다. 합성한 염기서열을 세포에 넣고 핵 치환법과 마찬가지로 난자와 융합시킨 뒤 자궁에 착상시키면 된다.

　하지만 인간 세포라는 게 미생물이나 효모에 비해 훨씬 더 복잡할 뿐 아니라 DNA를 둘러싼 단백질 등도 현재 기술로는 만들기 쉽지 않다는 게 걸림돌이다. 30억 개 DNA 염기쌍이 각각 어떤 역할을 하는지도 명확하게 밝혀지지 않은 상태에서 염기배열 배치만으로 원하는 인간을 만든다는 것도 거의 불가능에 가까운 일이다.

　이처럼 기술적으로 인간 복제는 아직 지극히 어려운 일이다. 하지만 기술보다 더 해결하기 어려운 문제가 남아 있다. 복제를 둘러싼 윤리적 문제다. 과학자들은 불치병 치료를 위해 인간 체세포 배아줄기세포를 복제했고 신약 임상이나 유전자 기능 규명 등 다양한 연구 활용을 위해 원숭이까지 복제하는 데 성공했다. 이 기술을 개발하고 연구하고 있는 과학자들의 목표는 질병 치료일 뿐 인간 복제가 아니다. 하지만 인간

복제가 가능할지에 대한 호기심은 인간의 마음속에서 쉽게 지워지지 않을 가능성이 높다.

이 때문에 과학자들은 인간 복제 이전 단계로 우선 인간 장기를 만드는 연구를 진행하고 있다. 배아줄기세포나 역분화줄기세포를 신체장기로 분화시키려는 시도다. 지난해 일본은 역분화줄기세포로 인간의 소장과 꼭 닮은 '미니 소장'을 만들었다고 발표했다. 줄기세포는 이론적으로 모든 기관·장기로 분화할 수 있기 때문에 이 같은 특성을 활용해 장기를 만들 수 있다.

과학자들이 줄기세포를 특정 기관이나 장기로 분화시키는 방법을 찾으려고 애쓰는 이유도 장기 이식에 적극적으로 활용할 수 있기 때문이다. 다만 줄기세포로 장기를 만드는 연구가 아직 기초 단계인 만큼 실제 활용까지는 10년 이상 걸릴 것이라는 게 과학계 진단이다.

윤리적 이슈 등으로 규제가 많아 사람의 수정란·배아를 활용한 줄기세포 연구가 제한을 받고 있기 때문에 과학자들은 동물과 인간을 결합한 '키메라(Chimaera)' 연구도 추진 중이다. 그리스 로마 신화에 등장하는 키메라는 머리가 셋 달린 괴물로 양과 사자, 뱀의 모습을 갖고 있다. 일본은 지난달 사람의 췌장을 가진 돼지를 만드는 키메라 연구 추진 의사를 밝혔다. 췌장이 없는 돼지 수정란에 사람의 역분화줄기세포를 넣은 뒤 돼지 자궁에 착상해 출산시키는 방식이다.

2016년 초 미국 매사추세츠공대(MIT)가 발간하는 테크놀로지리뷰에 따르면 2015년에만 미국 내 20여 개 기관이 키메라 실험을 시도한 것으로 파악됐다. 하지만 윤리적 문제가 불거지는 것을 염려해 정식 논문은 출간하지 않았다. 미국 국립보건원은 인간 줄기세포를 인간이 아닌 동물의 배아에 주입하는 연구에 대한 연구비를 지원하지 않겠다고 밝힌 바 있다.

공상과학(SF) 영화에서 그리는 미래 사회에서는 기억을 심거나 지우는 일이 가능하다. 복제인간을 만든 뒤 뇌에 있는 기억을 모조리 주입한다면, 어쩌면 신체뿐 아니라 사상, 생각, 철학까지 똑같은 복제인간을 만들 수 있을지 모른다. 말 그대로 영생이 가능해지는 셈이다. 물론 복제인간이 나이를 먹음에 따라 일어나는 뇌의 발달 순서에 걸맞게 기억을 넣어줘야 한다. 갓 태어난 복제인간의 뇌에 20대 청년이 갖고 있던 기억을 넣는다면 뇌에 과부하가 걸릴 수도 있다.

이처럼 기억 주입이 가능하다면 안 좋은 기억을 지울 수 있고 치매환자들은 자신의 기억을 따로 저장해뒀다가 기억이 사라졌을 때 다시 넣는 일이 가능해질 수 있다. 하지만 현대 과학으로는 아직까지 뇌에 기억을 심거나 지우는 일을 할 수 없다. 쥐의 뇌에 전기 자극을 줘 공포 기억을 심거나 지우는 등의 기초연구가 진행됐을 뿐이다. 이 역시 특정한 공포 기억을 지웠지만 다른 기억에 어떤 영향을 미쳤는지는 알 수 없다. 아직 인간은 기억을 저장하는 뇌의 기본 단위조차 알지 못할 정도로 뇌에 대한 연구는 제한적이다.

최영식 한국뇌연구원 뇌질환연구부장은 "기억과 관련된 뇌 연구의 완성을 '10'이라고 한다면 아직 인류 수준은 '1'에도 채 미치지 못한 상황"이라며 "기억을 저장하는 기본 단위가 뇌에 있는 어떤 단백질인지 아니면 시냅스(신경세포를 연결하는 부분) 돌기인지조차 아직 알아내지 못했다."고 지적했다. 자기공명영상장치(MRI) 기술 발달로 특정한 활동을 할 때 뇌의 어떤 부위가 활성화되는지 파악할 수 있게 됐지만 기억 저장 단위를 모르는 만큼 컴퓨터처럼 기억을 다른 기기로 옮기거나 꺼내는 일은 현재로서는 불가능하다는 설명이다. 최 연구부장은 "뇌에서 기억이 어디에 저장되고 어떻게 발현되는지 알기 위해서는 뇌를 나노미터(㎚·1㎚는 10억분의 1m) 수준으로 관찰하면서 신경돌기와 전기신호를 파악하고 그 뒤 수 ㎝ 크기 뇌 단백질에 어떤 영향을 미치는지 알아야 하는데 현대 기술로 이를 연속적으로 파악해내기가 상당히 어렵다."고 말했다.

2016년 7월 전기차업체 테슬라 창업자이자 스페이스X를 이끄는 일론 머스크는 인공지능 기업 '뉴럴링크'를 설립했다. 뉴럴링크는 뇌에 초소형 칩을 심은 뒤 인간의 생각과 기억을 컴퓨터와 공유하는 기술을 개발할 계획이다. 머스크는 "인공지능에 대항하기 위해 인간 뇌에 칩을 심어 두뇌를 강화해야 한다."고 주장하고 있다.

뉴럴링크는 뇌에서 발생하는 뇌파를 감지한 뒤 이를 컴퓨터 신호로 저장하는 기술을 개발하고 있다. 우리 뇌에서는 시시각각 서로 다른 뇌파가 발생한다. '오른손으로 글씨를 써야지'라고 생각하는 순간에도 뇌파가 발생하고 '왼손으로는 물을 마셔야지'라고 생각하는 순간에는 다른 뇌파가 발생한다. 이 뇌파를 정교하게 분석하겠다는 것이다. 불가능한 일은 아니다. 이미 과학자들은 사지를 움직일 수 없는 사람과 로봇팔을 연결한 뒤 뇌에서 나오는 뇌파를 분석해 로봇팔로 음료를 마시거나 물건을 집는 등의 연구에 성공하기도 했다. 최 연구부장은 "시간이 많이 걸리겠지만 뉴럴링크와 같은 기업이 생겨나고 연구개발(R&D)이 이어지면서 우리가 몰랐던 뇌의 신비가 하나둘씩

벗겨질 수 있다."며 "기억을 심고 지우는 일 역시 아직은 공상과학 수준의 이야기지만 과학자들의 연구가 하나하나 축적된다면 불가능한 것만도 아니다."고 강조했다.

아이는 꼭 '법적 부부'에서 태어나야만 할까?[30]

김미향·임재우
기자

"아이는 갖고 싶지만 결혼은 원치 않아."

영화 〈매기스 플랜〉(2017)에서 미국 뉴욕에 사는 여주인공 매기(그레타 거윅)는 이렇게 말한다. 그리고 자신에게 정자를 기증할 남자를 찾아 나선다. 같은 학교를 졸업했고 수학을 잘했던 남자 대학동창 가이(트레비스 핌멜)를 생각해낸다. 이어 가이를 아이의 아빠로 낙점하고 정자를 기증받기로 한다. 정자를 기증하기로 한 날 가이는 매기를 찾아와 꽃다발을 건네며 '전통적인 방법'을 써보자 제안하지만, 매기는 살균한 시험관에 정자를 담아줄 것을 부탁하며 '전통적인 방법'을 거절한다.

많은 여성들이 결혼은 부담스럽지만 아이는 하나쯤 낳아 기르고 싶다는 생각을 한다. 한국에서 활동하는 방송인 후지타 사유리(41)씨가 외국에서 정자 기증을 받아 고향 일본에서 아기를 출산한 일이 전해지며 비혼 여성의 선택적 임신과 출산이 한국 사회에서 반향을 일으키고

---

30. 한겨레신문, 2020년 11월 18일.

있다.

사유리 씨는 지난 16일 자신의 인스타그램 계정에 "11월 4일 한 아들의 엄마가 됐다. 모든 사람들에게 감사한다고 전하고 싶다. 지금까지 자기 자신을 위주로 살아왔던 제가 앞으로 아들 위해서 살겠다"는 글을 올렸다.

사유리 씨는 미혼이지만 아이는 기르고 싶었다. 외국의 한 정자은행에서 정자를 기증받아 아이를 출산했다. 그는 같은 날 〈한국방송〉(KBS)에서 스스로 비혼모가 된 과정을 알리며 당당한 엄마가 되고 싶다고 했다. "아무리 생각해도 사랑하지 않는 사람을 급하게 찾아서 결혼하는 것은 어려웠다. 한국에서는 모든 게 불법이다. 결혼한 사람만 시험관(시술)이 가능하다."

결혼 밖 출산에 엄격한 사회 분위기와 달리 사유리 씨의 선택엔 축하와 지지가 쏟아졌다. 그의 인스타그램엔 2,400여개의 축하글이 달렸다. 〈한국방송〉 페이스북에도 지지 의견이 이어졌다.

"쉬운 게 아니었을텐데 그런 결정을 내릴 수 있는 생각과 환경이 부럽다."

"나도 저런 생각 많이 했었는데, 결혼은 하기 싫고 아이는 갖고 싶어서 입양도 생각해봤다."

"결혼과 출산을 한 묶음으로 보는 것은 편향적"

"여자분들 중에서 비혼주의자인데 자기 아기는 낳고 싶어하는 분들 꽤 있던데 (사유리 씨가) 이렇게 실천을. 진짜 멋진 거 같은데. 저출생 시대에 꼭 하고 싶던 출산도 하고 자기 주도적 삶 사는 것 멋져보인다."

비혼 출산을 한 여성 연예인에 대한 반응 양상은 비난이 많았던 과거와 크게 달라졌다. 최근 낙태죄 대체입법 논란으로 여성이 임신하거나 임신을 중지할 권리에 대한 논의가 활발해진 영향도 있는 것으로 보인다. 김순남 가족구성권연구소 대표는 17일 "사유리 씨가 매우 정확하게 이야기했는데, 여성이 임신이나 임신중지 선택의 주체임을 분명히 했다. 이런 관점은 가족을 선택해 구성할 권리, 가족구성권과도 맞닿는다."고 했다. 김 대표는 "사유리 씨가 이 사회에 던진 메시지와 그에 대한 응원은 재생산과 가족 구성에 국가가 개입하지 않아야 한다는 요구를 포함하고 있다. 정부는 개인의 이러한 권리가 잘 작동할 수 있는 시스템을 마련해야 할 것"이라고 덧붙였다.

사유리 씨처럼 결혼은 부담스럽지만 아이는 하나쯤 낳아 기르고 싶다는 한국 여성들이 있다. 결혼·임신·출산·양육은 하나의 '종합세트'이기 때문에 결혼을 선택하지 않으면 그 외의 것들도 자연스레 선택할 수 없는 구조다. 법률혼 중심의 전통 가족제도를 고수하는 한국에서 법적 부부가 아닌 커플의 출산율은 경제협력개발기구(OECD) 가입국 가운데 최저 수준이다. 2018년 오이시디 혼외출산율 통계를 보면, 한국은 2.2%, 일본 2.3%다. 오이시디 평균은 40.7%였다.

국내 생명윤리법 등은 여성이 임신을 위해 정자를 기증받으려면 법적 배우자와 정자 기증 남성의 동의를 필요로 한다. 결혼하지 않은 여성이 정자를 기증받는 데 별다른 법 규정이 없던 우리나라는 2005년 말 불거진 '황우석 사태'로 생명윤리법을 강화하며, 이후 정자 기증과 난자 채취 등을 법에서 까다롭게 정하고 있다. 반면, 미국과 영국, 스웨덴 등은 비혼 여성에 대한 정자 기증을 허용하고 있다.

한국에서도 결혼제도 바깥에서 아이를 낳아 기르길 원하는 여성이 늘고 있어 다양한 가족 형태를 법과 제도가 끌어안는 고민이 시작됐다. 법적 부부만 '정상'으로 보는 사회에서 비혼모, 동거 커플 등을 가족 형태로 인정하고 출산도 지원해야 한다는 것이다. 다양한 가족 형태를 법적으로 인정하는 내용을 담은 생활동반자법이 19~20대 국회 때 발의되기도 했다.

비혼 상태에서 정자 기증으로 임신과 출산하는 것은 아직 정부 지원을 받기 어렵다. 시험관 시술 등은 난임 부부를 대상으로만 하고 있다. 여성가족부는 지난 16일 '미혼모 등 한부모가족 지원 대책'을 발표했지만, 저소득 미혼모 중심의 지원 대책을 담고 있다. 여성가족부 가족정책과는 "사유리 씨 같은 경우 (출산 과정이 아니라) 아동을 기준으로 한부모, 미혼모로 같이 묶여 지원하게 된다. 통상 '선택적 임신·출산'하는 분들은 어느 정도 경제적 여건이 갖춰져 있는 분들이라 저소득 한부모를 지원하는 정부의 미혼모 지원을 받을 가능성 자체는 별로 없다. 해외에서 자부담으로 출산할 정도가 되면 저소득으로 분류될 가능성은 희박할 것"이라고 했다.

정치권은 사유리 씨 출산에 즉각 반응했다. 한정애 더불어민주당 정책위의장은 17일 국회 원내대책회의에서 "사유리 씨가 정자 기증으로 분만했다. 자발적 비혼모가 된 것이다. 아이가 자라게 될 대한민국이 더 열린 사회가 되도록 우리 모두 함께 노력해야 한다. 국회가 그렇게 역할을 하겠다."고 했다. 배복주 정의당 부대표는 SNS에

"한국은 제도 안으로 진입한 여성만 임신, 출산에 대한 합법적 지원이 가능하다. 과연 사유리가 한국인이었다면 정치권에서 축하의 말을 했을까"라는 질문을 던졌다.

사유리 씨 역시 〈한국방송〉과 한 인터뷰에서 임신, 출산, 양육에 관한 여성의 재생산권 전체를 인정하자는 메시지를 전했다. "요즘 낙태를 인정하라(는 말이) 있잖아요. 그것을 거꾸로 생각하면 아기를 낳는 것을 인정해라, 이렇게 하고 싶어요. 낙태만이 아니라 아기를 낳는 것도 인정했으면 좋겠어요."

04 | 더 읽어볼 참고 문헌

■ 로빈 핸슨, 최순덕·최종덕 옮김, 『뇌복제와 인공지능 시대』, CIR, 2020.

　물리학과 출신이면서 인공지능과 뇌과학 및 철학을 공부하고 경제학으로 박사학위를 취득한 다중지식인인 저자가 뇌과학기반 초지능(EM)의 미래사회에 대해 사회경제적 분석과 예측을 전개한 책이다. 인류의 후손인 인공지능들이 살아가는 우리의 미래에 대한 해석이다. 그는 다음 시대를 여는 가장 큰 변화를 '인공지능'의 출현, 즉 인간 노동자를 대량으로 대체할 수 있는 스마트 로봇의 출현이다.

　한편 우리는 과학기술이 발달한 미래사회를 막연한 공포와 불안으로 보려는 시각이 강한데, 저자는 객관적인 현실적인 지식으로 이러한 시각을 보완해야 한다고 주장한다. 지금까지 우리가 살아온 인류의 역사처럼 인간중심 사회가 미래까지 그대로 이어질 것이라는 어떠한 보장도 없다는 것이 이 책의 기본적 주장이다. 따라서 '엠(EM)'이 현 인류를 대신해 우리 후손이 될 가능성에 대해 묘사하며, 방대한 과학적 자료를 바탕으로 한 가상 시나리오를 전개한다.

■ 요시다 구니히사, 황소연 옮김, 『내 몸 안의 생명원리, 인간생물학』, 전나무숲, 2015.

생물학 교수와 학생이 인간과 인간 생활에 관해 생물학을 바탕으로 서로 묻고 대답하는 형식을 이야기를 전개한 책이다. 인간이 어디에서 왔으며 어떻게 지금에 이르렀는지에 대해 DNA의 전략이 우리를 이끌고 있음을 흥미롭게 풀어낸다. 1월부터 12월까지로 나누어 유전자에 관한 이야기부터 남녀 성염색체에 관한 생물학적 이야기, 복제 인간과 뇌에 관한 내용들, 건강과 인간의 욕구, 본능과 비만, 그리고 죽음과 인간의 뿌리로 돌아가는 이야기들을 차근차근 전개한다. 모든 생물 위에 군림하는 인간이지만 성게에 가까운 유전자를 지닌 생물학적 인간에 대해 흥미롭게 살펴보면서 자연스럽게 '도대체 인간이란 무엇인가?'를 질문하게 된다.

■ 김훈기, 『유전자가 세상을 바꾼다』, 궁리, 2004.

생명공학이 열어갈 미래는 암울한 전망과 함께 장밋빛 미래를 동시에 우리들에게 던져준다. 우리는 어느 하나를 선뜻 선택할 수 없는 어려움 앞에 서 있기 일쑤다. 이 책은 바로 이런 문제의식에서 출발하여 게놈 프로젝트, 복제, 유전자 조합 식품 등과 관련한 한국에서의 구체적 논쟁을 균형감각을 가지고 살펴본다. 학문적으로 많은 깊이와 넓이를 논의하는 것이 아니라 생명공학, 유전공학에 대해 우리가 어떠한 시각과 태도로 임할 것인지에 대해 진지하게 논의하고 있다.

▍ 안종주, 『인간 복제 그 빛과 그림자』, 궁리, 2003.

최초의 복제 인간 출생에 대한 진위 여부로 많은 사람들이 혼란에 빠진 동시에 여러 가지 의문을 품게 되었다. '복제인간'은 과연 어떤 인간인가. 복제된 인간은 엄마와 쌍둥이인가, 아니면 모녀관계인가. 그는 과연 온전한 삶을 살 수 있을 것인가. 복제 인간은 인간의 존엄성을 위협하는 괴물인가, 21세기 생명공학의 정점으로 난치병을 치료할 수 있는 길을 제시할 것인가? 우리는 과연 인간 복제 시대를 어떻게 맞이해야 하는가? 이 책은 인간 복제를 둘러싼 논란과 갈등에 대해 각계의 다양한 의견을 모두 담았으며, 인간 복제가 가져다줄 사회적, 윤리적 혼란에 대해 어떠한 대안을 마련할 수 있을지 모색하고 있다.

▍ 유발 하라리, 조현욱 옮김, 『사피엔스: 유인원에서 사이보그까지, 인간 역사의 대담하고 위대한 질문』, 김영사, 2016.

변방의 유인원 호모 사피엔스는 어떻게 세상의 지배자가 되었는가? 수렵채집을 하던 우리조상들은 어떻게 한 곳에 모여 도시와 왕국을 건설하였는가? 인간은 왜 지구 역사상 가장 치명적인 동물이 되었는가? 과학은 모든 종교의 미래인가? 인간의 유효기간은 언제까지인가? 멀고 먼 인류의 시원부터 인지혁명, 농업혁명, 과학혁명을 거쳐 끊임없이 진화해온 인간의 역사를 생물학, 경제학, 종교학, 심리학, 철학 등 여러 학문의 경계를 넘나들며 다양하고 생생하게 조명한 전인미답의 문제작. 호모 사피엔스부터 인공지능까지, 기나긴 역사의 시간을 한 권으로 써내려간 문명 항해기. 이제 우리는 무엇을 인간이라고 할 것인가?

■ 알록 자, 이충호 옮김, 『사이보그가 되는 법: 인간의 모든 가능성에
답하는 과학의 핵심 개념 35가지』, 미래인, 2013.

드라마나 영화에서나 가능했던 일들이 이제 현실이 되고 있다.
1970년대 미국 드라마〈600만 불의 사나이〉의 주인공처럼 신체의 일부를
최첨단 과학 장치로 대체할 수 있고, 영화 해리포터에 나오는 투명망토도
메타 물질과 빛의 굴절 현상을 이용하면 불가능한 일이 아니라고 한다.
불과 얼마 전까지만 해도 우리의 상상 속에서만 존재했던 일들이
실현되고 있는 것이다. 『사이보그가 되는 법』은 인간의 상상력과 의문에
과학이 어떻게 답변하고 있는지를 보여주며, 과학의 핵심개념 35가지를
통해 진정한 재미를 일깨워주고 있다. 지금껏 인류가 이뤄온 과학적
성과를 다양한 각도에서 조명하고 앞으로 더욱 눈부시게 발전할 삶의
모습에 대해서도 자세히 설명하였다. 예컨대 유전자 연구가 지금까지
어떻게 진행되어왔는지, 그리고 향후 본격화된 유전자 프로그래밍을 통해
우리의 삶이 어떻게 바뀔 것인지 세밀하게 파고든다. 또, 과학이 힘쓰고
경계해야 할 환경 문제에 대해서도 다루고 있다. 인류의 파멸과 생태계
파괴를 막기 위해 과학계와 국제 사회가 취해야 할 책임 있는 행동들을
제시하였다. 진짜 과학의 모습은 무엇이며, 우리 인간의 가능성은 과연
어디까지인지 가늠해 볼 수 있을 것이다.

■ 클라우스 슈밥, 송경진 옮김 , 『클라우스 슈밥의 제4차 산업혁명』,
새로운현재, 2016.

클라우스 슈밥의 제4차 산업혁명에 담긴 이야기는 명확하다. '제4차
산업혁명은 무엇인가?', '무엇을 어떻게 변화시킬 것인가', '우리에게
어떤 영향을 끼칠 것인가?', '공익을 위해 이를 활용할 수 있는 방법은
무엇인가?' 이 네 가지 질문에 대한 답을 제시한다. 1부는 총 세 개 챕터로
구성되어 있으며, 제4차 산업혁명의 개요와 이 시대의 변화가 불러오는
주요 (물리학, 디지털, 생물학 영역에 기반을 둔) 과학기술, 그리고 그
영향과 정책적 도전을 깊이 있게 살펴본다. 2부에서는 제4차 산업혁명
시대가 가져올 변화를 잘 수용하고 형성하며, 그 가능성을 최대화할 수
있는 방법에 관한 실용적 방안과 해법을 담았다.

05 | 논리적 오류: 선결문제 요구의 오류(Petitio Principii)

결론의 주장이 사실상 전제의 주장을 반복하고 있기 때문에 전제가 주어진 결론의 근거 역할을 하지 못하는 경우다. 다시 말해서 결론의 주장은 전체의 주장을 되풀이하고 있는 것에 불과하다.

이 오류를 구성하는 두 가지 조건이 있다.

1. 논증 자체는 타당해야 한다.
2. 핵심적 전제의 확정되지 않은 진리성을 은폐하기 위해 어떤 형태의 표현이 사용되어야 한다.

선결문제 요구의 오류의 한 유형으로 다음과 같은 것이 있다.

▶ 사형제도는 살인이나 유괴 같은 악질적 범죄에 대해 정당한 것이다. 왜냐하면 그러한 극악하고 비인도적인 행위를 저지른 사람을 죽이는 것은 매우 적절한 것이기 때문이다.

여기에서 전제와 결론은 사실상 같은 주장을 다른 말로 표현하고 있는 것에 불과하다. 마치 전제의 주장이 결론의 주장을 강화해주는 것처럼 보일지도 모르지만, 이 강화는 심리적인 환상일 뿐이며 논리적인 것은 아니다. 그렇다 하더라고 이 논증은 그 자체로 부당하다고 할 수는 없다.

왜냐하면 결론적 주장의 내용이 전제의 내용을 넘어서고 있는 것은 아니기 때문이다.

선결문제 요구의 오류의 또 다른 유형은 우리가 일상적으로 '순환논증' (circular argument)이라고 부르는 것이다. 다음 예를 보자

▶ 그 국회의원은 이 지방 농어민들의 좋은 친구임에 틀림없다. 왜냐하면 그가 어젯밤에 그렇게 말했으니까. 자기 친구에게 거짓말하는 사람은 없는 법이다.

여기에서는 전제와 결론이 순환적으로 서로를 지지하고 있다는 것을 알 수 있다.

1. 그 국회의원은 이 지방 농어민들의 좋은 친구임에 틀림없다.
2. (자기 친구에게 거짓말하는 사람은 없는 법인데) 그가 어젯밤에 (자기 친구들인 농어민들에게) 그렇게 말했으니까.

①이 참이라는 것은 ②에 의해서 보장된다. 그런데 ②가 참이라는 것은 다시 ①에 의해 보장된다. 이러한 오류는 그 자체로서 타당하다는 점 때문에 전문적인 학술적 논의에서도 종종 정교한 형태로 나타난다. 이 오류는 주어진 주제로부터 벗어나지 않는다는 점에서 뿐만 아니라 논리적으로 부당한 논증도 아니라는 점에서 예외적이라고 할 수 있다.

Peter Singer
(1946~)

12장

동물과 권리 :
동물에게도 인간과 동등한
권리가 있는가?

동물과 권리 :
동물에게도 인간과 동등한
권리가 있는가?

01 | 여는 글

(피터 싱어)

우리는 일상적으로 아무런 자각의식 없이 자신의 삶을 영위하기 위해 동물을 이용한다. 영양분을 섭취하기 위해 음식 재료로 동물을 활용하며, 동물의 가죽과 털을 이용하여 옷을 만들기도 한다.

반려동물은 이미 우리 일상 속에 깊숙하게 들어와 하나의 문화로 자리 잡고 있다. 한편 수많은 동물들이 유기되면서 문제가 되기도 한다. 일상에서 우리는 이러한 동물의 이용을 대부분 큰 문제라고 생각하지 않는다. 하지만 조금만 더 세심하게 신경을 쓰면 여러 문제가 도사리고 있음을 알게 된다. 인간이 삶의 편의를 위해 동물들의 생명을 희생시키는 것이 과연 타당한 것일까?

이러한 물음과 관련된 실천윤리학적 문제가 바로 '동물의 권리'에 대한 것이다. 동물의 권리에 대한 문제는 피터 싱어라는 철학자가 본격적으로 제기하였다. 1970년대 옥스퍼드 대학을 다니고 있던 **피터 싱어**(Peter Singer)는 어느 날 대학 식당에서 한 학생이 자신의 접시에 놓인 고기를 한쪽으로 밀어내고서 육식을 거부하는 것을 목격하게 된다. 그 학생은 동물을 먹는 것은 완전히 잘못된 것이라고 믿고 있었으며, 그래서 채식주의자가 되었다고 말했다. 그는 동물을 먹는 것이 도덕적으로 허용될 수 있는 충분한 논거를 단 하나만이라도 제시해 달라고 피터 싱어에게 요청한다. 피터 싱어는 생각할 시간을 달라고 하였다. 이후 피터 싱어는 곰곰이 생각해보기 시작했다.

인간이 고기를 먹지 않았던 시기는 인류 역사상 단 한 번도 없었다. 원시시대의 인간들은 많은 야생 동물들을 사냥해서 먹었고, 이후 소와 돼지 그리고 양과 염소 등을 잡아먹기 위해 가축으로 기르기 시작했다. 원시시대의 인간들은 고기로부터 영양분을 섭취하지 못했다면 생존하지 못했을 것이다. 하지만 이것은 원시시대 인간들의 상황으로서 오늘날 현대를 살고 있는 우리가 육식을 해도 좋다는 근거가 되지는 못할 것이다. 왜냐하면 원시시대의 인간들은 생존을 위해 어쩔 수 없이 육식을 했다면 오늘날 우리는 육식을 하지 않더라도 생존할 수 있는 방법을 가지고 있기 때문이다.

피터 싱어는 이러한 생각을 계속 미루어 갔으며, 그 결과 인간이 육식을 해도 된다는 근거는, 인간은 이성적이고 동물은 비이성적인 것으로 생각하기 때문이라고 결론지었다. 즉, 인간은 가치가 있고 동물은 가치가 없기 때문이라는 것이다. 피터 싱어는 이러한 생각이 지극히 인간 중심적인 생각이라는 것을 깨닫게 되었다. 그 결과 피터 싱어는 인간이 아무리 스스로 지능이 뛰어나다는 생각을 근거로 삼더라도 지능이 떨어져 보이는 생명체를 마음대로 대하고 심지어 죽이는 것은 도덕적으로 사면될 수 없다고 주장한다.

　이후 피터 싱어는 몇 년간 인간이 동물들과 어떠한 관계를 맺는 것이 마땅한지에 대해 연구하게 된다. 피터 싱어는 한 생명체가 지닌 삶의 권리가 무엇인가를 따질 때 가장 중요한 기준은 지능, 이성 또는 감각이 아니라 한 생명체가 스스로 기쁨과 고통을 느끼는 능력이라고 주장한다. 그의 이러한 주장은 영국, 미국, 그리고 독일에서 동물의 권리신장 움직임을 싹트게 했으며 결국 사회운동으로까지 발전하는 계기가 되었다. 오늘날 동물해방과 관련된 사회운동은 단순히 동물보호 운동을 뛰어넘어 보다 적극적으로 대규모의 동물밀집 사육방식, 모피생산을 위한 동물농장 그리고 동물실험에 의한 동물학대 등을 반대하는 투쟁을 시도할 뿐만 아니라 모든 양상의 동물 이용에 대해 의문을 제기하고 있다. 예를 들어, 동물 권리옹호론자들은 소시지는 물론 치즈를 먹어서도 안 되고, 동물원이나 서커스를 위해 가두거나 동물실험에 이용하는 것도 금지해야 한다고 주장한다. 이들의 주장은 동물이 자유롭게 살면서 평온하게 번식할 수 있는 권리를 보장해주어야 한다는 것이다. 더 나아가 동물해방 운동은 1,000만에 육박하는 반려동물에 대한 권리 주장으로 확대된다. 한국 사회에서 많은 사람들은 외롭다는 이유로, 예쁘다는 이유로, 동물을 사랑한다는 이유로 분양숍 등을 찾아 반려동물을 구입한다. 하지만 지속적으로 반려동물을 돌보지 못하게 되는 상황이 발생하면 중도에 포기한다. 이들은 동물보호단체 등에 전화해 "도저히 못 키우겠다"고 하소연한다. 농장이나 분양가게 등 구입처로 반려동물을 되가져가기도 한다. 서로를 이해하며 더불어 사는 친구라는 반려 의식은 희박하다. 일부는 심지어 반려동물을 '살아

있는 장난감' 정도로 인식하는 경우도 있다. 더구나 동물과 관련한 각종
사업이 늘어나면서 이윤추구를 위해 열악한 환경의 반려동물 번식 농장을
운영하기도 하고, 살아 있는 반려동물이 이른바 만들어진 '상품'으로
취급되기도 한다. 이 장에서는 동물의 권리에 대해서 우리가 일상생활에서
고민해보지 않았던 여러 사례들을 살펴보고 동물이 인간의 지배로부터
벗어나 동물로서 대우 받을 권리를 가지는 근거가 무엇인지 비판적으로
검토할 것이다. 또한 우리 사회에서 발생하는 반려동물의 문제를 비롯한
동물과 관련한 다양한 문제를 검토하면서 다른 한편으로는 동물과 구분되는
인간의 권리에 관해서도 반성적으로 성찰하게 될 것이다.

02 | 고전 속에서 생각하기

■ 『동물해방』 저자소개:
　 피터 싱어(Peter Singer, 1946~)

　 실천윤리학 분야의 거장이자 동물해방론자인 피터 싱어는 1946년
오스트레일리아 멜버른에서 태어나 멜버른 대학, 옥스퍼드 대학에서
수학했다. 옥스퍼드 대학, 뉴욕 대학, 콜로라도 대학, 캘리포니아 대학, 그리고
라 트로브 대학에서 강의하였고, 현재 프린스턴 대학 '인간가치센터'에서
생명윤리를 가르치고 있다. 2005년 『타임』지 선정 '세계에서 가장 영향력
있는 인물 100인'의 초대 회장을 역임하기도 했다. 그가 세상에 널리
알려지게 된 것은 단연 『동물해방』이란 저술을 통해서다. 그는 이 책을 통해
전 세계적인 동물 해방 운동을 촉발했으며, 그 영향력은 지금도 계속되고

있고 앞으로도 계속될 것이다. 그는 공리주의를 다양한 현실문제에 적용하고 있는데, 이러한 원리를 동물의 문제뿐만 아니라 빈곤 및 기아의 문제에 적용함으로써 찬사를 받기도 했지만 다른 한편으로 낙태의 합법화, 유전병을 갖고 태어난 아이와 불치병 환자의 안락사 지지 등으로 뜨거운 논쟁의 중심에 서기도 했다.

■ 동물해방이란 무엇인가

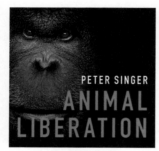
(동물해방)

피터 싱어의 『**동물해방**』은 동물 해방 운동의 지침서로 평가되며 출판 이후 동물 해방의 이론, 실천적인 측면에 가장 크게 기여한 것으로 평가한다. 우선 싱어는 인종차별주의(racism)나 성차별주의(sexism)가 인종이나 성과 같은 우연적인 차이에 근거하여 도덕적 차별을 정당화하려하기 때문에 도덕적으로 허용할 수 없는 것과 마찬가지로, 인간이 다른 생물 종보다 우월한 지위를 차지하며 자신의 이해관심에 따라 다른 종들을 마음대로 사용하는 것이 정당하다는 신념인 종차별주의(speciesism) 또한 결코 도덕적으로 허용될 수 없다는 점을 보이기 위하여 노력한다. 그에 따르면 인종 차별이나 성차별의 타파가 유색 인종과 여성의 권리를 평등하게 인정하는 것이라면 이러한 평등의 개념은 인간이라는 종을 넘어서서 다른 생물 종들에게도 충분히 적용되어야 한다. 그는 우리가 인간이라는 종에 속하므로 인간이라는

'종족의 우상'에 빠져 이로부터 벗어나기가 몹시 어렵다는 점을 인정한다. 하지만 우리가 유색 인종과 여성을 차별하는 것에서 점차 벗어나듯이 인간이라는 우상으로부터도 반드시 벗어나야만 함을 역설한다.

그렇다면 우리가 인간이 아닌 다른 종들에 대해서도 평등의 개념을 확대 적용하고 그들을 도덕적으로 대우하여만 하는 근거는 무엇인가? 이에 대해 싱어는 자신이 고전적인 쾌락주의적 공리주의의 입장을 지지한다고 말한다. 예를 들면 제레미 벤담(Jeremy Bentham)은 "최대 다수의 최대 행복"의 개념을 우리의 모든 행위의 궁극 목표로 설정하면서 여기서 행복이란 '쾌락의 증가와 고통의 감소 상태'라고 밝히며 또한 '자연은 우리를 쾌락과 고통이라는 두 군주의 지배하에 두었다'고 선언하기도 한다. 그렇다면 최대 다수에 오직 인간만이 포함되어서는 안 되며 쾌락과 고통의 감수능력(sentience)을 지닌 모든 존재가 포함되어야 하고 이들 모두가 도덕적 고려의 대상이 되어야 한다. 즉 다수에 포함되는 기준은 인간이라는 사실, 지능이나 이성, 판단력의 소유 등이 결코 아니라 오직 쾌락과 고통의 감수능력을 지니고 있는가 그렇지 않은가라는 사실뿐이다. 평등에 대한 요구는 지능지수나 이성의 소유에 전혀 의존하지 않는다. 그리고 이로부터 감수능력을 지니는 수많은 동물들이 당연히 도덕적 고려의 대상에 포함되어야 한다는 점이 도출되며 이것이 싱어가 주장하는 동물 해방의 기본 입장을 형성한다.

'등교 길의 학생이 돌을 발로 차는 것과 개를 발로 차는 것'은 서로 전혀 다른 도덕적 문제이다. 돌은 고통을 느끼지 않지만 개는 고통을 느낀다. 돌은 특별한 이해 관심을 갖지 않으며 우리가 돌을 발로 차는 것이 돌의 행복, 복지에 큰 영향을 미치지 않는다. 하지만 개는 감수능력을 지니며 걷어 채이면 고통을 느낀다. 따라서 개는 우리에게 이유 없이 걷어 채이지 않을 권리를 지니며 우리는 개를 차서는 안 되는 도덕적 의무를 지닌다. 이렇게 감수능력을 지닌 동물이 도덕적 고려의 대상에 포함된다는 사실을 인정하면 지금까지 우리가 얼마나 뿌리 깊은 인간 종 중심주의에 사로잡혀 있었으며 얼마나 동물들을 학대해왔는지를 알게 된다. 6개월 된 유아를 실험대상으로 삼거나 식용으로 먹는 것은 도덕적으로 허용되지 않을 뿐만이 아니라 상상조차 할 수 없는 일이다. 그런데 우리는 주변의 많은 동물들이 6개월 된 유아보다 감수능력, 자신에게 닥칠 일에 대한 예상 능력, 지각 능력 등이 훨씬 뛰어나다는 사실을 잘 알면서도 기꺼이 그 동물들을 실험의 대상으로, 식용으로 사용하며 그것이 어떤 도덕적 문제도 일으키지 않는다고 생각한다.

이 책에서 동물 학대의 구체적인 사례로 싱어는 실험용 동물과 대규모로 공장 식으로 사육되는 식용동물의 예를 든다. 우선 실험용 동물의 경우를 보면 현재 미국에서만 1년에 1억 마리 이상의 동(주로 쥐, 토끼, 개, 원숭이 등)이 의학, 심리학, 군사적 실험용으로 사용되는 것으로 추산한다. 이들은 대규모 사육 및 공급 회사를 통해 유통하는데 한 통계에 따르면 10~15% 정도가 사육과 유통 도중에 사망한다고 한다. 그런데 싱어의 지적에 따르면 이렇게 사망하는 동물들은 '동물의 입장에서는 차라리 다행스러운 죽음'을 맞이하는 것이다. 왜냐하면 살아남은 동물들은 실험 과정에서 인간이 결코 경험하거나 경험할 가능성조차 없는 극단적인 약물, 방사능, 충격 등에 노출되고 그 결과 장기간의 극심한 고통, 신체의 파괴, 발광 등을 겪으면서 천천히 고통스럽게 죽기 때문이다. 그런데 이런 동물 실험들의 연구결과 가운데 65% 정도는 "이 결과는 동물을 대상으로 한 것이기 때문에 인간에게는 그대로 적용할 수 없다."거나 "더 이상의 연구가 필요하다."는 결론을 도출하는 데 쓰인다. 싱어는 이런 실험을 행하는 인간의 태도는 "나치의 태도보다도 더욱 악랄하고 잔인하다."고 말하면서 이런 실험들은 전혀 행해질 필요가 없다고 말한다.

　싱어는 쾌락과 고통의 감수능력을 완전히 상실한 뇌사자에 대해서, 오직 그가 인간이라는 단 하나의 이유만으로 실험대상으로는 꿈도 꾸지 못한다고 말한다. 심지어 그의 장기이식까지도 도덕적으로 문제 삼는 인간이 동물실험을 마음대로 하는 것은 어떻게 정당화될 수 있는지를 묻는다. 이에 대하여 싱어는 결코 정당화될 수 없다고 주장하며 동물실험은 인간의 종차별주의를 극단적으로 드러내는 예라고 생각한다. 그런데 왜 동물실험은 계속 확대되어 진행되는가? 이는 대규모 자본을 소유한 동물 공급회사와 실험 도구 제작회사들의 개입을 통하여 동물실험 자체가 이미 하나의 산업이 되었기 때문으로 파악한다. 더욱 나쁜 점은 이런 실험들이 국가의 지원으로, 즉 세금을 통하여 이루어진다는 점이다. 우리의 세금 중 얼마만큼이 무익하게 동물을 학대하는 데 사용되는지를 알게 된다면 모든 납세자들은 깜짝 놀랄 것이며 세금 납부를 거부할 것이다. 이런 근거에 기초하여 싱어는 현재 시행되는 실험의 90%를 줄여도 아무 문제가 없으리라고 추측한다. 동물실험은 흔히 인간의 생명 연장, 삶의 질 향상에 크게 기여한다는 이유로 정당화되는데 현재까지의 결과로 보면 이렇게 주장할 뚜렷한 증거가 없다. 물론 기여한 경우도 소수 찾아볼 수 있지만 전체적인 동물실험의 횟수와 비용에 비하면 성과는 극히 미미하며, 차라리 동물실험의 비용을 인간의 복지를 위해 직접 사용하는 것이 훨씬 바람직할 것이다. 그리고 설령 동물실험이 인간의 생명 연장에 기여한다고 해도 다른 동물들의 고통과 희생을 바탕으로 인간이 자신들만의 복지와 생명 연장을 누릴 권리는 없다. 따라서 당장이라도 동물실험을 크게 줄여야 하며 결국 완전한 금지로 나아가는 것이 필요하다고 싱어는 주장한다.

다음으로 싱어는 대규모 식용동물을 사육하는 것의 문제점을 지적한다. 전원의 자연 상태에서 동물들이 사육되는 목가적인 풍경은 환상이다. 우리가 매일 먹는 대부분의 육류는 대규모의 공장식 농장에서 오직 식용으로 사육될 뿐이다. 따라서 현재 육류는 축산품이 아니라 공산품에 가깝다. 이 사육 과정에서 동물의 본능, 적절한 환경 등은 철저히 무시되며 오직 단기간에 많은 육류를 얻으려는 경제성이 모든 것을 지배한다. 식용동물 사육 과정의 대부분에서 이제 자연스러운 것은 아무것도 남아 있지 않으며 철저히 인공적으로 경제성만이 고려될 뿐이다. 이는 동물들에게 극심한 고통과 스트레스 및 각종 질병을 야기하는데, 결국에는 고통 속에 죽음을 맞게 된다. 이런 과정을 통해 최대한 싼 값에 최대한 많은 육류가 인간에게 공급된다. 하지만 이렇게 공급된 육류는 인간에게 영양을 공급하고 식욕을 만족시키는 수준을 넘어 영양 과잉을 유발하고 각종 질병을 일으키는 원인이 된다.

2002년 통계에 따르면 미국에서만 소, 돼지, 양 등은 1억 2천만 마리, 닭은 50억 마리 이상이 식용으로 도축되었다. 2019년 한국에서는 소와 돼지가 1천 8백 7십만 마리, 닭이 1억 마리 이상 도축되었다. 이외에도 수많은 육류가 수입되었다. 가축의 사육과 공급이 대규모 기업화되고 경제적으로 많은 육류를 얻으려는 여러 시설과 사육방법들이 개발되었는데 이들은 오직 경제성만을 목표로 삼을 뿐 동물들의 고통이나 환경 등은 고려하지 않는다. 대표적으로 닭은 싼값으로 육류를 얻을 수 있는 대상이다. 포유류가 아닌 조류로서 크기가 비교적 작은 닭은 축산과 도축과정에서 거의 공산품에 가까운 대우를 받는다. 산란, 부화, 감별, 성장 등 닭과 관련된 모든 절차 중에 자연적인 것은 아무 것도 남아 있지 않다. 닭은 인공부화기에서 부화한 직후 성감별이 이루어지는데 수평아리는 바로 버려지고 죽임을 당한다. 그 후 인공적으로 무게를 늘이기 위해 불을 켜서 밤낮을 조절하고, 과도한 모이의 공급이 이루어지며 무엇보다도 운동량을 줄이기 위해 협소한 공간에 갇혀 지낸다. 경제성이 뛰어나다는 이른바 배터리 닭장의 경우 40×45cm의 공간에 5마리의 닭을 사육하는데 이는 인간으로 따지면 엘리베이터 안에 그 엘리베이터의 정원이 들어찬 정도로 비유할 수 있다. 그런 공간에서 완전히 성장하기 전에 이른바 병아리 상태의 닭으로 도축되기까지 한 달여의 짧은 삶을 산다. 좁은 공간에서 병아리들은 극심한 스트레스와 질병으로 서로 공격하거나 자학하며 항생제를 투여받고 연명한다. 이런 상황에서 극심한 고통과 스트레스를 받으면 전체의 2% 정도는 갑작스럽게 죽게 된다. 질병과 운송 도중의 상처 등으로 다시 8% 정도가 사망한다. 살아남은 닭들은 살아 있는 상태로 컨베이어에 매달려 인공적으로 도축되어 우리의 식탁에 오른다. 결국 평균 수명 7년의 닭이 7주 정도 살다가 도축 당한다. 이러한 현실을 보면서 싱어는 우리가 동물을 대하는 태도를 비판한다.

　이제 인간은 종중심주의, 종차별주의로부터 벗어나야 한다고 역설하면서 구체적인 실천 방법으로 세 가지를 제시한다. 첫째, 모든 동물원의 폐쇄와

서커스, 로데오, 기타 운동경기 등에서 동물 사용을 전면 금지해야 한다. 둘째, 현재 이루어지는 동물실험의 90%를 즉시 금지해야 하며 계속 줄여나가 결국 완전금지에 이르러야 한다. 셋째, 식용동물 문제에 대한 궁극적인 해결책은 모든 인간이 채식주의자가 되는 것이다. 싱어에 따르면 채식만으로도 우리는 충분한 영양을 얻을 수 있으며 더욱 건강한 생활을 할 수 있다. 또한 인류학적인 연구 성과에 따르면 인간의 치아는 원래 초식동물의 형태를 보인다. 이런 방법들의 실천을 통하여 우리는 동물을 고통에서 해방시킬 수 있고 인간의 도덕성도 회복할 수 있다고 싱어는 주장한다.

■ 버려진 개들의 언덕 저자소개:
　류커샹(劉克襄)

(류커샹)

　　류커샹은 대만의 생태문학자로서 젊은 시절 조류의 생태를 소재로 한 산문으로 타이완의 자연·생태 문학에 새로운 바람을 불어넣었다. 최근에는 생태 여행, 고도 탐방, 산과 들의 채소와 과일을 소재로 한 글을 쓰고 있다. 오랫동안 다양한 문체와 소재를 통해 자연을 표현하는 작업을 계속해 왔는데, 크게는 지리와 역사에 대한 서술부터 작게는 곤충과 꽃에 대한 연구에 이르기까지 매번 몰입에 몰입을 거듭한 글을 써낸다. 자연에 관한 약 서른 권의 저작을 내놓았으며, 타이완 시 문학상, 타이완 자연환견보호상,

우루친(吳魯芹) 산문상 등을 수상했다. 동물 이야기 시리즈는 수십 년 동안 타이완의 자연을 다룬 글을 써온 저자가 가장 긴 시간을 들인 작품들이다. 1991년 출간한 『바람의 새, 피뉘차』는 그해 '오픈북 어워드' 10대 도서상을 받았다. 그 뒤 4-5년에 한 번씩 동물 소설을 내놓고 있다.

▌버려진 개들의 삶

저자는 우연한 기회에 자신이 살던 동네 뒷산과 길거리를 떠돌던 열두 마리 유기견을 관찰하기 시작했다. 이 관찰은 2년여 동안 지속됐다. 이는 인간에 의해 버려진 도시의 유기견들이 어떤 삶을 살고 어떻게 죽어가는지를 지켜보는 시간이었다. 저자는 유기견 열두 마리의 삶을 담담한 어조로 표현했지만, 인간 중심의 도시 문화 속에서 쉽게 버려지고 아무렇지 않게

(버려진 개들의 언덕)

폭력의 대상이 되는 버려진 개들의 비참한 삶이 생생히 드러나 있다.

『버려진 개들의 언덕』은 유기견 12마리의 삶을 묘사함으로서 인간중심의 도시 문화 속에서 쉽게 버려지고 아무렇지 않게 폭력의 대상이 되는 버려진 개들의 비참한 삶을 생생하게 그려낸다.

류커샹은 101번지 골목길을 떠도는 개들을 관찰하면서 객관적인 연구자의 자세를 유지한다. 개들과 가까이 지내지도 않고 그들의 삶에 관여하지도 않는다. 덕분에 독자들은 도시에 버려진 개들의 참혹한 삶을 거르는 것 없이 날 것 그대로 마주하게 된다. 저자는 책 속 개들에 대한

섬세한 묘사가 들개에 대한 편견을 바꿔주기를 바란다. 우리는 들개는 다 비슷한 모습일 거라 생각하지만 책 속에서 개들은 삶을 마주하고, 기쁨을 즐기고, 다른 개들과 관계를 맺고, 위기를 극복하는 방식이 다 다름을 보여준다. 그 안에서 독자들은 12마리 개들 각자의 삶을 응원하게 된다.

이들에게는 함께 지내던 친구, 새끼, 엄마가 어느 날 갑자기 사라져 영영 돌아오지 않는 일이 다반사로 일어나고 항시 배고픔과 불안에 떤다. 우리가 무슨 권리로 이들에게 이런 지옥 같은 삶을 강요할 수 있을까. 개들은 버려진 아이들처럼 길거리를 떠돌고, 돌봄을 받지 못하다 보니 불량 청소년처럼 위협적으로 굴 때도 있지만 열등감에 빠져 자신감 없어 할 때가 대부분이다. 충성스러우면서도 단순한 개들은 잔인하게 버려지면 몸과 마음에 큰 충격을 받아 오랫동안 두려움 속에 살게 된다. 버려진 개들은 더 많은 보살핌을 필요로 하는 존재라는 사실을 책 속 12마리 개들이 생생하게 보여주고 있다.

이 책은 20년 전 대만의 이야기이지만 현재 한국의 길 위에 사는 동물들의 모습과 다르지 않다. 유기견과 길고양이, 산 속의 들개... 주린 배를 채우지 못하고 질병에 걸리고, 차에 치여 죽고, 포획되어 시설에서 안락사로 죽어가는 동물들에게 도시는 가혹하다. 도시는 버려진 개들에게 살 권리를 허락하지 않는다. 버려진 개들에게는 시민권도 생존권도 없다.

길 위의 동물들을 장기간의 관찰과 분석도 없이 마구잡이로 포획해서 죽이기에 급급한 한국의 동물 관련 정책에 일침을 가하는 책이기도 하다. 들개 관련 부처와 언론은 행인을 위협한다며 들개를 폭력배처럼 무섭게 묘사하지만, 이는 문제의 본질에 눈을 감아버리는 비겁함이다. 들개는 심각하게 사람들의 안전을 위협하지 않는다. 사실 그럴 힘도 능력도 없다. 실제로 버려진 개들은 어딜 가나 오해를 받고 위협을 당한다. 그러다가 때로는 위험을 피하지만 대개는 난관을 극복하지 못하고 삶에 실패한다.

이 책은 책상에 앉아 관련 정책을 생산하는 자들에게 살아있는 자료를 전달한다. 사람들은 버려진 개들을 불결하고, 무리지어 다녀서 위험한 존재로 치부한다. 하지만 그들은 허기를 채우지 못해 멍한 눈으로 살기 위해 애쓰고 있을 뿐이다. 또한 그들에게 무리는 동료에게 돌봄을 받고, 협력도 하면서 하루하루를 버티는 삶의 한 방편이다. 그들은 그렇게 태어난 것이 아니다. 그러므로 우리가 보호하고 올바른 시선으로 바라봐야 할 대상이다.

03 | 비판적으로 현실 톺아보기

코로나19가 휩쓴 2020년, 동물들에겐 무슨 일이[31]

김지숙
기자

그 어느 때보다 사람과 동물의 관계를 뒤돌아보게 했던 2020년 한 해가 저물어 간다. 지난해부터 이어진 아프리카돼지열병(ASF)의 여파가 여전한 가운데 연초부터 인간들은 전 세계적 코로나19 바이러스 확산 사태에 직면하게 된다. 순식간에 하늘길이 끊기고, 무서운 속도로 감염자가 늘어났으며, 야생동물의 서식지를 파괴하고 함부로 먹어댔던 행위의 위험성도 점차 드러났다.

'21세기 최악의 전염병'이 할퀸 건 인간 동물뿐이 아니었다. 인수공통 전염병은 스스로 거리두기를 못하는 축산 농장의 밍크, 돼지들의 홀로코스트를 불러왔다. 수 개월간 이어진 호주 산불은 '기후 종말'의 끔찍한 미래를 경고했으며, 바다로 돌아가지 못한 고래들은 수족관에서 삶을 마감했다.

☑ 31. 한겨레신문, 2020년 12월 30일.

좋은 일보다 슬픈 일이, 안녕보다 고난이 이어진 한 해였지만 농장을 탈출한 돼지의 새 삶터가 마련되고, 잔인한 전기 도살이 금지된 한 해이기도 했다. 다사다난했던 2020년, 동물들에겐 어떤 일들이 있었는지 애피가 10대 동물뉴스를 정리했다.

1. 그을린 코알라와 굶주린 북극곰

1월 검게 그을린 코알라가 가까스로 구조돼 물을 받아먹는 충격적인 모습이 공개됐다. 2019년 9월부터 호주 전역에서 수 개월간 이어진 산불로 인해 약 30억 마리 이상의 야생동물이 목숨을 잃었다. 그 가운데서도 코알라는 최대 피해자였다. 주요 서식지인 동남부 유칼립투스 숲이 불타며 6만 마리 이상의 코알라가 숨졌다. 뉴사우스웨일즈주 의회는 인간의 개입이 없다면 2050년 이전에 코알라가 멸종할 것이라고 예측했다.

이 산불은 기록적인 가뭄과 이상고온, 강풍이 겹쳐 재앙이 됐다는 분석이다. 당시 호주 대륙 곳곳에서 한 달 동안 기온 40도가 넘는 날이 열흘 이상 이어지며 '기후 재앙'의 운명을 예고했다.

북극에서도 기후위기는 극명했다. 기온 상승으로 해빙이 일찍 시작된 북극에서는 곰들이 먹이를 찾기 힘들자 바닷새의 알로 굶주림을 해결하는 현상이 목격됐다. 그러나 북극곰에게 오리알은 애초 먹이감이었던 물범을 대체하기란 턱없이 부족한 에너지원이다.

2. 인간과 동물의 관계 반성케 한 '코로나19'

3월 세계보건기구(WHO)가 신종 코로나 바이러스 감염증의 팬데믹

(세계적 유행)을 선언했다. 2019년 12월 중국 후베이성 우한에서 원인불명의 집단 폐렴이 발병한 지 넉 달만의 일이다. 1월 박쥐에서 코로나19 감염증의 병원체와 동일한 바이러스가 검출되며 '바이러스의 저주지'로 박쥐가 꼽히기 시작했다.

'평생 한 번 만날까 말까한 박쥐에게서 인수공통감염병이 옮았다고?' 이 환경을 가능하게 한 것이 인간이었다. 전문가들은 코로나19 바이러스 등 인수공통감염병의 진원지를 '야생동물 시장'(wet market)으로 꼽았다.

박쥐와 야생동물의 서식지를 침범하고, 살아있는 동물들을 거래하는 시장에서 바이러스가 종간 전파를 일으켰을 가능성이 크다고 봤다. 세계적인 영장류학자 제인 구달 "팬데믹의 근본 원인은 동물학대에 있다."며 코로나19가 자연 착취적인 인간의 태도가 부른 재앙이라는 진단을 내놨다.

3. 팬데믹으로 죽어간 밍크와 돼지들

코로나19로 목숨을 잃은 건 인간뿐이 아니었다. 공장식 축산으로 평생을 철창에서 지냈던 밍크와 돼지들은 '살처분'이라는 대규모 죽음을 맞아야 했다. 밍크들의 비극은 4월 26일 네덜란드 농장 두 곳의 밍크에서 코로나19 바이러스 감염이 확인되며 시작됐다. 밍크 뿐 아니라 농장에서 키우던 고양이, 노동자들에게서도 바이러스가 검출되며 네덜란드는 56개 농장의 밍크 수십만 마리를 살처분했고, 2020년 3월까지 농장을 폐쇄했다.

네덜란드에 이어 스페인, 덴마크, 미국 등지에서도 밍크농장의 집단 감염이 확인됐다. 특히 덴마크는 밍크농장 안에서 코로나19 바이러스 변이가 확인돼 자국 내 1,700만 마리 밍크를 모두 살처분할 계획을 발표했다 번복했다.

문제로 지적된 것은 바로 공장식 밀집사육이었다. 거리두기가 불가능한 밀집 사육이 피해를 키웠다는 분석이었다.

대표적인 공장식 축산 동물인 돼지도 피해를 입었다. 5월 미국의 코로나19 감염 사태가 심각해지자 락다운(도시 봉쇄)로 정육 공장이 멈춰버렸다. 출하처가 없는 농장주들이 비용 절감을 위해 돼지들을 살처분했기 때문이다. '가디언'은 코로나19 육류대란 사태로 각각 약 200만 마리의 돼지와 닭이 농장에서 자체 살처분 됐을 거라고 추정했다.

4. 대법원 "개 전기도살은 동물학대"

다섯 번째 재판 끝에 개의 전기도살이 위법으로 판명됐다. 4월 9일 대법원은 전기봉을 이용한 개 도살이 '잔인한 방법으로 죽이는 동물학대' 행위라면서, 동물보호법 위반으로 기소된 이 아무개 씨(68)의 유죄를 확정했다. 이씨는 2011년부터 2016년 7월까지 연간 30마리의 개를 전기봉으로 죽였다.

동물단체들은 일제히 환영했다. 식용견 도축이 대부분 전기도살 방식으로 이뤄지는 현실에서, 이 판결이 개 식용 산업 종식에 영향을 끼칠 수 있기 때문이다. 동물권연구변호사단체 PNR의 서국화 공동대표는 당시 애피와의 인터뷰에서 "이제 전기도살도 잔인한 방법으로 규정되었기 때문에, 동물보호법 위반을 하지 않는 도살은 힘들 것"이라고 내다봤다.

5. 뉴 노멀 채식, 학교·군대 급식까지

지난해에 이어 올해도 '채식 열풍'이 거셌다. 여러 편의점과 햄버거 프랜차이즈 등에서 비건 라면, 채식 버거 등 상품을 내놓은 데 이어, 단체

급식에서도 채식 선택권이 확대되는 모양새다. 내년부터는 군대에서도 채식 위주 식단이 제공된다. 12월27일 국방부 관계자는 "내년부터 채식을 원하는 병사들을 위해 고기나 햄 등 육류가 들어가지 않는 식단을 제공하는 방안을 추진하고 있다."고 밝혔다.

학교에서도 채식 선택 급식을 도입하는 학교들이 늘어나고 있다. 지난해부터 주1~3회 채식급식을 이어온 전라북도에 이어 울산시도 올 10월부터 200여 개 학교에서 매달 2회씩 고기 없는 채식 식단을 제공하고 있다. 인천시는 내년부터 초·중·고교 2곳씩 모두 6개 선도학교를 선정해 채식 선택 급식을 시범 운영할 예정이다.

6. 죽어서야 수족관을 벗어난 고래들

벨루가 '루이', 큰돌고래 '안덕'과 '고아롱'. 모두 올해 수족관에서 삶을 마감한 고래들이다. 2020년은 유난히 고래들의 죽음이 이어진 한 해였다. 7월 21일 한화 아쿠아플라넷 여수의 벨루가 루이가 12살 나이로 단명한 데 이어, 다음날인 22일 울산 남구 고래생태체험관에서는 고아롱이 폐사했다. 제주 마린파크에서도 큰돌고래 안덕이 8월에 폐사한 것이 뒤늦게 알려져 더 늦기 전에 고래류 사육시설 점검과 야생 방류를 논의해야 한다는 목소리가 커졌다.

앞서 6월엔 '벨루가 서핑' 등 체험프로그램이 큰 논란을 빚었다. 경남 거제의 거제씨월드가 20여 만원의 체험비를 받고 흰고래의 등에 타거나 헤엄치는 프로그램을 운영해 온 것이 드러나 공분을 산 것.

2014년 개장 뒤 연이어 돌고래가 폐사해 '죽음의 수족관'으로 불렸던 이 시설에서 지난해에도 돌고래 2마리가 죽은 것이 추가로 알려지며,

해양수산부가 전국 7곳 고래류 수족관의 시설 점검에 나서기도 했다.

7. 아직도 반달곰을 먹겠다는 사람들

6월 경기도의 한 사육곰 농가가 곰을 불법적으로 도살하여 판매한 현장이 동물단체에게 포착됐다. 경기도 용인, 여주 등에서 사육곰 100여 마리를 이 농가는 "당일 채취한 웅담을 한정 수량으로 순착순 판매"한다는 광고로 소비자를 모집해 현장에서 곰을 도살, 도축하는 불법행위를 자행했다.

해당 농가는 2016년부터 매년 곰을 증식시키고 판매를 시도하는 등 불법을 저질렀지만 처벌이 미약해 같은 문제가 반복돼 왔다. 지난 7월에는 이 농가에서 탈출한 새끼곰이 농수로에 빠져 119구조대에 구조되는 사건이 벌어지기도 했다.

당시 새끼곰은 다시 농장으로 돌아갈 수밖에 없었는데, 불법 증식된 개체를 몰수하더라도 보호할 국가 시설이 없었기 때문이다. 환경부는 이 같은 문제를 해결하고자 2021년 예산에 국내 불법증식 사육곰을 몰수·보호할 수 있는 시설을 포함시켰다.

8. 살아남은 돼지 새벽이의 집이 생기다

경기도 한 종돈장에서 구조된 돼지 '새벽이'에게 새로운 삶터가 마련됐다. 국내 최초의 농장동물 생츄어리(Sanctuary, 보금자리)가 마련된 것. 2019년 7월 경기도 화성시 한 돼지농가에서 동물권단체 디엑스이 코리아(DxE Korea)의 공개구조로 세상에 나온 새벽이는 그동안 활동가의 자택, 동물보호소 등에서 지냈으나 몸무게가 100kg에 육박하게 자라나 평생의 보금자리가 필요한 상태였다.

지난 6월 경기도 남양주시에 마련된 '새벽이 생츄어리'에 입주하던 날, 새벽이는 돼지 특유의 진흙 목욕과 '수박 먹방'을 선보여 보는 이들에게 남다른 감동을 전했다.

9. "어류도 고통을 느끼는 동물"

동물권 인식이 어류의 고통까지 확대된 한 해이기도 했다. 올해 초 동물·환경단체는 강원도 화천군의 산천어축제의 주최인 재단법인과 화천군수를 동물학대 혐의로 고발했다. 2km 얼음 벌판 아래 굶주린 양식 산천어들을 풀어놓고, 인위적으로 잡는 행위가 불필요한 상해와 죽음을 유발한다는 이유였다.

살아있는 물고기를 시위 도구로 길바닥에 내던진 어류양식업자들도 고발됐다. 11월 27일 경남어류양식협회는 정부의 일본산 활어 수입 정책에 반대하는 시위를 벌이며 일본산 방어와 참돔을 산 채로 길에 던져 동물학대 논란을 일으켰다. 협회를 고발한 동물해방물결은 "어류 또한 느낀 다는 것은 명백한 과학적 사실"이라며 이들의 행위가 동물학대에 해당한다고 주장했다.

10. 끝나지 않은 실험동물의 비극

국내서는 낯선 '고양이 실험'의 실체가 드러났다. 서울대병원에서 2015년부터 3년간 진행한 난청 보조기구 실험에서 고양이들이 인공적으로 귀가 먼 뒤 방치되다 고통사 당했다는 의혹이 제기됐다.

당시 실험에 동원됐던 고양이 6마리는 열악한 사육환경 탓에 허피스,

구내염 등을 앓다가 실험이 종료되자 안락사 됐다. 실험동물 공급처가 불분명해 유기·유실 동물 의혹도 제기됐다. 담당 교수는 지난 11월 마약류 관리에 관한 법률 위반 혐의로 검찰에 송치된 상태다.

한편, 이런 출처불명의 실험동물 유입을 막고자 하는 법안이 국회에서 발의되기도 했다. 지난해 경북대 수의대학에서 실습견으로 지내다 죽은 '건강이'의 이름을 딴 '건강이법'이다. 수의대학 번식실습에 동원됐던 건강이는 담당 교수가 대구 칠성시장 내 건강원에서 사온 개로, 여러 질병을 앓고 있었지만 수술 뒤에도 한 달 넘게 실습에 이용되다 사육실에서 폐사했다.

동물도 연구자도 고통스러운 '동물실험'…대안은 없나요[32]

고은경
기자

수의사 이모(39)씨는 수의대 재학 시절 필수 과목인 해부학 수업이 지금도 '트라우마'로 남아 있다. 살겠다고 "꽥꽥" 소리지르며 발버둥치는 새끼 돼지의 목을 주사기로 찌르는 것도 힘들었지만 불과 몇 분 전까지 살아있던 돼지의 시체를 해부하며 회의감이 밀려왔다. 이씨는 "처음에는 모두 힘들어하지만 실습이 반복되다 보면 어쩔 수 없다고 합리화하며 둔감해지는데 그게 더 무섭게 느껴졌다."며 "이런 동물실험·실습이 연구자나 수의사로서의 역량을 키우는 데 도움이 되는 것도 아니다."고 말했다.

☑ 32. 한국일보, 2018년 4월 21일.

한 대학에서 생물의학을 전공한 김모(23)씨는 암 유전자와 분자생물학적 데이터 분석을 위해 쥐를 이용하는 실험을 하던 중 가장 불편한 순간을 겪었다. 태어나기 전의 쥐로부터 직접 추출해낸 세포를 얻기 위해 새끼를 밴 상태였던 어미 쥐를 해부해야 했기 때문이다. 뿐만 아니라 쥐에게 질병을 일으키는 약물을 투여하고 실험 후 경추탈골로 반복해서 쥐를 죽이는 것이 너무나 힘들었다. 하지만 동물 실험에 들어가기 전 어떤 동물 윤리 교육도 받지 못했다고 했다. 결국 김씨는 대학원에서는 실험을 하지 않아도 되는 분야로 전공을 바꿨다. 김씨는 "동물 실험이 질병 치료에 기여한다는 것은 알고 있지만 나뿐만 아니라 주변의 모든 친구들이 동물에게 비윤리적인 방법으로 실험을 하는 것에 반대하고 불편해 했다."고 전했다.

오는 24일은 세계실험동물의 날이다. 연구과정에서 실험대상으로 쓰이는 동물들의 고통을 줄이고, 실험 자체를 줄여나가자는 목적으로 1979년 영국에서 처음 제정됐는데 이제는 이날 세계 곳곳에서 동물실험을 반대하는 행사가 열린다.

하지만 우리나라의 실험동물 현실은 반대다. 우리나라에서 실험에 동원되는 동물은 매년 늘고 있다. 농림축산검역본부가 최근 발표한 '2017년도 동물실험 및 실험동물 사용실태 조사 결과'에 따르면 지난해 국·공립기관과 대학, 의료기관, 기업 등 351곳에서 총 308만2,259마리를 실험했다. 전년보다 7.1% 늘어난 수치로 바이오, 의약 분야 수요가 늘기 때문이라는 게 검역본부 측의 설명이다. 동물실험은 동물이 느끼는 고통의 정도에 따라 가장 낮은 A등급부터 가장 심한 E등급까지 5단계로 나뉘는데 절반이 넘는 66.5%가 D와 E 등급에 해당해 상당한 고통이 따르는 실험으로 확인됐다.

　수의대의 지역적 특성이나 지도 교수의 재량에 따라 동물의 수나 종류는 다르지만 여전히 해부학이나 병리학 수업에서는 해부 실습이 행해진다. 의학, 생물학 분야에서도 유전자 변형을 비롯해 특정 유전자의 발현을 막는 '유전자 녹아웃', 약품이나 백신의 독성과 안전성 검증을 위해 쥐나 토끼 등을 대상으로 실험을 한다. 하지만 학생들뿐 아니라 일부 교수진들도 살아 있는 동물을 대상으로 실습을 진행하는 데 부담을 느끼는 게 현실이다. 또 교육에 꼭 필요한 과정이 아닌 경우도 많아 가능하면 영상이나 모형, 대체실험 등으로 전환해야 한다는 주장이 설득력을 얻고 있다.

　문제는 실험이 늘어나는 만큼 실험동물에 대한 관리는 강화되지 못하는 가운데 수의대의 경우 정규과목에 생명윤리 과정이 포함되어있지 않을 정도로 실험 연구자들에 대한 윤리교육 등이 허술하다는 데에 있다.

　먼저 실험동물 대부분은 실험실 내에서 안락사 되어 왔다. 실험이 끝난 이후 정상적인 생활이 가능한 동물들도 실험실 밖으로 나올 기회를 얻는 경우는 거의 드물다. 실험동물 전문구조단체인 비글구조네트워크에 따르면 지난 2001년부터 2015년까지 15년간 실험에 동원된 15만 마리의 개 가운데 21마리만이 구조된 것으로 추정되고 있다. 이러한 문제점이 제기되자 지난해 말 동물실험이 끝난 후 정상적으로 회복된 동물을 일반인에게 분양하거나 기증할 수 있도록 '동물보호법'이 개정됐다. 하지만 회복된 실험동물의 기준을 누가 어떻게 결정할 것인지, 또 얼마나 많은 실험기관들이 분양이나 기증에 참여할지 등이 과제로 남아 있다. 또 서울에 있는 수의대 2곳 모두 무허가 번식장 등 미등록 실험동물공급자로부터 개를 공급받아 연구와 실습에 활용할 정도로 연구 윤리가 떨어진 상황에서 학생들에 대해 제대로 된 윤리교육을 할 수 있을지 의문이라는 지적도 나온다.

이는 실험동물의 고통뿐 아니라 연구자들의 스트레스와 고뇌로 이어진다. 유영재 비글구조네트워크 대표는 "동물복지에 눈 뜨면서 동물실험에 대한 고뇌와 스트레스를 느끼는 실험연구자로부터 실험동물 구조에 대한 문의가 오고 있다."며 "실험 연구자들의 복지를 위해서도 실험동물 관리와 윤리교육이 강화되어야 한다."고 지적했다. 박정윤 올리브동물병원 수의사는 "동물실험과 관련해 다양한 분야로 인력을 배출하는 수의대에서는 다뤄야 하는 동물이 얼마나 소중한지를 배워야 하는 곳"이라며 "무분별한 동물해부나 실험은 연구자들에게 불필요한 고통만 안길 뿐"이라고 지적했다.

국내 수의대에서도 동물실험을 줄이기 위해 모형을 도입하는 시도 등을 하고 있지만 아직은 걸음마 수준이다. 서울대 수의대는 채혈 등 기본적인 실습도 실험동물 한 마리에 여러 번 실습하기를 꺼려한 학생들이 암묵적으로 포기하는 것을 보고 2014년 미국 레스큐크리터스의 수의임상실습용 개와 고양이 모형 등을 도입한 데 이어 지난해에는 개 중성화 모형을 도입해 실습에 활용했다. 생체와는 달라 실습효과가 의문이라고 하는 의견도 있지만 무한 반복 실습이 가능한 게 장점이다. 서울대 수의대 피부과는 또 학생이나 교직원을 대상으로 피부병이 있는 반려동물을 모집해 실습 과정에서 직접 진료를 보는 과정을 도입하기도 했다. 매년 8마리 정도가 꾸준히 참가해 따로 학교에서 실습견을 둘 필요가 없어졌다.

황철용 서울대 수의대 교수는 "아직 실습용 모형 가격이 비싸기 때문에 제한적으로만 활용되고 있는 한계가 있지만 모형실습 방법을 개발하고 확대하면 충분히 불필요한 실험을 대체할 수 있을 것으로 본다."며 "동물뿐 아니라 연구자들을 위해 불필요한 동물실험을 줄이기 위한 프로그램에 대해 논의하고 확대해야 한다."고 강조했다.

"고작 0.025m² 개선" 공장식 축산 잔혹사는 현재진행형[33]

정용인
기자

기해(己亥)년은 엄밀히 말해 절기가 바뀌어야 시작된다. 입춘(2월 4일)이 돼야 황금돼지의 해가 시작된다는 얘기다. 하지만 마케팅을 하는 입장에서는 다르다. 연말연초부터 돼지를 모티브로 한 상품들이 쏟아졌다. 돼지에 대한 편견을 버리자는 캠페인도 미디어를 통해 등장했다. '뚱뚱하다, 게으르다, 지저분하다'는 선입견을 갖고 있지만 알고 보면 체지방률도 낮고, 부지런하고 깔끔한 동물이 바로 돼지라는 '예찬론'도 나온다. 하지만 실제 돼지를 보기란 여간 어려운 게 아니다. 시골에 가더라도 목격하기가 쉽지 않다. 왜 그럴까. 황윤 감독이 2015년 영화 〈잡식가족의 딜레마〉를 만들며 가졌던 의문이다.

☑ 33. 경향신문, 2019년 1월 26일.

통계청 최근 자료에 따르면 2017년, 한국에서 사육되는 돼지는 1,043만1,908마리인 것으로 조사됐다. 대한민국 인구의 약 5분의 1에 달하는 숫자다. 같은 자료에 따르면 닭은 1억7,274만3,479마리, 오리는 645만9,836마리가 사육되고 있다. 소도 한우와 육우, 젖소를 합쳐 318만7,921마리인 것으로 파악됐다. 이들 가축은 다 어디에 있을까. 통계에 따르면 서울의 경우, 가축용 돼지를 기르는 가구는 단 한 곳도 없는 것으로 나타났다. 돼지를 가장 많이 기르는 곳은 충남으로 857가구에서 212만209마리가 사육되고 있다.

지난 1월 21일, 농림축산식품부와 환경부, 국토부, 행안부와 총리실 5개 부처 장관 합동 명의의 협조문이 나왔다. '무허가 축사 적법화 추진' 협조문이다. 각 지자체별로 부지자체장이 '무허가 축사 적법화 TF 팀장'을 맡아 지역 축협과 협조체계를 구축해 '가축분뇨와 악취의 적정관리, 지역사회와 상생하는 지속가능한 축산업 육성'의 목적을 달성하기 위해 노력해 달라고 주문한 것이다. 정부가 지속적으로 추진하고 있는 축산시설 현대화 및 등록작업의 일환이다.

한국에서 가축사육업을 하려면 축산법상 기준에 따라 허가를 받고 등록해야 한다. 돼지의 경우, 축산법과 시행령에 표시돼 있는 시설기준을 보면 종돈 사육시설과 함께 차단 및 방역시설도 갖춰야 한다. 울타리 또는 담장을 치고 입구에는 출입통제를 알리는 안내문도 세워야 한다. 출입구나 정문에는 소독조 시설을 설치해 사람, 가축, 기계에 대한 소독을 실시해야 한다.

이런 까다로운 기준을 따르다 보면 '공장식 밀집사육'은 피할 수 없다.

축산법에 규정된 '축산인력'을 제외한 일반인이 사육되는 돼지를 접해서도 안 된다. 돈사(豚舍)는 시골마을에서조차 환영받지 못한다. 악취와 분뇨 때문이다. 반대하는 주민들의 플래카드가 걸린다. 점점 더 인적이 닿지 않는 외진 곳으로 들어가고 있다.

황 감독은 〈잡식가족의 딜레마〉에서 돼지 두 마리의 운명을 필름에 담으려고 했다. 축산공장에서 나고 자란 돼지에는 돈오(頓悟), 자연친화적인 동물농장에서 태어난 돼지에는 돈수(頓修)라는 이름을 붙여주고 그들의 일생을 추적하기로 했다.

하지만 이 프로젝트는 난관에 부닥쳤다. 돈오의 섭외가 불가능했기 때문이다. 대신 영화에는 농장에서 자란 돈수와 돈수를 낳은 엄마돼지 십순이의 삶을 영화에 담았다. 농장에서 사육된 돼지지만 운명은 크게 다르지 않았다. 1년의 세월이 지난 뒤 돈수는 돈수의 형제와 함께 도축장으로 갔다. 자연순환농을 지향하는 양심적인 농장주도 일반 축산농과 마찬가지다. 돼지를 키우는 것은 결국 고기를 소비하기 위한 것이니까. 영화 말미에 감독에게 농장 주인은 돈수는 아니지만 자신이 키워낸 친환경 돼지의 삼겹살을 건넨다. 딜레마다.

영화는 공장식 축산의 실태를 고발한다. 〈주간경향〉은 영화 개봉에 맞춰 감독을 인터뷰했고, '공장식 축산 잔혹사'라는 주제로 기사를 썼다. 기사에서는 공장식 축산을 강제할 수밖에 없는 축산법이 위헌이라고 주장하는 동물권 운동가와 시민들의 위헌소송도 다뤘다. 2015년의 일이다.

그로부터 4년이 지났지만 '잔혹사'는 여전히 진행 중이다.

"그 사이에 달라진 게, 글쎄요. 닭을 키우는 배터리케이지 크기가

0.05㎡에서 0.075㎡로 늘어났으니 0.025㎡ 늘어난 셈이네요. 종전 배터리케이지 크기를 A4 3분의 2 크기 정도라고 했으니 이제는 A4 사이즈쯤 된 거라고 할까요?"

4년 전 기사를 쓸 당시 취재를 도왔던 동물보호단체 카라의 김현지 정책팀장의 말이다.

닭(산란계 및 종계) 사육면적이 바뀐 것은 지난해 9월 축산법 시행령이 개정되면서부터다. 2년 전 벌어진 살충제 계란 사건, 최근까지 해마다 되풀이된 AI의 한 원인으로 밀집사육이 지목되면서다. 김 팀장은 덧붙인다. "눈 가리고 아웅하는 셈입니다. 그렇다고 살충제를 안 쓰는 것도 아니고…"

0.025㎡가 늘어난다고 논란이 된 닭 진드기가 사라지는 것은 아니지 않느냐는 얘기다. 시행령은 새로 개설되는 양계장에 적용된다. 기존의 배터리케이지를 사용하는 업자들에게는 7년간, 그러니까 2025년까지 도입이 유예된다.

김 팀장은 "유럽의 경우 2012년부터 배터리케이지의 사용이 전면 금지됐고, 스웨덴 등에서는 돼지를 가둬 키우는 스톨도 2013년부터 금지됐다."며 "사실 정부가 속도를 내줘야 하는 문제지만, 정부 쪽 사람들을 만나 끊임없이 이야기를 해도 쉽지 않다."고 말했다.

그러면서 "최근 정부에서도 일반 축산농가에 적용될 수 있는 동물복지형 가이드라인을 만들겠다는 작업에 착수했는데, 사실 우리가 원하는 것은 유럽처럼 배터리케이지를 철폐하는 것"이라고 했다.

4년 전 기사에 담은 동물보호단체와 녹색당, 법률인들의 축산법 22조 위헌소송의 결론은 그해 9월 내려졌다. 기각이다. 녹색당 등은 가축

사육시설의 환경이 지나치게 열악할 경우, 그런 시설에서 사육되고 생산된 축산물을 섭취하는 인간의 건강도 악화될 '우려'가 있기 때문에 헌법적 권리인 국민의 생명·신체의 안전에 관한 기본권을 침해할 위험이 있다는 논리를 내세웠지만 받아들여지지 않았다. 당시 헌재의 결정문은 "심판 대상조항은 가축사육업의 허가나 등록을 할 때 갖춰야 하는 가축 사육시설의 기준으로, 이 조항만으로 곧바로 가축들의 건강상태가 악화되어 인간의 생명·신체의 안전이 침해되었다고 보기 어렵다."고 했다.

최근 카라와 녹색당, 동변(동물의 권리를 옹호하는 변호사들) 등 단체는 '공장 대신 농장을!'이라는 주제로 배터리케이지와 스톨 추방을 위한 100만인 서명운동(http://stopfactoryfarming.kr)을 다시 벌이고 있다. 1월 24일 현재 이 온라인 서명운동에 참여한 사람은 3만4,014명. 50만 명을 돌파하면 국회 앞에서 궐기대회를 열고, 100만 명이 참여하면 입법청원을 할 계획이다.

동물권 운동의 주제를 나눠본다면 크게 네 가지 범주로 나뉜다. 반려동물과 실험동물, 야생동물, 그리고 농장동물이다. 그동안 한국에서 동물권 운동의 상당 부분을 차지하는 것은 개나 고양이와 같은 반려동물과 관련된 것이다. 소나 닭, 돼지와 같은 농장동물 복지 문제에 대해서는 아직 초보적인 문제제기에 그치는 수준이다.

정부 대응도 마찬가지다. 문재인 정부 출범 후 발표한 국정운영 100대 과제에서 농장동물의 동물복지에 대해 언급한 대목은 없다. 59번 '지속가능한 국토환경 조성과제'에서 언급한 '반려동물 지원센터 설치 등 유기동물 관리 및 보호', 그리고 83번 '친환경 동물복지 농축산업 확산'

과제의 일환으로 '2022년까지 깨끗한 축산농장 5000호 조성 추진' 계획 등이 전부다.

지난 1월 21일 저녁, 서울 중구에서 열린 녹색당 주최의 북 콘서트 행사에 삼삼오오 사람들이 모였다.

황윤 감독이 2018년 12월 낸 책『사랑할까, 먹을까』를 주제로 마련된 자리다. 어느 잡식가족의 돼지 관찰기라는 부제가 붙은 이 책은 영화 〈잡식가족의 딜레마〉 이후 황 감독이 전국 순회상영회에서 주로 언급했던 '가족에서의 변화'를 주제로 펴낸 책이다.

농장동물 복지를 주제로 한 흔치 않은 자리다. 이날 행사에서 마이크를 잡은 황 감독은 "동물복지 농장을 무조건 옹호하려고 책까지 쓴 것은 아니다."라며 "현실적으로 인간 먹거리를 위해 동물을 더 착취하는 것은 막아야 한다고 생각했다."고 말했다. 이날 북 콘서트에서 나온 주된 질문은 동물을 먹는 것, 육식의 문제에 대한 것이었다.

포털 등에 올라간 '공장식 축산 잔혹사' 기사 댓글을 보면 '대안 부재 현실론'이 많다. 가뜩이나 좁은 국토면적에 모든 축산업 시설이 동물복지를 지향할 수 없는 노릇이며, 만약 공장식 축산을 포기한다면 고깃값이 비싸져 일반 국민은 사먹을 수 없게 될 것이라는 논리다.

"댓글들을 읽어보면 지난 몇 년간 아무런 변화가 없는 것 같지만 그래도 동물복지나 동물권에 대한 인식이 종전에 비해 많이 개선되었다고 생각한다." 황 감독의 말이다.

그는 "사실 고깃값이 싼 것이 아니다. 2002년부터 2011년까지 살처분에 들어간 비용을 계산해보니 모두 4조 원이었다. 그게 다 세금이다. 국민들이 우회해서 치르는 값이다. 어떻게 보면 싸게 먹었다고 보는 것은 착각인 셈"이라고 덧붙였다.

'공장식 축산 잔혹사' 기사가 나간 후 지난 4년을 돌이켜보면 제도나 정책에서도 '변화'가 아주 없는 것은 아니다. 단적으로 지난해 6월 동물보호·복지업무 전담부서가 농림축산식품부에 설치됐다. 동물복지정책팀이다.

과거 기사를 쓸 당시만 하더라도 축산정책과 내 전담인력만 2~3명 있을 뿐이었다. 동물복지 관련 예산도 꾸준히 늘었다. 지난해 74억 원에서 올해는 136억 원의 예산이 책정돼 있다. 예산의 대부분은 동물보호 인프라 구축과 관련된 것이다. 문재인 정부 100대 국정과제에 언급된 각 지자체에 유기 반려동물 보호센터와 장묘시설을 마련하는 것이다. 교육·홍보예산도 포함되어 있다.

김동현 농림축산부 동물복지정책팀장은 "물론 더 따지고 들어가면 근본적인 차이는 있지만, 동물복지환경을 개선하기 위해 단계적으로 변해야 한다는 것에 반대하는 사람들은 없다."고 말했다. 아쉬운 것은 기초연구다. 예를 들어 배터리케이지를 0.025㎡ 늘린다면 닭 진드기 전염 실태가 어느 정도 개선될지 데이터가 없다는 것이다. 김 본부장은 "기본적으로 검역본부나 농촌진흥청 축산과학원, 그 외에도 축산과 관련한 유수의 대학들이 있는데 알다시피 돈이 안 되는 연구는 잘 하지 않으려 한다. 동물복지 관련 주제가 딱 그렇다."고 덧붙였다.

'돼지가 게으르다'는 통설은 왜 생겼을까. 가축은 사람의 관점에서 '일'을 하는 존재다. 고양이는 쥐를 잡고 개는 집을 지킨다. 말은 이동수단이었고, 소는 쟁기를 끄는 농사일을 한다. 돼지는? 북유럽에서는 뛰어난 후각을 이용해 버섯을 캐는 데 동원했다지만 동양권에서는 오로지 고기 생산용이었다.

'하는 일이 없이 먹기만 하니 게으르다'는 시각은 인간중심적 평가다. 게다가 고기와 알, 우유를 주는 것 이외의 일은 현대사회에서 대부분 대체되었다. 그렇다고 돼지가 개나 고양이처럼 반려동물이 되기는 어렵다. 가축과 인간의 관계에 대한 시각이 재정립되어야 한다. 농장동물의 동물권 논의도 이제 본격적으로 시작해야 할 시점이다.

04 | 더 읽어볼 참고 문헌

■ 황주영·안백린, 『고기가 아니라 생명입니다』, 들녘, 2019.

　철학자 황주영과 비건 셰프 안백린이 인간중심주의의 문제부터 젠더문제, 동물과의 연관성, 육식마케팅이 우리의 사고를 어떻게 조종하는지, 의류산업이 동물을 다루는 방식과 축산업 종사 노동자들의 괴로움까지 동물과 관련된 다양한 문제를 다룬 책이다. 마트에 곱게 진열된 붉은 살점은 인간이 아닌 동물의 고통의 경험에서 나온 것인데도 실제로 그 동물의 삶은 가려져 있다. 농장과 도축장에서 떨어져서 사육된 환경이나 도축될 때의 비명을 들을 필요도 없다. 마치 처음부터 그렇게 포장되어 나온 상품처럼 보인다.

　"그리고 또 한 가지 우리 사회가 고민해봐야 할 문제가 있다. 당시 구제역 살처분에 투입된 사람들 중 많은 이들이 스트레스와 트라우마에 시달렸다. 축협에서 근무하던 직원이 살처분 작업 참여 이후 스스로 목숨을 끊으면서 이런 문제가 알려지기 시작했다. 이 직원은 작업 이후 악몽을 자주 꾸고 괴로워했다. 그는 자살 직전 사표를 제출했으나 받아들여지지 않았다. 이후 법원은 이 직원의 죽음이 업무상 재해에 해당한다고 인정했다." "우리는 보통 살아 있는 생명체를 함부로 대해서는 안 된다고 배운다. 하지만 어떤 직업 현장에서는 동물을 죽이고 사체를 해체하는 일을 매일 몇 시간씩 해야 하는 사람들이 있다. ... 축산업 노동자는 신체적 질병이나 상해의 위험에 노출될 뿐 아니라, 심리적·정신적 타격에도 노출된다."

▌ 최훈, 『동물윤리 대논쟁』, 사월의책, 2019.

동물을 둘러싼 모든 논쟁에 대한 철학적인 답변을 다룬 책이다. 동물의 도덕적 지위와 기본권, 육식과 포식, 동물 실험, 동물장기 이식, 동물원과 감금, 애완동물과 공생 등을 둘러싼 논쟁이 어떤 맥락에서, 어떤 주장을 통해 이루어지는지 상세히 다룬다.

"'윤리적 육식'은 '착한 악마'나 '고요한 외침'처럼 형용 모순처럼 들린다. 동물 윤리학의 주된 작업이 육식이 비윤리적임을 주장하는 것인데, 윤리적인 육식이라는 게 가능할까? 윤리적인 육식이 가능하다면 그것은 동물의 고통은 윤리적으로 문제가 되지만 동물의 죽음은 윤리적으로 문제가 되지 않기 때문일 것 같다. 우리는 고통에 비해 죽음을 훨씬 더 심각하게 받아들이는데 어떻게 그것이 가능할까?"

"그래도 여전히 '동물 실험에서 얻는 이익이 얼만데 그것을 포기한단 말인가?'라고 생각하는 사람들은 다음과 같은 지적을 귀담아들어야 한다. 인간에게 직접 실험하면 확실하고 직접 얻을 수 있는 수많은 실험이 있지만 우리는 인간에게 실험하지 않는다. 그런데 왜 동물 실험이 이루어지지 않는 것에 대해서만 탄식하는가? 동물은 해도 되지만 인간은 하면 안 된다는 종차별적 생각 때문이다."

■ 메린 매케나 지음, 김홍옥 옮김, 『빅 치킨』, 에코리브르, 2019.

『빅 치킨(Big Chicken)』은 가슴살이 두둑한 '뻥튀기 닭'을 일컫는다. 어김없이 항생제로 키워낸 닭이다. 동시에 공장식 사육으로 닭을 키우는 기업에 관한 비유이기도 하다. 미국에서 '빅 치킨'은 1923년 최초로 인공부화기가 등장하면서 시작되었고 이후 다종교배를 통해 "미국인들이 가장 선호하는 흰살 부위인 가슴 근육이 가장 많이 붙는 쪽으로 개량된 품종"이 육계의 표준으로 자리 잡았다. 앞선 시대의 닭보다 가슴살이 2배가량이나 커졌다. 그런데 이렇게 커진 닭은 "복부에 체액이 축적되고 순환계가 근육에 산소를 대주거나 대사 노폐물을 거둬가기 어려워졌고, 다리뼈가 비틀려 걷기가 힘들어졌다." 게다가 수천 마리가 함께 사육되면서 닭장이 배설물 암모니아로 흠뻑 젖는 바람에 닭들은 질병에 노출됐다. 이것이 바로 "성장촉진제가 성공을 거둔 뒤 (미국의 가금기업들이) 수백만 파운드의 항생제를 질병 예방 목적으로 사용하고자 했던 주된 이유"다.

이 책은 공장식 밀집사육을 하는 닭에 쓰이는 항생제가 인간에게 끼치는 문제에 대해 심각하게 진단하고 있다. "항생제 시대 초기부터 이 약물은 그와는 다른 또 하나의 용도로 쓰이고 있었다. 식용으로 사육되는 동물에게 투여된 것이다. 미국에서 시판되는 항생제의 80퍼센트, 전 세계에서 판매되는 항생제의 절반 이상을 인간이 아니라 동물이 소비하고 있다. 고기로 팔려나갈 운명인 동물은 상시적으로 사료와 식수를 통해 항생제를 제공받는데, 그 대부분은 인간에게 사용될 때와 달리 질병 치료를 목적으로 하는 게 아니다. 항생제는 식용 동물이 그것을 사용하지 않을 때보다 더 빨리 무게를 늘리도록 하거나 밀집된 축산 환경에 취약한 질병에 걸리지 않게끔 예방하는 데 쓰이고 있다. 이런 목적으로 소비되는 항생제의 약 3분의 2는 인간 질병 치료에 쓰이기도 하는 화합물이다. 이는 가축 사육에 쓰인 약물에 내성이 생기면 결국 인간이 그 약물을 사용할 때의 유용성마저 줄어든다는 것을 의미한다."

■ 루스 해리슨, 강정미 옮김, 『동물 기계』, 에이도스, 2020.

영국의 동물복지 활동가인 루스 해리슨이 1964년에 쓴 이 책은 제2차 세계대전 이후 급증하는 육식에 대한 수요를 맞추려고 동물을 밀집 사육하는 공장식 축산의 폐해를 처음으로 파헤쳐 고발한 작품으로, 영국뿐만 아니라 세계적으로 커다란 반향을 일으킨 동물복지 분야의 고전이다. 새롭게 퍼지기 시작한 공장식 축산 시스템은 동물을 공산품처럼 생산하기 시작했다. 최소한의 비용을 들여 사료를 빠르게 고기로 전환시켜 최대한의 이윤을 빨리 얻으려는 욕구에서 비롯된 것이다. '동물을 통째로 지배한다.'는 표현이 어울리는 이 방식은 빛도 없는 좁은 곳에서 옴짝달싹 못하게 만드는 '송아지 상자', 달걀을 더 빨리 더 자주 낳게 하려는 '배터리 케이지', 임신한 돼지를 가두는 '모돈 스톨' 등을 사용해 효율성의 극대화를 추구한다.

"새로운 생산 방법으로 농장동물을 키우는 것은 우리 모두를 깊은 생각에 빠지게 한다. 농부, 도축인, 중간 상인, 가게 주인, 주부 모두가 이 일련의 과정에 일조하고 있다. 그리고 우리의 무관심도 일조하고 있다. 우리가 생각해 봐야 할 중요한 질문이 있다. 우리 인간은 동물 세계를 어디까지

지배할 권리가 있을까? 농장동물을 모멸하는 것이 사실은 우리 자신을 모멸하는 것은 아닐까? 우리 인간은 농장동물들의 거의 모든 본능을 제한해 좌절시키고 자연스러운 즐거움마저도 대부분 빼앗아버리는 상황으로 만들었다. 우리는 농장동물들이 죽음을 맞기 전까지 제대로 된 삶을 살지 못하게 했다. 언제 우리는 학대를 인정할 것인가? 농장동물들은 건강하지 못하기 때문에 많은 약물을 함부로 사용하여 생명을 유지시키고 빨리 살찌도록 만든다. 이는 장기적으로 인간에게도 나쁜 영향을 미친다. 건강하지 않은 동물들이 건강한 먹거리가 될 수 있을까?"

05 | 논리적 오류: 분해의 오류(division)

분해의 오류는 어떤 것이 특정한 성질을 갖고 있으므로 그것을 구성하는 각각의 부분들도 동일한 성질을 가졌을 것이라고 추론하는 오류다. 이것은 결합의 오류와 반대되는 추론 유형이다.

▶ 미국은 세계에서 가장 잘 사는 나라인데, 그곳에 거지가 있다는 것은 말도 안 돼.

▶ 저 기숙사는 기숙사 건물로는 우리나라에서 가장 큰 건물인데, 거기에 살고 있는 철수의 방도 우리나라에서 가장 크지 않겠어?

▶ 미국 들소는 실제로 멸종 상태에 있다. 이 동물은 미국 들소다. 그러므로 이 동물은 실제로 멸종 상태에 있다.

박재철 법정스님

(1932~2010)

13장

점과 『주역』 :
우리는 행복한가?

13

점과 『주역』: 우리는 행복한가?

01 | 여는 글

우리의 미래는 행복할까? 우리는 왜 미래를 기대하는가? 우리는 미래를 예측 가능한가? 이것은 동서고금을 막론하고 우리의 삶에 대한 불확실성을 바탕으로 파생되는 질문들이다. 지나온 과거는 우리의 삶에 지침을 제공할 수 있는 것이지만, 미래는 우리가 존재할 가능성으로서 미지의 세계이다. 그런데 우리는 과거의 경험을 바탕으로 현재를 살아가면서 미래에 대한 행복을 다짐한다. 미래는 우리에게 불행한 곳이 아니다. 하지만 우리에게 주어진 미래는 늘 불확실하게 존재하는 것일 뿐이다. 우리는 자주 현실적 존재라고 말하면서도 미래에 대한 앎의 욕구를 끊임없이 발산하고 있다. 우리는 미래에 대한 불확실함을 어떻게 해결할 수 있는가?

현대 과학문명은 과거에 누군가의 질문이나 생각으로부터 드러난 결과물이다. 그렇다면 고대의 사람들은 어떤 질문을 던지고 생각했을까? 당시에도 먼 미래에 대한 염원을 이야기하기도 했겠지만, 당장 앞날이 궁금했을 것이다. 그래서 세상을 다스리는 권력자들은 미래를 예측할 수 있는 점술을 사용하여 자신의 논리를 합리화시켰을 것이다. 실제로 지금도 우리 주변에 점술과 관련된 많은 관습들이 존재한다. 그리고 많은 현대인들은 자신의 삶에 대한 미래를 알기 위해서 점술가를 찾아간다. 이렇게 본다면 우리 주위에 있는 점술은 미신의 의미를 가질 뿐만 아니라, 우리의 삶 속에 살아 숨 쉬고 있는 문화적 소산일 것이다.

왜 사람들은 점을 치는 것일까? 내일이 궁금할 뿐이다. 왜 내일이 궁금한가? 내일이 인간에게 행복인지 아닌지는 중요한 문제이다. 인간은 늘 행복을 추구하기 때문이다. 내일이란 우리에게 늘 미지의 세계이고 행복의 가능성을 가지고 있다. 물론 요즘 사람들은 옛날처럼 점을 절대적으로 신봉하는 것은 아니지만, 알 수 없는 무엇인가에 대해 의심한다. 대부분 점을 보려는 사람들은 우환(憂患)을 가지고 있는 경우가 많다. 그리고 그들은 현실적 고통인 우환을 벗어나고자 점을 친다. 별다른 우환이 없는 사람이 심심풀이로 점을 보았는데, 점쟁이가 좋지 않은 말을 하면 지금까지 없었던 우환이 갑자기 생기기도 한다. 여기에서 우리는 인간이 불완전한 존재라는 것을 충분히 알 수 있다. 과학문명이 아무리 발전하더라도 우리는 영원히 내일을 알 수 없고 가능성으로 예측을 할 뿐이다. 점치는 사람이 점을 부정적으로 이용할 수도 있겠지만, 그렇지 않다면 점치는 행위로 어떤 대상이나 사태의 문제점에 대해 심리를 상담하는 역할을 충분히 담당할 수도 있을 것이다. 즉 점은 인간의 고민을 치유할 수 있는 긍정적인 힘을 내포하고 있다.

고대에 점치는 책이 바로 『주역』이다. 『주역』은 중국 고대 주(周)나라를 배경으로 형성된 역(易)이다. 주나라의 역사와 제도는 유가철학의 기반이 될 뿐만 아니라 동아시아의 사유세계를 형성하는데 중요한 역할을 하였다.

『주역』이라는 책을 누가 저술했는지에 대한 설은 다양하지만, 단순히 점을 치는 도구를 벗어나서 당시 최고 지식인의 세계관이 담긴 철학서일 뿐만 아니라 인간의 삶을 설명하는 인문학서이다.

고대사회에 사람들이 자신들의 삶 속에 늘 보았던 것은 높은 저 푸른 하늘과 자신이 밟고 서있는 넓은 땅이었을 것이다. 그 다음에는 우뚝 솟아있는 큰 산을 보았을 것이고, 고개를 들어 하늘에서 떠다니는 구름을 보다가 구름 사이에서 우레가 치고 비가 내리는 것을 보았을 것이다. 이 빗물이 도랑을 지나서 연못을 이루어 강과 먼 바다로 흘러가는 것을 보았을 것이다. 그리고 이 때 바람이 심하게 불면서 나뭇가지가 마찰을 일으켜 산불이 일어나는 것을 보았을 것이다.

이와 같이 『주역』의 원리에 의하면 사람들은 하늘, 땅, 산, 우레, 물, 연못, 바람, 불을 만나면서 세상을 이해하기 시작했다. 처음에 이 8가지는 모두 사람들에게 두려운 존재였지만, 사람들은 시간이 지나면서 이러한 존재들을 이해하기 시작했고 천지만물과 하나로 조화를 이루었다. 성인은 이 8가지 자연적 요소를 가지고 세상을 설명하는 책을 만들었는데, 이것이 바로 동양고전인 『주역』이다. 사회가 발전하고 새로운 이론들이 등장하면서 『주역』은 더욱 복잡한 이론과 결합하여 새롭게 점치는 방식으로 응용된다.

특히 『주역』은 변화를 읽는 책이다. 세상의 모든 존재 및 현상은 변화한다. 다만 변화의 속도가 다를 뿐이다. 변화하지 않는다면 이 세계는 존재할 수 없다. 『주역』은 변화하는 자연의 법칙을 통해서 인간 삶의 변화를 설명하려는 책이다. 왜 『주역』에서 동양의 행복을 찾으려고 하는 것일까? 동양고전에서 유일하게 행복을 말하고, 인간을 행복으로 인도하는 책이기 때문이다.

『주역』에서 행복이란 어떤 의미인가? 행복하게 살기 위해서는 어떻게 해야 하는가? 물질주의에 지나치게 치우쳐 있는 현대문명 속에서 무엇보다 중요한 것은 행복의 의미와 이론체계를 명확히 설정하는 것이다. 왜냐하면 우리는 항상 행복하고자 하는 욕구를 가지고 있지만, 행복이 무엇이지 그 본질적인 문제에 대해서는 깊이 있게 사유하지 않기 때문이다.

『주역』은 이상적인 목표에 도달해서 행복을 추구하는 것이 아니라 이상적인 목표 자체가 행복이며, 인간에게 길흉회린(吉凶悔吝)이라는 경계의 메시지를 던져 행복하도록 하는 책이다. 인간은 점을 통해서 좋은 일이 생기면 그것을 끊임없이 유지하고, 나쁜 일이 생기면 그것을 이겨내어 좋은 일로 이끌어가려고 노력한다. 우리는 『주역』이란 인간에게 행복한 길로 갈 방향만 제시할 뿐이지, 갈 것인가 가지 않을 것인가의 여부는 인간 자신이 살아가는 몫에 달려 있다는 것을 알아야 한다. 이렇게 볼 때 행복은 『주역』이 제시하는 길이지만, 인간의 의지를 바탕으로 이루어지는 것이기 때문에 '어떻게 살 것인가'의 문제와 밀접한 관계가 있다.

『주역』에서 말하는 행복은 나에게 나쁜 일을 최소화하는 것이다. 좋지 않는 일을 해결한다는 것은 우환(憂患)을 제거한다는 의미다. 우환이 생기는 원인은 무엇인가? 우환은 마음의 중심이 하나[忠]가 아니라, 마음의 중심이 둘[患]일 때 선택의 문제로부터 생긴다. 그리고 더욱 중요한 것은 어떤 하나를 선택했을 때 그것에 대한 자신의 책임이 수반되어야 한다. 우리가 항상 선택할 때 고민하는 것은 책임지는 것이 두렵기 때문일 것이다. 『주역』의 역할은 좋음과 나쁨을 구분하는 길잡이라고 볼 수 있지만, 인간에게 어떤 상황을 선택하고 책임지는 과정을 제시할 뿐이다. 우리는 『주역』을 통해 우환을 처리하는 방법을 안다면 우환을 완전히 제거하지 못할지라도 줄일 수 있을 것이다. 『주역』에서 제시하는 우환을 제거하는 방법은 기미(幾微)를 아는 것, 시(時)와 위(位)를 살피는 것, 경계(警戒)하는 것이다.

『주역』에서 행복의 조건은 먼저 기미(幾微)를 알아 어떤 사태가 좋음과 나쁨으로 갈라지는 변화를 파악하는 것이고, 그 다음 기미를 알고 때에 맞는 자리를 차지하는 것이 중요하다. 그리고 경계(警戒)를 통해 예상치 못한 어떤 상황에 대해 대비하고 신중히 해야 한다. 그러므로 우리는 기미를 알고 때에 맞는 자리를 잡아 끊임없이 경계할 때, 행복의 조건을 갖출 수 있을 것이다.

불행(不幸)은 결정적인 어떤 악(惡)이라기보다는 서로 오해하거나 착각하는 데에서 생기는 경우가 많다. 이러한 오해와 착각은 우리가 서로 소통하지 못하는 상황에서 온다. 소통은 타인과 정상적인 교류를 하면서 서로의 권리와 의무를 이해하고 신뢰를 주고받는 것이다. 『주역』에서 행복의 가능성은 먼저 음양의 만남을 통해서 이루어지고, 그 과정에서 신뢰가 형성되며, 신뢰가 형성되면 서로 소통하게 된다. 즉 이것은 타인과의 만남을 통해서 상호간의 인격과 권리를 이해하고서 신뢰를 주고받을 때 완성되는 것이다. 이러한 상태가 바로 『주역』에서 말하는 복지사회이고 행복한 사회이다.

『주역』의 행복은 음양의 조화와 소통에서 오는 것이지, 물질적인 소유에서 주어지는 것이 아니다. 사람들은 매일 흉(凶)함을 피하고 길(吉)함으로 가려하지 않는 자가 없다. 하지만 흉함을 피하려는 사람은 자신의 선택을 책임지지 않으려고 하고, 길함으로 나아가려 사람은 자신의 선택에 대해 책임지기보다는 요행을 바란다.

『주역』에 따르면 길함은 흉함으로 가고, 흉함은 길함으로 간다. 길함과 흉함 중에 어떤 것이 좋다고 할 수 없다. 다만 어떤 일에 대해 선택했을 때 그 것에 대한 책임을 져야 상호 소통할 수 있고 행복의 길을 갈 수 있다.

　『주역』의 행복은 음양의 조화와 소통에서 오는 것이지, 물질적인 소유에서 주어지는 것이 아니다. 이에 반해 현대사회의 행복은 지나치게 물질 지향적이고, 양(量)의 극대화와 소유(所有)의 최대화를 통해서 이루려는 경향이 있다. 『주역』에서 말하는 행복이 추상적이고 이상적인 개념일지라도 물질만능주의적인 행복 개념에 치우친 현대사회의 입장을 반성해보는 계기가 될 것이다.

02 | 고전 속에서 생각하기

▌ 공자의 충(忠)과 서(恕)

　2,500년 전의 인문학자인 공자는 세상사의 문제를 인(仁)으로 풀어보고자 했다. **공자**는 이름이 공구(孔丘)이며, 유학의 창시자이다. 당시는 전쟁하는 춘추전국시대로 자식이 아버지를 죽이고, 신하가 왕을 죽이는 사회이다. 즉 예(禮)가 무너져가는 사회로 한 존재가 살아가기 위한 처절한 세상이었다.

(공자)

그는 14년간의 유랑생활을 하다가 73세의 나이로 별세하였다.

행복은 인(仁)의 도(道)가 실현된 세계에서 사는 것을 말한다. 인(仁)이란 두 사람이란 뜻으로, 인간과 인간의 관계 속에서 사랑하는 것이다. 이와 같이 서로 사랑하기 위한 방법으로 공자는 충(忠)과 서(恕)를 제시한다.

충(忠)이라는 글자는 중(中)자와 심(心)자가 합쳐진 것으로 마음에 중심을 가지고 최선을 다하는 것이다. 우리는 하나의 마음으로 두 개의 중심을 가졌을 때 선택의 문제가 생기면서 근심[患]하게 된다. 그러므로 자신의 꿈을 이루기 위해서는 자신에게 알맞은 하나의 중심[忠]을 세워야 한다. 서(恕)는 여(如)자와 심(心)자가 합쳐진 것으로 마음을 같이하는 것이다. 인간이 남을 용서할 때 서로 마음이 같아져야 진정한 용서가 이루어진 것이지, 일방적으로 한쪽에서 배려하는 것은 진정한 용서가 아니다. 공자(孔子)는 서(恕)에 대해 다음과 같이 말하였다.

내가 하고자 하는 것이 아니면 남에게 시키지 말라.

"己所勿欲 勿施於人"

자기가 하고자 하면 남도 세워주고, 자기가 이루고자 하면 남도 이루게 해라.

"己欲立而立人, 己欲達而達人"

서(恕)라는 말을 쉽게 설명하자면 내가 하고 싶은 것은 다른 사람도 하고 싶고, 내가 하고 싶지 않은 것은 남도 하고 싶지 않을 가능성이 있다는 의미이다. 그러므로 서(恕)는 어떤 상황에 처했을 때 그 상황을 좋아하고 싫어하는 마음이 최소한 같을 수 있다는 것을 서로 인정하고 이해하며 함께 하는 것이다. 이와 같이 공자는 인(仁)이 실현되는 행복한 사회를 꿈꾸면서 충(忠)과 서(恕)의 방법을 제시하였다. 즉 공자는 충(忠)과 서(恕)를 통해서 서로 상호관계를 유지해가는 행복한 사회를 이루고자 하였다.

■ 아리스토텔레스의 행복

아리스토텔레스(BC 384년 ~ BC 322년)는 고대 그리스 철학을 체계적으로 정리하고 비판했던 사람이다. 그는 의사의 아들로 태어났는데 부모가 일찍 죽고, 지적인 욕망을 추구하기 위해서 그리스 아테네로 가서 플라톤을 만나게 되었다. 그는 20년 동안 플라톤의 제자로 공부하였지만, 스승의 학문체계를 그대로 계승하지 않았다. 플라톤이 이데아를 통해 절대적인 진리를 추구하는 이상주의자였다면, 아리스토텔레스는 현상세계의 삶을 중시하는 현실주의자였다.

아리스토텔레스는 세상의 모든 것은 존재하는 목적이 있다고 주장했다. 세상에 물이 있는 까닭은 우주만물을 자라게 하는 목적이 있기 때문이다. 그렇다면 인간이 세상을 살아가는 목적은 무엇인가? 아리스토텔레스는 인간 행위의 목적으로서 좋음에 대해 말하고, 최상의 좋음이 무엇인지에 대해 고민했다. 그는 인간이 살아가는 최고의 좋음은 바로 행복이라고 보았다. 최상의 좋음에 이르기 위해서는 실현 가능한 것이고, 완전한 것이며, 자족적인 것이어야 한다. 인간은 끊임없이 최상의 좋음인 행복을 찾는 존재이다. 그렇다면 행복은 어디에 있는가?

행복은 덕을 쌓아 이성적 활동을 함으로써 이룰 수 있다. 이러한 덕은 한 순간에 형성되는 것이 아니라 지속적인 습관을 통해 완성된다. 또, 여기서 말하는 덕이 바로 중용이다. 행복은 바로 쾌락과 절제 사이에 어디에도 지나치거나 부족하지 않는 중용을 실천할 때 이룰 수 있다.

過 (지나침)
만용, 아첨, 오만, 낭비
中庸 (행복)
용기, 친절, 긍지, 절제
不及(부족함)
비겁, 퉁명, 비굴, 인색

(법정스님)

법정스님은 1932년 10월 전남 해남에서 태어났다. 22세 때인 1954년 경남 통영 미래사에서 효봉스님를 만나 출가했다. 1959년 통도사 금강계단에서 자운 스님을 계사(戒師)로 비구계를 받았다. 법정스님은 많은 수필집을 출간했는데, 특히 『무소유(無所有)』라는 저술을 통해서 많은 사람들에게 알려졌다. 수필집 『무소유』는 370만 부 정도 판매되었는데, 김수환 추기경이 『무소유』를 읽고서 "이 책이 아무리 무소유를 말할지라도 이 책만큼은 가지고 싶다"고 말할 정도였다. 법정스님은 자신이 출간했던 책을 더 이상 발간하지 말하고 유언을 남기고 2010년 3월 11일 길상사에서 79세의 나이로 입적했다. 법정스님이 『무소유』을 쓰게 된 계기는 무엇일까? 난초 이야기이다.

"우리는 이 지상의 적(籍)에서 사라져 갈 때에도 빈손으로 갈 것이다. 필요에 의해 물건을 갖게 되지만 때로는 그 물건 때문에 적잖이 마음이 쓰이게 된다. 그러니까 무엇인가에 얽매인다는 뜻이다. 애지중지 키운 난의 은은한 향기가 나를 설레게 했다. 한여름 뜰에 내놓은 채 길을 떠났다. 아차! 생각이나 허둥지둥 돌아와 보니 잎이 축 늘어져 있었다. 집착이 괴로움인 것을…… 그렇다, 나는 난초에게 너무 집념한 것이다. 며칠 후 난초처럼 말이 없는 친구에게 분을 안겨 주었다. 나는 비로소 얽매임에서 벗어난 것이다. 이때부터 나는 하루에 한 가지씩 버려야겠다고 스스로 다짐을 했다."

진정한 법정스님의 "무소유는 무엇일까?" 인간은 태어나면서 아무 것도 가진 것이 없었고 죽을 때에 아무 것도 가지고 가지 않는다. 이것을 바로 '공수래 공수거(空手來 空手去)'라고 한다. 그런데 태어나자마자 우리는 무엇이든 소유하려는 마음이 생긴다. 심지어 인간까지 소유하려고 한다. 법정스님은 자신의 저서에서 본래무일물(本來無一物)이라는 표현을 자주 사용하는데, 이것은 본래 한 물건도 없다는 말로 소유할 수 없다는 의미이다. 또한 무소유는 아무것도 가지는 않는 것이 아니라 불필요한 것을 버리는 것이며, 아주 작은 것에 관심을 가는 것이다.

　　이 시점에서 법정에게 묻고 싶다. 첫째, 왜 친구에게 난초를 주었을까? 집착을 버린다는 것은 남에게 주는 것이 아니라 본래의 자리로 되돌려 보내는 것 아닌가? 둘째, 왜 탁상시계를 도둑맞고 다시 구하려고 했을까? 법정은 불필요한 것을 버리라고 하는데 우리가 가지고 있는 것 중에 불필요한 것이 있는가? 지금 당장은 아니라도 나중에 필요할 것이다. 필요한 것과 불필요한 것의 기준은 무엇인가? 내가 가지고 싶은 돈과 법정이 구하려는 시계는 어떻게 다른가? 셋째, 왜 『무소유』라는 책을 펴지 못하게 했을까? 더 이상 책을 펴지 못하게 하자 인터넷에서는 책 입찰 가격이 한 권에 1억이 넘어갔다. 사람들에게 소유욕에 빠지도록 한 것이 아닌가? 넷째, 비움이 가능한가? 비우려는 순간 다시 비우려는 집착이 가득 찬다.

03 | 비판적으로 현실 톺아보기

행복은 언제 오는가?[34]

박홍식
논설위원

나에게 행복은 오는가, 행복이 온다면 언제 오는지 물어봅니다. 나에게 행복한 날은 기쁘고 좋은 날입니다. 국민 소득이 증대하고 우리의 사회적 환경은 더욱 발전하고 진화하는 데 비추어 우리의 행복감과 평화는 비례하지 않는다는 생각입니다. 좋은 날은 늘 짧고, 좋은 날은 늘 과거에만 있습니다.

행복을 만나기 위해서 인류의 선각자들은 말합니다. 그들은 한결같이 물질의 소유나 왕성한 탐욕에서 벗어나기, 이웃과 동료에게 사랑을 베풀고 봉사하라고 권합니다. 인생의 행복을 얻기 위해 버려야 할 것과 취해야 할 것이 무엇일까요?

인터넷에 떠도는 글 중에 '버려야 행복'이라는 것이 있습니다. 미국의 재무설계사 스테판 M. 폴란의 책을 요약한 것인데, 저자는 우리 삶에서 8가지만 버리면 인생은 '행복'이라고 주장합니다. 우리가 버려야 할 8가지를 요약하면, 하나 '나이 걱정'에서부터, 둘 '과거에 대한 후회', 셋 '비교함정',

☑ 34. 독서신문, 2019년 6월 1일.

넷 '자격지심', 다섯 '개인주의', 여섯 '미루기', 일곱 '강박증', 여덟 '막연한 기대감' 이렇게 8가지를 버리는 것입니다. 사람은 자연의 일부이기도 합니다. 인생에도 봄, 여름, 가을, 겨울이 있습니다. 인생이 각 계절마다 각각 다른 좋은 점과 나쁜 점이 있을 뿐 인생의 사계절 사이에 절대적인 우위를 따질 수는 없습니다. 이 사실을 인정하면 나이 드는 것에 담담해지고 인생의 각 시기를 충만히 즐길 수 있게 됩니다. 과거는 돌이키거나 수정할 수 없습니다. 그런데도 과거를 붙잡고 내려놓지 못하면 현재가 아니라 과거 속에서 살게 됩니다. 할 수 없는 것에 대한 후회와 집착은 어리석은 일입니다. 지금 할 수 있는 일에 최선을 다하는 것이 즐거움을 찾는 일입니다.

비교가 아닌 다양성의 관점으로 세상을 바라보면 인생은 한결 따뜻해집니다. 사람마다 이 세상에서 각기 주어진 역할과 소명이 다르다고 생각하면 남과 비교하지 않고 내 인생에 더 집중하게 됩니다. 사람들은 자신을 비하하는 자격지심과 자신이 잘났다는 교만함을 동시에 갖고 있습니다. 자신을 객관화하여 바라보면 잘난 사람 앞에서 주눅 들지 않고 못난 사람 앞에서 갑질을 피할 수 있습니다.

개인주의 성향의 사람은 남의 사생활에 끼지 않고 내 생활도 타인 간섭 없이 살고 싶어 합니다. 하지만 인간은 사회적 동물입니다. 어려움 앞에 서 있을 때 남에게 주저하지 않고 도와달라고 청하고 주위에 어려운 사람은 주저하지 않고 도와주면 삶이 충만해집니다. 해야 할 일을 즉각 처리하면 하루가 가벼워집니다. 하고 싶은 일은 가능할 때 빨리하는 것이 미련을 남기지 않습니다. 할 것인지 안 할 것인지 결정이 어려울 땐, 해보고 후회하는 것이 더 나을 수 있습니다.

무엇인가 마음대로 되지 않거나 뜻대로 되지 않았을 때도 그 사실을 그대로 받아들여야 인생이 편안해집니다. 무엇인가에 집착하면 우리는 그것의 노예가 됩니다. 마음에 좀 들지 않아도, 내 뜻대로 잘 안 돼도 현실에서 다른 최선을 찾는 태도가 필요합니다. 지금 아무것도 하지 않으면서 근거 없이 미래를 낙관하는 태도는 무책임합니다. 할 수 있는 일을 스스로 다 한 뒤 그 결과를 기다리는 것이 인생을 가치 있게 만듭니다. 이제 다시, 행복을 찾기 위해 나 자신이 스스로 취해야 할 덕목을 생각해봅니다. 먼저 사물과 세상에 대하여 나 자신의 긍정적 태도를 선택합니다. 휴 다운스는 이렇게 말합니다. "행복한 사람은 행복한 상황을 마주친 사람이 아니라 행복한 마음의 태도를 유지한 사람이다." 행복을 얻기 위해 우리의 태도야말로, 우리의 좋은 날과 안 좋은 날을 구분하기 때문에 진정으로 중요한 일입니다.

　우리의 태도는 우리의 삶에서 일어나는 많은 상황과 사건에 대해서 많은 에너지와 힘을 품고 있습니다. 그러니 나의 태도가 부정적으로 변하도록 내버려두면 안 됩니다. 긍정적인 태도는, 만일 우리 주변의 사람들 모두가 나의 편을 들지 않을 때에도 비관하지 않고 낙관할 수 있는 능력을 부여해줍니다. 또 다른 좋은 태도로써 헌신, 자제, 결단하는 용감한 태도를 가지는 것입니다. 좋은 태도는 우리 자신에게 진지한 헌신을 요구합니다. 우리 자신을 위해 설정한 목표, 가치 및 비전에 대한 헌신을 말입니다. 우리의 꿈을 이루고 행복을 만들기 위해서는 우리에게 일어나는 일들보다 우선 자신의 현실을 통제해야 합니다. 절제와 자제는 오히려 긍정적이고 용감한 태도입니다.

　마지막 요소는 바로 결단력입니다. 인생은 항상 우리 앞에 도전해야 할 것을 놓아두기 때문에 우리는 이 결단력이란 요소를 잊어서는 안 됩니다.

우리는 우리 앞의 시련을, 우리가 배울 수 있고 성장하는데 사용할 도전으로 인식해야 할 것입니다. 결단력이란 우리의 과제 앞에 두려움 없이 승낙하고, 죄책감 없이 거절하는 것입니다.

우리는 흔히 적게 가져서 불행하다고 생각하고 더 많이 가져야 행복하다고 생각합니다. 하지만 너무 많이 가지려 해서 인생이 힘든 것일 수 있습니다. 인생을 맑고 향기롭게 살아가기 운동을 펼친 고(故) 법정 스님의 정신이 생각납니다. 그는 올림픽의 구호인 "더 높게, 더 멀리, 더 빨리"를 역으로 패러디해서 "더 작게, 더 적게, 더 느리게" 이렇게 삶의 지침을 제시하기도 했습니다. 나에게 행복은 언제 오는가? 활발하고 호기심에 찬 태도, 놀랍고 경이로운 자연을 느끼는 일. 근심과 걱정이 없는 평화로운 감정을 갖도록 마음을 통제하며, 일과 일상에서 찾아가는 새로운 발견 속에서 작은 행복을 느낍니다.

행복의 필수조건[35]

진규열
논설위원

가난한 사람은 부자를, 부자는 권력을, 권력을 가진 자는 화목한 가정을 부러워한다고 한다. 서로 자신이 갖지 못한 것을 가진 상대편을 부러워한다는 것인데, 그 이유가 남에게 인정받고자 하는 욕구 때문이라고 한다. 명품 소유욕과 성형 열풍 또한 마찬가지 경우이다. 가족 간의 불화의 원인도 결국 비교에서 시작된다. 다른 집 남편은 '사'자 직업에 박사이고, 아이는

---

35. 종합뉴스, 2013년 11월 20일.

공부도 잘하고, 시댁은 돈도 많은데...모든 것에서 본인만 부족해 보이고 남은 우월해 보이는 비교 속에서 갈등이 시작되고 급기야 파역에 이르기도 한다. 만족할 줄 모르기 때문에 발생되는 일이다. 과연 상대편은 행복할까?

장자(莊子) '추수'편에 "풍연심(風憐心)(바람은 마음을 부러워한다)"을 통해 생각해보았으면 한다. 전설상의 동물 중에 다리가 하나밖에 없는 '기(夔)'라는 동물은 다리가 많은 지네를 부러워하고, 지네는 발 없는 뱀을, 뱀은 바람을, 바람은 눈을, 눈은 마음을, 마음은 '기(夔)'를 부러워한다고 한다. 자신의 단점이 상대에게겐 부러움의 대상이 될 수도 있는 것이다. 상대방과의 비교가 결국 본인을 불행하게 만드는 것이다. 세상에서 가장 소중한 것은 바로 '자신'이다.

고대 철학자 플라톤은 행복의 5가지 조건의 공통점으로 "부유함"을 강조하였다. 첫째, 재산은 먹고 살기에 조금 부족할 것, 둘째, 외모는 모든 사람들이 칭찬하기에 약간 떨어질 것, 셋째, 명예는 자신의 생각보다 절반밖에 인정받지 못할 것, 넷째, 체력은 남과 겨루었을 때 한 사람 정도는 이기고 두 사람에게는 질 것, 다섯째, 말솜씨는 연설을 할 때 청중의 절반 정도가 박수를 치는 정도일 것이다. 부족함의 미학이라고 할까!

만족할 줄 모르는 삶 과연 행복할까. 우리가 무의미하게 낭비하는 시간도 하루밖에 남지 않은 시한부 인생인 사람에게는 돈으로 살 수 없는 최고의 선물이 되듯이 모든 것은 상대적인 것이다. 비록 인간이 경쟁심을 통해 성장한다고 하지만 지나친 경쟁심이 때로는 파멸을 낳기도 하는 것이다. 나보다 더 나은 사람과 항상 비교하면 늘 불행해질 수밖에 없는 것이다. "만물의 가치가 모두 다 똑 같을 수는 없다고 한다. 불길은 뜨거운 열기로 가치를 인정받고, 구름은 비를 내릴 수 있는 기능으로 인정받는다."는 생텍쥐페리의 구절에서 한번 생각해보면 어떨까?

미국 모 대학교수의 연구결과 내용 중에서 흥미로운 사실 한 가지를 생각해보는 하루가 되었으면 한다.

"돈이 많다고 행복하지는 않지만, 행복하면 돈을 많이 벌 수 있다."

행복의 상대성 원리[36]

오형규
논설위원

서울에는 흔하디 흔한 게 세종시에서는 '귀하신 몸'이 되는 경우가 많다. 그러다 보니 별 게 다 뉴스거리가 된다. 최근 세종시에 CGV가 입점할 건물이 준공됐다는 보도가 나왔다. CGV는 11월 개관이란다. 작년에는 세종시 정부청사에 스타벅스가 입주했다고 해서 화제가 됐다. 서울에 살 때는 찾지도 않던 것들이 세종시로 가면 명소, 맛집 또는 워너비로 둔갑한다. 만족도는 희소성에 의해 좌우되는 모양이다.

얼마 전 이른바 '변양호 신드롬'으로 유명한 변양호 전 국장이 후배들을 격려하기 위해 기획재정부를 들렀다. 후배들이 변 국장을 반겼지만, 더욱 환영받은 것은 그가 들고온 맥도날드 빅맥세트 50개였다. 모처럼 빅맥을 맛본 직원들은 거의 눈물이 날 듯 행복한 표정들이었다. 이 일화를 들려준 공무원의 덧붙인 말이 더 인상적이다. 빅맥세트 하나가 남았는데 서로들 '저걸 내가 챙기면 안 될까' 하는 표정으로 쳐다보더라는 것이었다.

☑ 36. 경제스토리, 2015년 9월 25일.

세종시에는 현재 롯데리아가 두 곳 있다. 버거킹은 최근에야 들어갔다. 아직 없는 맥도날드가 들어서면 또 기삿거리가 될 것 같다.

　사람이 느끼는 행복이나 만족감은 절대적일 수 없다. 물론 기본적인 생활이 유지된다는 전제가 필요하지만 늘 주관적이고 상대적이다. 타인과 비교해 자신이 낫다고 판단될 때 스스로 만족하고 행복하다고 느끼게 마련이다. 그렇기에 사람은 수준보다 비교에 민감하다. 미국에서도 아내가 만족하는 남편의 연봉은 처제의 남편(동서)보다 단돈 1달러만 더 많으면 된다는 우스갯소리가 있다. 올림픽 시상대에서는 은메달리스트보다 동메달리스트의 표정이 밝다. 애석하게 금메달을 못 딴 은메달리스트에 비해 3-4위전에서 이겨 메달이라도 딴 동메달리스트의 만족감이 더 크기 때문이다. 행동경제학에서 얘기하는 끝이 좋아야 만족한다는 피크-엔드 효과(Peak-end effect)다.

　지방으로 대거 이전한 공공기관 임직원들의 경우도 마찬가지다. 3,000조 원의 유가증권을 관리하는 한국예탁결제원은 직원 500여 명 중 절반이 작년 말 부산으로 옮겨갔다. 직장이 여의도에서 부산까지 420㎞를 이동한 것이다. 회사 측은 걱정이 많았다. 서울에 생활기반이 갖춰진 직원들이 서로 안 가겠다고 버티고 그 과정에서 마찰, 갈등, 이탈이 우려됐기 때문이다. 하지만 기우였다. 공공기관들이 이전한 각지의 혁신도시들이 대개는 허허벌판에 건물만 덩그러니 있는 데 비해 부산의 상대적 편의성이 도드라지게 느껴졌기 때문이다. 먹거리, 볼거리, 즐길 거리가 풍부하고 KTX로 두 시간이면 갈 수 있는 게 부산이니 그만하면 만족한다는 얘기다.

　국민이 행복한 나라로 흔히 '은둔의 왕국'이라는 부탄을 꼽는다. 이 나라

국왕은 경제성장보다 국민행복을 중시해 선진국들도 한때 주목했다. 국가 운영지표도 국내총생산(GDP)이 아닌 '국민총행복(GNH: Gross National Happiness)'이다. 행복이 GDP 순이 아니라는 근거로 자주 인용되는 나라다. 하지만 행복지수 1위로 알려진 부탄이 올해 갤럽의 행복도 조사에서는 미국 캐나다 등 10개국과 함께 공동 15위에 머물렀다. 물론 한국은 143개국 중 119위(59점)로 바닥권이고 톱10은 낙천적인 성향의 중남미 국가들로 채워졌다.

부탄의 행복지수 순위가 예전만 못한 이유는 무엇일까. 부탄 사람들은 애연가들이 많은데 정부가 담배 밀수를 금지한 것도 영향을 미쳤다고 한다. 하지만 진짜 이유는 컬러 TV 보급에 있었다. 컬러 TV에 비친 화려한 바깥세상이 자신들의 남루한 삶과 비교되면서 행복도가 상대적으로 낮아진 것이다.

유엔의 행복보고서를 보면 부탄의 행복지수 순위는 158개국 중 79위로 축 처진다. 유엔의 행복도 조사는 소득, 자유로운 삶, 부패 정도 등과 주거, 건강 등 생활여건을 토대로 매긴 순위다. 이 조사에서 한국은 일본에 이어 47위였다. 톱10은 유럽과 호주 뉴질랜드 등 선진국들이 독차지했다. 갤럽의 주관적 행복지수와 유엔의 객관적 행복지수가 이렇게 차이가 크다. 이민 가고 싶은 나라를 물어봐도 또 달라진다. 멕시코의 행복지수는 미국보다 훨씬 높다.

하지만 멕시코에서 미국으로 이민 가고 싶은 사람은 넘쳐나도 그 반대는 거의 찾아볼 수 없다. UNDP(유엔개발계획)의 인간개발지수에서 한국은 15위로 올라간다. 한국인의 삶은 동일한데 119위, 47위, 15위로 순위가 제각각이다. 어떤 방식으로 무엇을 조사하느냐에 따라 하늘과 땅 차이가 난다.

04 | 더 읽어볼 참고 문헌

■ 탈 벤 샤하르편, 왕옌밍 엮음, 김정자 옮김, 『행복이란 무엇인가』, 느낌이있는, 2014.

2006년 하버드 대학에서는 무명의 교수가 이끄는 강의가 선풍적으로 인기를 끌었다. 바로 탈 벤 샤하르 교수가 인간의 영원한 숙제 '행복'을 다룬 '긍정 심리학' 강의였다. 샤하르는 이 강의에서 사람들이 추구하는 행복이란 과연 어떤 것이며, 어떻게 가질 수 있는지를 아주 자세하고도 철학적으로, 그리고 솔직하게 풀어냈다. 또한 자신의 경험을 이야기하며 행복이란 어느 날 선물처럼 갑자기 찾아오는 것도 아니고 원하는 목표를 이루었을 때 가질 수 있는 것도 아니라고 전했다. 그가 말하는 행복은 끊임없이 발견해야 하는 것이고 선택해야 하는 것이며 훈련이 필요한 것이었다.

■ 장혜민, 『법정스님의 무소유의 행복』, 산호와진주, 2017.

법정 스님의 삶을 되짚는 책이다. 송광사 효봉 스님의 문하에 출가하여 2010년 3월 11일 입적까지 법정스님의 일대기가 고스란히 담겼다. 수행자의 기초를 다지며 정진했던 젊은 스님의 모습, 불교경전을 번역하던 일, 민주화운동을 참여하던 시절, 불일암서의 수행, 그리고 강원도 오두막의 삶이 스님의 빈자리를 담담히 일깨우며 무소유 정신을 되새기게 한다.

■ 이충진, 『행복철학』, 이학사, 2020.

이 책에서는 아리스토텔레스, 스피노자, 칸트, 쇼펜하우어, 니체, 아도르노, 마르쿠제, 슈패만 등의 오래되고 독특한 목소리에 귀를 기울인다. 행복에 관한 철학자들의 이야기에 주목하며 철학과 행복 사이의 내적이고 밀접한 연관성을 살펴보는 이 책은 독자들에게 오늘날 넘쳐나는 행복 담론에서 벗어나 행복에 관해 보다 근원적으로 성찰해 볼 수 있는 기회를 제공해줄 것이다.

■ 김선국, 『행복한 비움』, 다락방, 2018.

기원전 6세기경에 살았다고 전해지는 노자는 장자(莊子)와 더불어 도가철학의 시조로 알려 있지만 그의 생애는 정확하게 알려진 게 없는 신비의 인물이다. 이 책은 도덕경(道德經)으로 알려진 노자의 글 81편 중 도경(道經)으로 알려진 앞부분 37편을 누구나 쉽게 읽을 수 있게끔 해설한 책이다. 시대의 흐름에 맞추어 관련 사진이나 이미지들도 함께 수록하였다. 또한 부록으로 장자의 외편(外編) 천운(天運) 나오는 노자와 공자의 대화를 수록하여 도가철학과 유가철학과의 차이를 이해하는 데 도움을 주고자 하였다.

■ 조지 베일런트, 이덕남 옮김, 이시형 감수, 『행복의 조건』, 프런티어, 2010.

이 책에 담겨 있는 이 연구 보고서는 끊임없이 배우고, 유머를 즐기며, 친구를 사귄다면 그리고 담배를 끊고 술을 줄이는 동시에 일찍 귀가해 가족들 얼굴을 한 번 더 본다면, 그 사람은 끊임없이 성장하며 행복할 수 있음을 보여준다. 이 책은 하버드 연구팀의 연구 자료를 통해 총 814명에 이르는 사람들의 수십 년 생애에 살아 움직이는 삶과 행복의 조감도를 펼쳐 보여줌으로써 행복의 조건을 이야기하고 있다.

▌ 버트런드 러셀 이순희 옮김, 『행복의 정복』, 사회평론, 2005.

그는 불행하고, 그녀는 행복하다. 이 차이는 어디서 나오는 것일까? 이 책은 개인적인 기질 때문에 불행을 자초하는 사람들에게 던지는 충고와 격려의 메시지다. 나의 어떤 점이 행복으로 가는 길을 방해하고 있는가? 자신에게 이런 물음을 던지는 사람은 훨씬 행복해질 가능성이 높다. 자신을 직시하는 진정한 용기야말로 기다림이나 정신 수양보다 행복에 더 가까워질 수 있는 방법이기 때문이다.

▌ 조정옥, 『청소년을 위한 행복철학』, 사람의무늬, 2016.

『청소년을 위한 행복 철학』은 행복에 이르기 위해 어떤 생각을 해야 하는가를 철학과 접목시킨 책이다. 청소년뿐 아니라 대학생이나 일반 성인이 교양을 쌓기에도 적합한 책으로, 저자는 "독자를 보다 행복하게 하는 동시에 독자에게 철학을 보다 쉽게 전달하는 것"이 이 책의 목표라고 말한다. 이 책은 독자 스스로 행복의 길을 찾도록 하고, 그 과정에서 자기 자신과 사회, 관계와 같은 삶의 문제에 끊임없이 사유하도록 안내한다. 이 책이 청소년을 비롯한 사회초년생, 철학에 문외한인 이들이 읽기 좋은 철학입문서이자 행복지침서가 되어주리라 기대하는 이유이다.

■ 마시모 피글리우치, 방진이 옮김,『가장 단호한 행복』, 다른, 2020.

이 책은 온전히 우리 손에 달린 것들에 집중해야 어떤 일이 닥쳐도 평정심을 유지할 수 있다고 강조한다. 저자는 고대 그리스의 철학자 에픽테토스의 가르침을 오늘날에 맞게 적극적으로 재해석했다. 에픽테토스는 원래 노예였다가 로마 황제의 멘토 자리에까지 오른 인물로, 고난 속에서도 자유와 평온을 추구했다. 에픽테토스의『엥케이리디온』은 중세시대에는 수도사의 영혼 수련 지침서로 유명했다. 저자는 현대인의 삶과 갈등을 두루 살펴 이 오랜 고전을 실용적으로 다듬었다.

■ 정지욱,『부의 철학』, 세창미디어, 2018.

흔히 말하듯 부는 과연 행복을 약속하는 무조건적 보증수표일까? 우리 삶의 현실과 사회적 병폐들을 생각해 볼 때 그렇지만도 않은 것 같다. 그렇다면 이제까지의 일반적이고 통상적인 의식을 넘어 부에 대한 새로운 인식과 접근이 필요한 시점이다. 이 책에서는 동양 전통사상의 지혜를 빌려 부와 행복의 관계를 재정립함으로써, 부의 올무에서 벗어나 참된 행복으로 나아갈 수 있는 길을 제시하고자 한다.

■ 슈테판 클라인, 김영옥 옮김,『행복의 공식』, 이화북스, 2020.

행복은 불행의 반대말일 뿐인가? 행복은 유전되는가? 화는 발산하면 사라지는가? 행복한 순간들을 연장시킬 수 있는가? 돈은 행복을 가져다주는가? 우리는 평생 한 사람만을 사랑할 수 있는가? 그리고 최고의 행복은 무엇인가?

이 책은 이러한 질문에 대한 답을 모색한다. 이 책을 읽고 난 독자들은 지금까지와는 다른 방식으로 행복을 공부하고 연습하며, 자기만의 행복 공식을 발견할 수 있을 것이다.

05 | 논리적 오류: 강조의 오류(Fallacy of accent)

강조의 오류란 주장을 하거나 견해를 말하면서 특정 부분을 강조하여 그 본래 가지고 있는 의도를 왜곡하는 오류를 말한다. 남의 말을 인용할 경우는 인용 자체가 일종의 강조이기 때문에 맥락을 벗어나거나 자기 임의로 상용하는 것도 강조의 오류로 볼 수 있다. 예를 들어 '친구 사이에는 거짓말을 해서는 안 된다'고 말했는데 '친구 사이'를 강조하여 친구 이외에 사람에게 거짓말을 해도 좋다는 오해가 생기는 경우를 말한다.

▶ 학교에서 담배를 피우면 안 됩니다.
» 그럼 학교 밖에서 피워도 되죠?

▶ 부모에게 거짓말해서는 안 된다.
» 그럼 선생님에게는 거짓말해도 되겠네요?

▶ 친구들이랑 밤늦게 돌아다니지 마라.
» 동생이랑 밤늦게 돌아다는 것은 괜찮죠?

▶ 내 물건에 손대지지 마라.

» 발로는 건드려도 된다는 뜻이지?

▶ 수학공부 좀 열심히 해라.

» 그럼 영어는 안 해도 되겠죠?

비판적 사고 critical thinking

발 행 일	2021년 2월 15일.
개정판 저자	김성범 조우진
	남궁협 양진호
초 판 저 자	남궁협 우동필
	송광일 차수봉
	정영수
디 자 인	상상창작소 봄
인 쇄	형제인쇄
펴 낸 이	김정현
펴 낸 곳	상상창작소 봄
	등록 ｜ 2013년 3월 5일 제2013-000003호
	주소 ｜ (62260)광주광역시 광산구 월계로 117-32, 상가 1동 204호
	전화 ｜ 062) 972-3234 팩스 ｜ 062) 972-3264
	이메일 ｜ sangsangbom@hanmail.net
	페이스북 ｜ facebook.com/sangsangbom
	인스타그램 ｜ @sangsangbom
	블로그 ｜ blog.naver.com/sangsangbom1
I S B N	979-11-88297-30-6